Carmen Biste

Alltag in der DDR

Sinnfeld Verlag, Köln
Germany

FSC
www.fsc.org
MIX
Papier aus verantwortungsvollen Quellen
Paper from responsible sources
FSC® C105338

Bibliografische Information der Deutschen Nationalbibliothek: Die Deutsche Nationalbibliothek verzeichnet diese Publikation in der Deutschen Nationalbibliografie; detaillierte bibliografische Daten sind im Internet über http://dnb.dnb.de abrufbar.

Umschlagfoto: Carmen Biste / Bild & Kunst, Bonn

ISBN: 978-3-945888-03-2

Alltag in der DDR
Sieben Frauen erzählen

Herzlichen Dank an alle, die dieses Buch ermöglicht haben.

„Ich will das Leben nicht an Apfelsinen festmachen"
Helga S. Psychologin, Winterberg

Das Leben war für Frauen in der DDR sehr durch die berufliche Tätigkeit geprägt worden. Fast alle Frauen waren berufstätig. 1980 arbeiteten 73 Prozent der Frauen in einem Beruf. Nicht mitgerechnet sind hier die Frauen, die einen Beruf erlernten oder die studierten und nicht arbeiten gingen. Die Hausfrauen, die außerhalb des Hauses keinem Beruf nachgingen, hatten oft ein Unsicherheitsgefühl. Das Gefühl, als vielleicht nicht ganz so fleißig zu gelten wie die berufstätigen Frauen. Manche von ihnen hatten auch das Gefühl in den Augen der anderen als bequem zu gelten. Sie fühlten sich schon ein kleines Stück außerhalb der Gesellschaft, am Rande stehend.
Die Frauen waren in ihrem Beruf anerkannt. Ich denke, sie hatten viele Möglichkeiten der Entwicklung. Es gab für Frauen, deren Ausbildung im Erstberuf nicht genügte, extra Frauensonderstudien. Hier wurden die Frauen mit mangelnder Qualifikation zusammengefasst, damit sie noch einen beruflichen Abschluss machen konnten, um so doch noch eine Qualifikation zu erlangen. Die Frauensonderstudien-Lehrgänge waren sehr gut und praktisch. Es wurde nämlich auch für die Unterbringung der Kinder gesorgt. Wir hatten Kinderkrippen, Kindergärten, die sehr flexibel zum Beispiel auf die Arbeitszeit der Mutter reagieren konnten. Auch wenn Kinder krank wurden, konnten die Mütter frei nehmen. Manchmal ist das allerdings von einigen Frauen auch missbraucht worden. In höheren Leistungstätigkeiten mussten Frauen doch schon auch um Anerkennung kämpfen und vielleicht ein bisschen besser sein als Männer, um die gleiche Position ausfüllen

zu können. Es gab auch Quoten. Ein gewisser Prozentsatz der Führungspositionen musste mit Frauen besetzt werden. Das führte natürlich auch zum Teil zu einer Abwertung. Es gab dann durchaus Kollegen, die sagten: Na ja, die hat ja nur die Position bekommen, weil sie eine Frau ist, nicht weil sie so übermäßig gut ist. Das war also ein bisschen zwiespältig.
Ich denke, dass durch die Berufstätigkeit eben auch so eine Eigenständigkeit entstand und das Selbstwertgefühl der Frauen sehr gefördert worden ist. Die Frauen waren Mitverdiener. Sie verdienten mindestens genauso viel oder sogar auch mehr als die Männer und dadurch waren sie innerhalb der Familie auch von ihrer Position her sehr gestärkt. Das erklärt durchaus auch die relativ hohe Scheidungsquote, weil die finanzielle Abhängigkeit vom Mann in der Regel nicht vorhanden gewesen ist. Wenn die Liebe nicht mehr die Verbindung trug, wusste jede Frau: Ich verdiene mein eigenes Geld, die Kinder sind gut untergebracht und ich bekomme Unterstützung, wenn ich sie brauche. Damit fühlte sich die Frau in ihrem Selbsterleben unabhängig und stark genug. Von dieser praktischen, lebensalltäglichen Seite bestand kein Zwang eine Beziehung aufrecht erhalten zu müssen.
Frauen erhielten für die gleiche Arbeit den gleichen Lohn wie die Männer. Gleiche Arbeit, gleicher Lohn. Das war so. Für die Frauen gab es – was sehr praktisch war - einmal im Monat einen Haushaltstag. Das war ein freier Tag, der für die Hausarbeit verwendet werden sollte oder konnte. Das konnte jede Frau handhaben, wie sie wollte. Das war also ein gewisser Freiraum. Generell hatten die Unterschiede im Verdienst bei allen nicht so große Spannen. Das blieb in etwa in einem überschaubaren Rahmen. Es gab also nicht so

gravierende Unterschiede in den Verdiensten. Es mag manchmal sicherlich auch hinderlich gewesen sein, dass ein Meister im Handwerk beispielsweise mehr verdiente als ein Ingenieur in der Wirtschaft.

Im Arbeitsfeld gab es wenige Spannungen unter den Kollegen, denn die Vertrautheit war ziemlich groß. Auch von außen wurde durch das Kollektiv an die Kollegen herangetragen, etwas gemeinsam zu unternehmen. Das heißt die Gemeinschaft wurde auch durch organisierte Aktivitäten gestärkt. Über die Gewerkschaft wurde ein Programm, ein Plan, den jedes Kollektiv aufstellen musste, gemacht. Dieses Programm musste auch kulturelle Sachen enthalten, wie beispielsweise Museumsbesuche, Theater- und Konzertbesuche, die gemeinsam durchgeführt wurden. Das brachte natürlich Vertrautheit unter den Kollegen und festigte die Beziehungen der Kollegen untereinander. Es gab kaum das Bedürfnis sich untereinander abgrenzen zu müssen. Dadurch fühlten sich viele Frauen auch im Arbeitsfeld ziemlich geborgen. Man wurde auch gestützt, wenn es Probleme oder Krisen gab. Wenn es mal Spannungen im Kollektiv gab, ging es meist um irgendeine Kollektiv-Prämie. Diejenigen, die besonders fleißig waren, bekamen eine Prämie. Es handelte sich um Summen von fünf oder zehn Mark und wenn die eine zehn Mark mehr bekommen hatte als die andere, dann konnte das schon mal Streitereien auslösen. Es war eigentlich lächerlich, aber es ging da im Prinzip um die Anerkennung. Es war zu DDR-Zeiten vieles überschaubar und berechenbar gewesen. Wenn man halbwegs die Normen einhielt, konnte man davon ausgehen, dass man bis zum Lebensende in seiner Tätigkeit verbleiben konnte, wenn man das wollte. Mich hat Folgendes damals sehr nachdenklich gemacht:

Meiner Kollegin wurde gratuliert zu ihrem Betriebsjubiläum. Sie war seit 30 Jahren im Betrieb und sie sagte: Ich weiß gar nicht, ob das wirklich so gut ist, wenn man 30 Jahre lang immer in der gleichen Einrichtung ist. Ist es nicht auch ein Zeichen dafür, dass man eigentlich sehr eingefahren und unbeweglich ist?
Alle waren sehr erschrocken und verblüfft. Das war für mich erst mal ein Aspekt, der mich sehr zum Nachdenken angeregt hat. Auf der anderen Seite gab es diese relative Sicherheit des Arbeitsplatzes – das bedeutete natürlich auch Existenzsicherheit, Lebenssicherheit. Wenn jemand in Rente ging, dann hieß es oft: Bleib doch noch länger! Jeder hatte das Gefühl richtig gebraucht zu werden. Und ich denke von dieser Seite her war es ein gutes Lebensgefühl.
Manche Frauen waren, wie gesagt, nicht berufstätig. Oft blieben sie wegen der Kinder zu Hause, auch weil der Mann das wünschte. Auch wenn die Frau sich nicht ganz so leistungsfähig fühlte, dann blieb sie eben auch zu Hause. Manchmal waren dann auch noch Eltern da, die betreut werden mussten. Die Betreuung von älteren Menschen war in der DDR nicht so gut gesichert. Einen Pflegedienst oder etwas Ähnliches gab es nicht und dadurch hatte die Familie oft auch größere Verantwortung zu tragen. Die Betreuung oder Pflege der Eltern blieb also in den Familien. Es gab dadurch natürlich auch eine größere Familiennähe und nicht diese Entfremdung der Generationen, wie wir sie heute kennen. Die Arbeitsplätze waren meist in der Nähe des Wohnortes, außer für die Montagearbeiter, die zeitweise weg von zu Hause waren und ihre wechselnden Arbeitsplätze hatten. Wenn der Arbeitsplatz etwas entfernt war, fuhren die Werktätigen mit Bussen geschlossen zur Arbeit und wurden auch wieder nach

Hause gebracht. Das war also alles sehr gut organisiert – es gab ja nicht so viele Autos (lacht). Ja. Ein Auto zu erhalten war schon schwer. Aber die Mobilität der Arbeitnehmer war mit solchen öffentliche Betriebsverkehrsmittel sehr gut geregelt und auch sehr bequem.
Die Frauen hatten eine große Selbstständigkeit und ein großes Selbstverständnis. Die Stellung der Frau wurde auch von den Medien sehr gestärkt. Dadurch dass die Frau voll berufstätig war, hatte sich eben auch in der Beziehung zwischen Mann und Frau einiges verändert, sodass beispielsweise eben auch Männer Hausarbeit selbstverständlicher übernehmen mussten. Das war ein Entwicklungsprozess, den ich selbst auch so erlebt habe. Ich erinnere mich noch an so ein Bild von Walter Womacka[1]: ein junger Mann hat ein Kind auf den Schultern und ein Einkaufsnetz in der Hand. Dieses Bild war so ein Zeichen für eine Veränderung im Rollenverständnis der Männer (lacht). Es gab Frauen, die sich vermehrt in der Politik engagierten. Über allem stand natürlich erst mal die Partei. Auch in der Partei gab es Quoten, Frauenquoten, sodass auch Frauen zahlreich in der Partei vertreten waren.
In der Gewerkschaft waren so gut wie alle organisiert. Wenn im Team jemand nicht in der Gewerkschaft gewesen ist, dann war das fast schon ein Makel für das Team, denn das hieß, dass das Team es nicht geschafft hat die Kollegin für das Kollektiv zu integrieren.
Es gab den DFD, den Demokratischen Frauenbund Deutschlands[2]. Hier wurden vorrangig außerhalb der Berufstätigkeit Frauen zusammengefasst. Außerdem gab es sehr viele Zirkel, in denen z.B. gebastelt wurde, in anderen Zirkeln war Sport das Thema, wieder in anderen Kultur und solche Sachen. Dort waren die Frauen organisiert. Es wurde versucht, die Frauen in die

Politik zu integrieren, aber die wirkliche Politik haben dann letztendlich doch die Männer gemacht; in der Regel.

Was für eine Funktion hatten die Gewerkschaften in der DDR?
Die Gewerkschaften wurden in der DDR benutzt, um eine Art Recht oder Demokratieverständnis zu verdeutlichen. Die Gewerkschaften hatten relativ wenig Einfluss auf Entwicklungen im Betrieb. Das ging von der Partei aus, von der Betriebsleitung. Die Gewerkschaft war möglicherweise bei Tarifverhandlungen dabei. Aber generell hatte die Gewerkschaft relativ wenig Einfluss auf den Betriebsablauf, das Gehalt oder betriebsinterne Diskussionen. Das Sagen hatte die Partei und nicht die Gewerkschaft. Die Gewerkschaft war mehr für kulturelle Dinge zuständig; für die Verteilung von Ferienplätzen, für Solidarität, für Krankenbesuche und solche Dinge. Also da erlebte man Gewerkschaftsarbeit tatsächlich. Sonst war das quasi so eine Art Aushängeschild. Es stand tatsächlich wenig Einflussnahme dahinter. Dann entwickelte es sich so, dass die Gewerkschaften einen politischen Akzent bekamen. Bis dahin kümmerten sie sich um die kulturelle Gemeinversorgung, das hieß Krankenbesuche machen, Rentner betreuen und Ferienplätze und Kinderbetreuung anbieten und solche Sachen. Dann sollte die Gewerkschaft den sozialistischen Wettbewerb intensiver unterstützen. Bei dem Programm, das ich für das Kollektiv ausarbeiten musste, ging es um das Wettbewerbsprogramm, wobei da kein tatsächlicher Wettbewerb stattfand. Aber jedes Kollektiv sollte sich Gedanken machen: Was kann man am unmittelbaren Arbeitsplatz verbessern? Wie kann man Betriebsabläufe optimieren, Lösungen für bestimmte Probleme

entwickeln? Die Ergebnisse wurden dann an den Zentralen oder auf lokalen Messen dargestellt und propagiert.
Generell waren Frauen eigentlich nicht benachteiligt. Einschränkungen für Frauen gab es nicht. Wenn eine Frau Leistung zeigte, wurde sie nicht offensichtlich benachteiligt. Der Leistungsfaktor war aber etwas Wesentliches. Für Leitungspositionen war die Parteizugehörigkeit ein Kriterium. Das zeigte, wie man zur Gesellschaft stand. Ich selbst habe in meiner Entwicklung keinerlei Benachteiligung erlebt, weil ich eine Frau bin. Ich habe mich auch immer anerkannt, bestätigt und akzeptiert gefühlt. Die Einschränkung der Frau war eben einfach auch dadurch gegeben, dass die Erziehung der Kinder mehr bei ihr lag, Was unserem eigenen Gefühl, Mutter zu sein, auch entspricht. Wenn die Kinder krank waren, blieb die Mutter zu Hause, um die Kinder zu versorgen und nicht der Mann. Es war schon etwas Besonderes, wenn der Mann wegen der Kinder mal zu Hause blieb. Ich hatte das mit meinem Mann geteilt. Wenn mein Sohn krank war, blieb einmal ich zu Hause und das nächste Mal blieb mein Mann zu Hause. Das stieß schon sehr auf Unverständnis bei der Leitung, aber es wurde dann doch akzeptiert. Das war völlig klar. Wenn Kinder krank waren und man zu Hause blieb, bedeutete das natürlich Ausfallzeiten im Beruf. Das ist natürlich immer ein bisschen nachteilig, insbesondere wenn es um eine Leitungsposition geht. Wenn man sich ansieht, wer letztendlich die Leitungspositionen inne hatte, also die exponierten Stellungen – dann waren das dann doch die Männer. Das fing bei der Regierung an und ging bis nach unten.
Dann hat sich Ende der 80er Jahre etwas entwickelt. Es gab diese Treffen und diese Demonstrationen bis dann

hin zum Mauerfall. Das Leben ist ja dann immer schwieriger geworden. Man merkte einfach, dass die wirtschaftliche Entwicklung immer rückläufiger wurde. Die Engpässe bei Artikeln des täglichen Bedarfs, auch bei den Lebensmitteln, wurden immer größer, sodass es immer schwerer wurde, den Alltag zu bewältigen. Bedürfnisse zu erfüllen. Man musste vermehrt anstehen, also Schlange stehen, um etwas zu bekommen und manchmal, wenn man endlich an der Reihe war, gab es dann nichts mehr. Vor Weihnachten, wenn es Apfelsinen gab, dann wurde wieder in einer Schlange angestanden. Manchmal wurde es sogar auf Familien eingegrenzt, also in Rationen verteilt, sodass man nicht uneingeschränkt kaufen konnte, wenn es die Dinge gab. Die Abgabe wurde rationiert. Das wurde alles dann immer schwieriger. Ich will das Leben nicht an Apfelsinen festmachen, auf keinen Fall. Aber die Lebensmittel wurden nun immer knapper. Es gab dann also bei der Ernährung zu wenig Abwechslung.

Man musste auch wegen Gemüse anstehen, aber das Gemüseangebot, das reichte einfach nicht, Das wurde immer weniger. Es gab Rotkraut, Weißkraut, Sauerkraut, Möhren – das war dann das Wintergemüse. Dann musste man auch beim Fleischer anstehen. Das war im Alltag dann ziemlich nervig und auf Dauer frustrierend und einfach schlecht zu bewältigen. Auch andere Dinge, beispielsweise Ersatzteile waren nicht leicht zu bekommen. Es war also ein alltäglicher Kampf, weil eben überall Mangel herrschte.

Mit der Wende wurde das natürlich alles anders. Statt Planwirtschaft, gab es die freie Marktwirtschaft. Das Angebot war da, aber jetzt konnten sich nicht alle alles leisten. Die Frage in der DDR war natürlich auch: Was hatte man für eine politische Haltung? Manche Bürger

hatten sich in der DDR von ihrer politischen Haltung her oder in ihrer Freiheit nicht so deutlich eingeschränkt gefühlt. Sie waren in die Gesellschaft der DDR irgendwie hineingewachsen und hatten Demokratie nie richtig erlebt. Was man nicht kennt oder kennen gelernt hat, das vermisst man nicht so besonders stark. Andere, die sich auch differenzierter mit der DDR auseinandergesetzt haben, haben eben auch die Grenzen ihrer Entwicklungsmöglichkeiten gesehen. In der DDR ist Eigeninitiative oder die Möglichkeit der Entwicklung, die beispielsweise Konkurrenzsituationen ermöglichen, gebremst worden. Jemand, der sehr leistungsorientiert gewesen ist und beruflich ehrgeizig war, erlebte in der DDR eben auch Grenzen in seinen persönlichen Entwicklungsmöglichkeiten.
Wer etwas verändern wollte, was nicht ins Schema passte, hatte keine Chance seine Vorstellungen zu unterbreiten und zu realisieren, denn es war ja alles von oben gesteuert. Außerdem war alles ja immer quasi auf Not und Mangel ausgerichtet. Diese Unflexibilität, diese Unveränderbarkeit, das machte eben viele auch sehr, sehr unzufrieden. Immer mehr bekamen das Gefühl, dass es so nicht weitergehen kann. Und eine rückläufige Entwicklung weckt dann auch die Unzufriedenheit. Ich denke, dass mit dem Mauerfall eben auch so eine Veränderung in der Entwicklung erwartet und erhofft wurde. Es war auch überhaupt nicht abzusehen, das heißt, es konnte sich auch keiner vorstellen aus diesem bisherigen Gefühl der relativen Sicherheit, was zum Beispiel Arbeitslosigkeit wirklich bedeutet.
Arbeitslosigkeit geht ja auch einher mit dem Gefühl der persönlichen Kränkung. Die Wendezeit hat sehr viele Menschen sehr tief verletzt und sehr getroffen. Für viele Frauen war es einfach nicht fassbar: Vorher wurde

ihnen dieses Gefühl vermittelt, du wirst gebraucht, ohne dich geht es nicht! Und jetzt will dich keiner mehr, du wirst nicht mehr gebraucht. Aussortiert, raus. Viele Frauen, auch Männer, die vorher leistungsfähig waren, mussten in den Vorruhestand, so von einem Augenblick zum anderen. Und wie dann das Ausscheiden in den Betrieben gewesen ist – das war für viele auch eine enorme Kränkung. Das, was sie bisher für den Betrieb geleistet hatten, wurde nicht mehr erwähnt. Keiner bekam dann noch Worte der Anerkennung oder eine Würdigung für die bisherigen Leistungen. Es war halt so, als wenn dir jemand nach jahrelanger Arbeit sagt: Also, wenn du gehst, ist das in Ordnung oder auch: Sehr gut, wenn du jetzt hier verschwindest.

Das waren schon unschöne Ereignisse. Ich habe dann oft gesehen, dass Leute, die noch vorher so sehr gefordert waren, vorher noch eine Position auszufüllen hatten, dann mit hängenden Schultern über diese neu entstandenen Märkte schlurften und sich das ansahen. Aber sie standen dann außerhalb, denn sie wurden nicht mehr gebraucht, waren arbeitslos oder frühpensioniert. Ich denke, das hat viele seelisch mitgenommen und viele sehr getroffen. Aber eben dieses gebraucht, dieses anerkannt zu werden, etwas zu leisten, mitten im Leben zu stehen, - wenn das dann so abrupt abgebrochen wird; das ist schon schwierig für die Menschen.

Man hatte sehr viele Hoffnungen auf die Veränderung durch ein geeintes Deutschland gesetzt. Es war ja auch vom damaligen Bundeskanzler Kohl propagiert worden, was für blühende Landschaften da entstehen würden.

Auf die Menschen stürzte so viel Neues ein. Dadurch, dass die DDR so abgegrenzt, so abgeschottet war, haben wir ja unser Bild wie die kapitalistische Gesellschaft funktioniert nur aus den Medien erhalten, so wie die Bürger der BRD das Bild von der DDR auch aus den Medien bezogen haben. Und die Medien sind ja manipuliert. Die Realität ist ja nachher doch noch mal ganz anders. Für die Menschen in der DDR änderte sich mit dem Mauerfall alles gravierend. Erst mal gab es eine Zeit, ja man könnte sagen, der Gesetzlosigkeit. Das war ein Übergangsstadium, das in dem Zeitraum entstand, als die alte Staatsform in die neue Staatsform überging. Die DDR-Gesetze galten eigentlich nicht mehr so recht und der neue Staatsvertrag war noch nicht geschlossen. In dieser Zeit gab es auch viel Unsicherheit und Angst. Die ganze Wendezeit über änderte sich dauernd etwas. Manche sagten: „Ich kann keine Zeitung mehr lesen, den Fernseher oder das Radio einschalten. Es ist so viel, was da so abläuft, was sich verändert. Ich halte das einfach nicht mehr aus." Ängste waren da: „Wie wird das wohl alles werden?" Und es gab natürlich Hoffnungen. Sehr viele Hoffnungen.

Ich denke, dass gerade die Leute, die sehr aktiv und ehrgeizig waren, dann natürlich auch die Möglichkeit gesehen haben, ihre Fähigkeiten endlich entfalten zu können.

Dass dann die ganzen Großbetriebe, die großen Kombinate, wo 10.000 Menschen arbeiteten, dicht gemacht wurden, als alles abgebaut und abtransportiert wurde, war es für viele bitter: Das, was ich mit aufgebaut habe, muss ich jetzt abbauen und abwickeln und Leute entlassen, mit denen ich vorher gut zusammen gearbeitet habe, die mir vertraut gewesen sind.

Das war schon enorm. Es war wie eine Entwertung, der man dann auch etwas entgegen setzen muss, aber das nicht unbedingt kann. Wie dann die Westpresse auf die

Ossis reagiert hat, das war dann auch wie Öl auf's Feuer gießen.
Ich hatte ja schon gesagt, was die tiefste Kränkung gewesen ist: nämlich, dass aus den westlichen Medien tönte: die in der ehemaligen DDR müssen jetzt erst mal lernen zu arbeiten. Es fand also eine Pauschalisierung statt, als wären hier alle faul gewesen. Aber jeder hatte hier versucht sein Bestes zu geben und Leistung zu bringen. Dass das so gravierend abgewertet wurde, ich denke, das hat bei vielen ehemaligen DDR-Bürgern eine starke Distanzierung ausgelöst. Und da ist irgendwo so ein Riss gekommen in dieses Zusammenwachsen. Ich erinnere mich, im Fernsehen wurden in einer Sendung als demonstratives Beispiel zwei Leute, Ossis, gezeigt, die eine Tätigkeit nicht ausüben wollten, weil sie es unter ihrer Würde sahen und andere Erwartungshaltungen an eine neue Arbeit geknüpft hatten. Das wurde in den Medien hochgespielt. Das hat viele sehr verletzt und gekränkt. Das ging gegen die eigene Würde. Der Tenor gegenüber den Ostdeutschen war: Ihr müsst erst mal was schaffen und dann könnt Ihr Forderungen stellen. Wir im Westen haben was geschaffen, das seht Ihr ja. Die Ossis müssen jetzt erst mal richtig arbeiten lernen und richtig schaffen, damit sie eben auch annähernd gleichgestellt werden können.
Die Arbeitszeit in Ostdeutschland ist derzeit meist länger als in Westdeutschland. In den meisten Bereichen 40 Stunden in der Woche und die Löhne sind in den meisten Bereichen immer noch deutlich niedriger als in Westdeutschland. Das hat sich ja lange nicht geändert..
[Anm.d.Verf.: „Auch fast 30 Jahre nach der Wiedervereinigung verdienen Beschäftigte im Osten noch deutlich weniger als im Westen.“ (mdr Aktuell am 10.06..2020,mdr.de/nachrichten/wirtschaft/inland/ost-west-lohndifferenz-dreissig-jahre-nach-wiedervereinigung-100.html)]

Viele von uns haben auch im Urlaub Erfahrungen der Abwertung gemacht. Was haben wir gehört? ‚Nun ja, lernt erst mal, was Demokratie ist, dann könnt Ihr auch mitreden.' Die Menschen hier haben das Gefühl gehabt: Wir haben ja auch gearbeitet, war denn das Nichts?! Das, was die Menschen in der DDR geleistet haben, ist ja ganz und gar nicht anerkannt worden, sondern es ist abgewertet worden!
Es sind dann so viele Werte, auch materielle Werte verschwunden und verschleudert worden. Es kamen dann Herren aus dem Westen, die Firmen übernahmen, Fördergelder bekamen und nach kurzer Zeit hieß es, die Firmen seien pleite.
Da wuchs eben auch ein starker Argwohn und das hieß für die Menschen: Aufpassen, vorsichtig sein. Erst mal sich schützen.
Die Menschen hatten dann nicht mehr diese Offenheit und den Vertrauensvorschuss wie zu Anfang. Das ist in der aller ersten Zeit kaputt gegangen.
Damit einher ging der Geburtenrückgang. Ich denke dieser Geburtenrückgang in unserer Gesellschaft hat seine Ursache auch in dieser Unsicherheit, in dieser Angst. Das ist eine schlechte Entwicklung auch in der Gesellschaft, wenn man einerseits sagt: Kinder das ist die Zukunft, das ist der Reichtum der Gesellschaft und die Frauen sich andererseits nicht trauen Kinder zu kriegen, weil das Leben dann für sie viel schwieriger wird. Das fängt mit der Unterbringung der Kinder an. Die qualifizierte Ganztagsbetreuung ist nicht problemlos gewährleistet.
Wenn beispielsweise die Frau Arbeit hat, aber der Mann arbeitslos ist und das Kleinkind versorgen muss und sich dadurch überfordert fühlt, dann ist das nicht für mich nachvollziehbar, dass dieser Mann keine

Unterstützung erhält. Berufdtätige Frauen trauen sich oft nicht, wenn das Kind krank ist, zu Hause zu bleiben. Eine Familie aus meinem Bekanntenkreis, beide – und das ist schon eine Besonderheit - haben Arbeit. Wenn beide Arbeit haben ist das schon wirklich die Ausnahme. Sie haben ein Kind und ein kleines, sehr bescheidenes Haus. Sie haben einen Kredit aufgenommen. Die Frau ist schwanger geworden. Sie wollten immer auch noch ein zweites Kind. Jetzt war sie also schwanger. Sie haben gerechnet und gerechnet und man muss dazu sagen, dass sie keine übermäßigen Ansprüche haben. Am Ende der Rechnerei sagen beide: Das kriegen wir nicht hin. Wir kriegen das nicht hin. Wir können uns das Kind nicht leisten. Wir wissen nicht wie verlässlich die Politik ist, wie verlässlich die Beschlüsse in der Politik sind.

Das ist schlimm und es wird Auswirkungen in der Gesellschaft haben. Ich erlebe, dass Frauen benachteiligt sind in dieser Gesellschaft; auf alle Fälle ist das so. Wenn ich über die Rolle der Frau nachdenke, dann habe ich so das Gefühl, es wird von der Gesellschaft, je nach dem, wie es gerade so passt, gern gesehen, wenn die Frauen arbeiten gehen und zu anderen Zeiten dann sieht man es lieber, wenn sie zu Hause bleiben.

Im Sozialismus wurden die Frauen in der Industrie gebraucht. Jetzt werden die Frauen wieder als Mütter für die Kindererziehung gebraucht.

Damit meine ich, dass die Gesellschaft insbesondere den Frauen, wie es gerade ins Konzept passt, eine Rolle verpassen, in die sie dann eben auch reingedrängt werden.

Jedenfalls erlebe ich, dass die Frauen wegen der mangelnden Unterbringung der Kinder in ihrem Berufsleben behindert werden. Dass die Frauen die

Arbeit nicht aufnehmen können, weil die Kindereinrichtungen nicht alle so lange geöffnet sind und das ist einfach schlecht.

Vermutlich wird es mehrere Generationen brauchen bis man sich nicht mehr in seinem Eigenverständnis als Westdeutscher und Ostdeutscher unterscheidet. Massive Kränkungen der Eltern und Großeltern hinterlassen auch bei den Kindern und Enkeln Spuren
Ich muss darauf ausführlicher antworten. Mein persönlicher Eindruck ist, dass in den letzten Jahren die Identifikation mit der DDR sehr gelitten hat. Man tat sich schwer damit, da man auch gegenüber den Menschen aus den alten Bundesländern nicht mithalten konnte. Man fühlte sich nicht gleichwertig. Auch im Ausland wurde das einem suggeriert. Nach der Wende dann, nachdem die erste Euphorie dann abgestürzt war, entstand ein Gefühl "Wir sind anders". Die Identifikation mit der DDR wurde abgelöst durch das Gefühl: „Wir im Osten". Das Gefühl „Wir im Osten" wurde stärker und überlagerte das Euphoriegefühl das in der ersten Zeit bestand: „Wir Deutschen, wir alle zusammen."
Durch ein Notgefühl werden Menschen ja immer enger zusammen gedrängt. Aber das weicht sich langsam auf und das ist auch gut so. Wir wollen zusammenwachsen. Dadurch, dass eben viele Jugendliche zwangsläufig in die alten Bundesländer gehen, um dort zu arbeiten oder ihre Lehre zu machen, wird auch das Zusammenwachsen gefördert und es verwischen sich diese inneren Grenzen allmählich. Auch früher war es so, dass in Notzeiten eine größere Selbstständigkeit erforderlich gewesen ist.
Ich denke nicht, dass es Generationen dauern wird bis man sich als ein Volk fühlt. Diejenigen, die nach der

Wende geboren worden sind, werden die Trennung nicht mehr so stark erleben, wie die Generation davor. Sie werden sich verselbstständigen, sich auch unabhängig machen vom Elternhaus und ihre eigenen Erfahrungen machen. Nur wenn die wirtschaftlichen Unterschiede weiterhin bleiben, dadurch wird sich dann das Zusammenwachsen hinauszögern. In Sachsen ist die Auswanderungsquote hoch, viele ziehen weg. Gerade die Leute, die flexibel sind, die eine gute Ausbildung haben ziehen weg, weil sie sich hier in ihrer Entwicklung behindert fühlen. Das betrifft Männer und Frauen gleichermaßen. Manche sagen, sie würden zurückkommen, wenn die wirtschaftlichen Bedingungen sich geändert haben, aber jetzt bietet das Land hier keinerlei Perspektive. Die Zukunft ist sehr vage. Andererseits hat sich auch vieles in den äußeren Bedingungen bewegt.

Es will sicher niemand die DDR zurück oder vielleicht ganz wenige noch. Die Zwänge, die in der DDR herrschten, das kann sich niemand mehr richtig vorstellen, außer denen, die es als Jugendliche oder Erwachsene selber erlebt haben. Niemand könnte das heute mehr ernsthaft für sich akzeptieren, in so einem Staat wie der DDR heute zu leben.

Wenn es sich allmählich aufbaut und man allmählich hineinwächst, dann ist es eben so, dann wird Zwang nicht unbedingt als Zwang wahrgenommen, sondern als gegeben. Aber ich denke, es existiert auch eine große Unzufriedenheit und Resignation wie es sich gesellschaftlich bis heute entwickelt hat. Einen Ausweg hat da auch niemand. Den sieht man dann nicht.

Anhang

1 Der Maler Walter Womacka (geb. 22. Dezember 1925 in Obergeorgenthal, Böhmen) lebt in Berlin und zählt zu den bedeutendsten Künstlern der DDR. Zwanzig Jahre leitete er als Rektor die Kunsthochschule Berlin-Weißensee

2 DFD, Demokratischer Frauenbund Deutschland. Der Demokratische Frauenbund Deutschlands (DFD) war die regierungstreue Massenorganisation für Frauen in der DDR

„Die Mauer ging durch unsere Familie“

Mechthild Rademann, Geithain, Schweißerin

Wie war das Alltagsleben in der DDR ?

Ich will es mal ganz deutlich sagen: Ich lebte Jahrzehnte hinter Mauern – ich war 24 Jahre alt, als die DDR gegründet wurde und ich war 64 Jahre alt, als die Mauer fiel. Also 40 Jahre eingesperrt, denn auch die Jahre vor dem Mauerbau kam man nicht so einfach raus aus der Deutschen Demokratischen Republik. Das sagt eigentlich schon alles. Ich habe viel gearbeitet. In Geithain gab es das VEB Emaillierwerk, einen sogenannten Volkseigenen Betrieb und dort habe ich als Schweißerin gearbeitet. Wir haben emailliertes Haushaltgeschirr, wie beispielsweise Töpfe und solche Sache hergestellt. Die Ware wurde exportiert. Auch nach Westdeutschland. Wie ich später von meinem Bruder, der im Westen lebte, erfahren habe, wurden die Töpfe im Westen als Billigware in den dortigen Warenhäusern angeboten, bei Woolworth zum Beispiel oder im Versandhandel Quelle. Das hat mich dann doch getroffen. Unter uns haben wir Arbeiterinnen immer gesagt: der Mist bleibt hier, das Gute geht in den Westen. So war es ja auch. Die DDR behielt die Sachen, die kleine Fehler hatten, die B-Ware eben und exportiert wurde die fehlerfreie, gute Ware. Und dann höre ich nach Jahrzehnten, dass die gute Ware drüben bloß Billigware war.

Ich hatte damals ja die schönen Töpfe meinem Bruder im Westen als Geschenk geschickt. Ja, und meinem Cousin und den Cousinen im Westen. Diese Töpfe waren bei uns teuer, die musste ich ja bezahlen, die bekam ich ja nicht geschenkt, bloß weil ich da arbeitete. Ich dachte, das sind teure Geschenke, die ich meinen

Verwandten im Westen da mache. Für mich ja, aber für die war es nicht so. Das war für sie ja nur billiges Zeug. Das haben sie nie gesagt, aber ich habe es ja später gesehen, als ich in Rente war und in den Westen fahren durfte. Mich hat das schockiert. Bei meinem Cousin und seiner Familie, die ich 1987 besuchte, hab ich gesehen, dass die Töpfe von mir ganz unten hinten im Küchenschrank standen. Die waren wie neu. Die sind nie benutzt worden. Da hab ich geheult; das hat mich gekränkt. Ja, war denn alles nur Mist, was wir gemacht haben?, dachte ich. Man denkt, man schenkt was Schönes und dann erfährt man, das ist billiger Mist.

Wie waren die Arbeitsbedingungen im VEB-Werk?
Es waren hohe Anforderungen. Die Norm musste erfüllt werden. Wir bekamen immer Vorgaben für die Produktion. Ich habe Akkord gearbeitet. Ich musste ja mein Pensum schaffen. Wir alle. Wenn da eine langsam war, mussten die anderen das aufholen und für die Langsamen mitarbeiten. Das war ein ziemlicher Druck. Na ja, wir hatten auch unseren Spaß zwischendurch. Ich hab die Norm immer geschafft und darüber hinaus. Oft habe ich keine Pause gemacht, bin auch nicht zur Toilette, wenn es nicht unbedingt sein musste, einfach, damit ich das Pensum schaffte und noch ein bisschen mehr. Das hat die Werkleitung natürlich gern gesehen. Aber mir kam es auch auf die Prämien an, die man bei guter und schneller Arbeit bekam.
Die Stimmung unter uns Werktätigen war untereinander meist gut. Wir wussten, bei wem man sich eher zurückhalten musste mit kritischen Bemerkungen. Im Großen und Ganzen haben wir den Mund gehalten, auch wenn uns was nicht gepasst hat. Die eine oder andere hat gemosert, aber so, dass es nicht groß gehört

wurde, sonst wäre die Werkleitung sicher informiert worden. Da hat sich keine von uns getraut, groß zu protestieren, wenn zum Beispiel schon wieder die Produktionsvorgabe erhöht wurde. Die Klappe musstest du halten, sonst wärst du irgendwann einfach abgeholt worden.
Wir hatten mal eine Arbeiterin, die wurde laut und hat gemeckert und hat, trotz Verwarnungen, nicht damit aufgehört. Die legte sich mit der Vorarbeiterin an. Das ging nicht lange gut. Erst wurde die Werkleitung informiert, dann musste sie antreten. Die hat es dann auch übertrieben mit ihrer aufmüpfigen Art. Wer es dann so übertrieben hat wie sie, mit der, sagen wir jetzt mal, freien Meinungsäußerung, der wurde irgendwann abgeholt. Dann kam die Staatssicherheit[1] ins Spiel. Diejenige haben wir dann nicht wiedergesehen.
Auch wenn man eigentlich nicht über so was reden durfte, hörten wir das eine oder andere Mal davon, dass jemand abgeholt worden ist. Also stänkern ging nicht und faul durftest du auch nicht sein. Man hielt besser die Klappe. Das war doch kein Geheimnis, dass man besser den Mund hielt.
Es gab manchmal auch Annehmlichkeiten, wie zum Beispiel Ausflüge für die Belegschaft. Da mussten wir beispielsweise dann geschlossen irgendwelche Ausstellungen besuchen. Ich hätte mir gerne schöne Bilder angesehen, aber die ausgestellten Bilder zeigten nur das, was man sowieso schon kannte: arbeitende Menschen, Fabriken, Frauen bei der Arbeit. Außerdem waren die Ausflüge immer mit irgendwelchen politischen Belehrungen verknüpft. Ich habe immer versucht die Ohren herunter zu klappen, wenn das los ging. Manchmal war es auch nicht ganz so schlimm. Dagegen der Ausflug in den schönen Spreewald beispielsweise,

der war sehr schön. Wir sind mit dem Kahn gefahren, haben schön gegessen und da war eine richtig schöne Stimmung. Das war herrlich.
Aber sonst. Nein, ich trauere der DDR mit keiner Träne nach. Den Parteileuten, denen ging es gut. Die haben sich die Taschen voll gemacht. Die konnten im Intershop einkaufen. Da hast du alles Mögliche bekommen, was es für uns in den normalen Geschäften nicht zu kaufen gab. Wir konnten nicht im Intershop einkaufen, weil wir bloß Ostmark hatten, damit konntest du dort nicht bezahlen. Da konnte also kein Normalsterblicher einkaufen. So was hat mich geärgert. Ich hatte keine Devisen, kein Westgeld. War auch verboten für DDR-Bürger bis Anfang 1970. Auch Besuch aus dem Westen konnte im Intershop einkaufen, eben weil man da nur mit Westgeld bezahlen konnte. Also irgendwie war man Mensch zweiter Klasse.
Man durfte ja Geschenkpakete mit ganz bestimmten Sachen aus dem Westen bekommen. Mein Bruder aus dem Westen hat immer mal was geschickt, ja und meine Nichte dann, als sie erwachsen war. Sie hat mir mal ein großes Paket geschickt. Da war, neben Kaffee und allem Möglichen, auch eine Tafel Schokolade drin. Der Kaffee in der DDR schmeckte übrigens scheußlich. Kein Vergleich mit dem Kaffee aus dem Westen. Das kann sich niemand vorstellen. Also mit der Tafel Schokolade, das war so: Ich hab das ja eher durch Zufall entdeckt. Wenn ich mir vorstelle, ich hätte die Schokolade verschenkt! Na, meine Nichte hatte 30 DM unter der Silberfolie in der Tafel Schokolade versteckt, die Verpackung dann wieder zugeklebt, sodass man nichts sehen konnte. Es hieß in Silberfolie verpackte Dinge würden bei den Paketkontrollen in der DDR, bei der Durchleuchtung, nicht auffallen.

Als ich das Westgeld in der Schokolade fand, habe ich einen Schrecken bekommen. Wenn die das bei uns bei der Paketkontrolle gefunden hätten – die machten ja auch mal Pakete auf, um zu kontrollieren –, ich weiß nicht, was sie dann mit mir gemacht hätten. Das heißt, ich weiß das schon, die hätten mich zum Verhör abgeholt. Es war ja verboten Geld zu schicken und solches Geld zu bekommen. Aber hätte auch sein können, dass die bei der Kontrolle das selbst eingesteckt hätten, dann wäre mir nichts passiert.

Ich wollte das jedenfalls nicht, es war mir zu gefährlich. Wenn ich mit den 30 DM im Intershop einkaufen gegangen wäre, hätten die mich doch fragen können: Wo haben Sie denn das Geld her?

Nein, das war alles zu gefährlich. Ich dachte bloß, hoffentlich schickt mir meine Nichte jetzt nicht jedes Mal Geld. Ich konnte ihr ja auch nicht schreiben, dass sie das nicht mehr machen soll, denn die Briefe in den Westen wurden ja auch kontrolliert[2]. Telefonieren konnte man auch nicht. Ich hatte kein Telefon und in den Westen telefonieren - das ging ja nicht. Und das, was man sich schreiben konnte, das war beschränkt auf: Wir haben schönes Wetter. Ich bin gesund, alles ist gut oder sonstige unverfängliche Dinge. Also das war alles nicht so einfach.

Mich hat immer gestört, dass man den Mund halten musste. Man konnte ja über die wenigsten Dinge frei sprechen. Zum Beispiel bin ich ja nicht in Sachsen geboren und aufgewachsen. Ich bin in Schlesien geboren. Meine Eltern und meine Schwester sind im Winter 1945 in Dresden gelandet. Sie sind aus Schlesien geflüchtet. Es war schlimm. Ich kann nicht erzählen, was da alles passiert ist.

(Nach einer Pause entschließt sich Frau Rademann doch noch über die Flucht zu sprechen)
Meine Schwester ist auf der Flucht so schlimm vergewaltigt worden, dass meine Mutter nicht wusste, ob sie überlebt. Sie war gerade 17 Jahre alt und hatte noch nie einen Freund gehabt. Stundenlang haben die sie.... Auch meine Mutter haben die Russen vergewaltigt und sogar die Großmutter. Tiefflieger haben die Kolonnen der Flüchtlinge beschossen. Das waren doch alles nur Frauen, Kinder und Alte; alles Zivilisten auf der Flucht. Das wussten die Flieger auch. Ich will daran nicht mehr denken. Jetzt, wo ich älter bin, kommen mir die Erinnerungen wieder hoch, auch in meinen Träumen, als wäre es erst gestern gewesen.
In der DDR gab es offiziell ja keine Vertriebenen[3]. Wir mussten schweigen. Wir durften nicht erzählen, was uns beim Einmarsch der Roten Armee passiert ist und wir durften auch nicht über die Vertreibung reden oder über Vergewaltigungen durch die Russen.
Die 14 Millionen Menschen, die geflüchtet sind, sind offiziell nicht vertrieben worden. Von der SED wurden wir, die in der sowjetischen Zone gelandet waren, in ‚Umsiedler' umbenannt. Fortan durften wir nicht mehr über unsere Herkunft sprechen. Was soll denn das für eine Umsiedlung sein, bei der über zwei Millionen Flüchtlinge umgekommen sind! Viele sind verhungert und erfroren.
Umsiedlung! Es wurde alles umgelogen, wie es passte. Schließlich war die DDR der Sowjetunion ganz und gar ergeben. Die Sowjetunion ist unser sozialistischer Bruderstaat, hieß es immer.
Die Vertreibung hat vielen Menschen das Leben gekostet und die, die überlebt haben, mussten schweigen, konnten sehen, wie sie das verkraften, wie

sie damit zurecht kamen. Es war ein kaltes, grausames Schweigen, zu dem man gezwungen wurde. Aber bei Euch im Westen war es ja nicht anders. Mein Bruder hat das ja erzählt.

Auch heute wird manchmal in der Öffentlichkeit der Begriff Umsiedlung anstelle von ‚Vertreibung' benutzt

Es ist scheußlich, finde ich. Man kann doch nicht das Erlebte von so vielen Flüchtlingen verneinen, als hätten wir nichts Furchtbares erlebt, als wäre es ein Spaziergang gewesen. Das ist grausam. In der DDR war vieles kein Thema. Alles, was die Sowjetunion betraf, was Stalin getan hatte, wurde schön geredet. Es war manchmal nicht zum aushalten.

Die DDR war für mich ein Unrechtsstaat. Wenn man sich das mal vorstellt: Da werden Bürger eines Staates eingesperrt, dürfen nicht hinfahren wohin sie wollen, Familien wurden auseinandergerissen und getrennt, Bürger bespitzelt. Ich habe meine Nichten in 27 Jahren nur einmal sehen können und meinen Bruder nach dem Krieg nur zweimal.

Nazideutschland war nie ein Thema in der DDR. Die DDR hat sich damit nicht auseinandergesetzt oder irgendetwas aufgearbeitet. Offiziell hieß es: Die Nazis, das waren die im Westen. Aber auch bei uns gab es Altnazis, ist doch klar.

Fast die Hälfte der DDR-Volkskammer-Abgeordneten waren Mitglied der NSDAP gewesen.[4] Aber offiziell gab es bei uns keine Altnazis. Ist doch merkwürdig – oder?!

Wiedergutmachung an die Opfer des NS-Regimes hat die DDR nie geleistet. Ja. Als ob es in der DDR keine Altbraunen gegeben hätte. Wir haben unter uns Vermutungen angestellt, wer bei den Nazis oben auf gewesen ist und es jetzt wieder war, aber was nutzte das.

Man durfte auch solche Vermutungen nicht äußern. Das war zu gefährlich, wenn es der Falsche hört..
Zurück zu meinem Bruder. Er lebte nach dem Krieg nur kurz mit den Eltern und uns Schwestern in Sachsen, in der sowjetisch besetzten Zone, wo wir nach der Flucht gelandet waren. Mein Bruder wollte aus der Sowjetzone raus. Er war Schneider und musste für die Russen arbeiten. Er wollte da nicht bleiben, weil ihm vieles nicht gepasst hat und schließlich ist er rechtzeitig vor der Grenzschließung, vor dem Mauerbau, aus der Sowjetzone abgehauen und in den Westen gegangen. Er dachte in der amerikanischen oder britischen Zone würde es ihm besser gehen. Mein Bruder wollte immer zurück nach Hause, nach Schlesien. Das hat der nie richtig verkraften können, dass er nicht mehr nach Hause konnte. Er war ja noch minderjährig, als er Soldat wurde. Ein kleiner Junge war der und an der Front. Als der Krieg zu Ende war, versuchte er uns zu finden. Er hörte, dass wir in Richtung Dresden geflüchtet waren und hatte natürlich Angst, dass wir beim Bombardement auf Dresden umgekommen waren. Das hat ja kaum einer überlebt. Das muss so grauenhaft gewesen sein. Der Krieg war ja fast schon vorbei, 1945, als Dresden in Grund und Boden bombardiert wurde. Mein Bruder dachte: Die sind alle tot. Das wäre auch beinahe so gewesen. Wir sind nach Dresden, weil wir dachten, da passiert uns nichts. Eine Lazarettstadt wird nicht bombardiert. Da gibt es so Abkommen. Aber dann sind wir doch noch am gleichen Abend weitergezogen. Wir hatten großes Glück, denn Dresden wurde bombardiert, als wir rechtzeitig da wieder weg sind. Kurz nachdem wir aus Dresden raus waren und uns auf den Weg nach Radebeul gemacht haben; kurz danach wurde bombardiert. Das war am 13. Februar

1945. Das werde ich nie vergessen. Dresden war ja Lazarett-Stadt und die Stadt war überfüllt mit Verwundeten, Kriegsversehrten und Flüchtlingen. Die Menschen glaubten sich da in Sicherheit. Keiner rechnete damit, dass eine Lazarett-Stadt bombardiert wird. Das war eigentlich ein Tabu. Eine solche Stadt zu bombardieren, verstieß – soweit ich weiß – gegen allgemeines Kriegsrecht. Aber Krieg kennt keine Moral. Wir hatten großes Glück, denn wir sind am Abend vorher weitergezogen und den Brandbomben entgangen. Wir hätten das nicht überlebt.

Die noch heute bestehende Haager Landkriegsordnung besagte unter anderem, dass „...ein Angriff, bei dem auch Verluste an Menschenleben unter der Zivilbevölkerung, die Verwundung von Zivilpersonen, die Beschädigung ziviler Objekte oder mehrere derartige Folgen zusammen verursacht, die in keinem Verhältnis zum erwarteten konkreten und unmittelbaren militärischen Vorteil stehen", Kriegsverbrechen sind. Wenn man das erwähnt, wird auch immer erwähnt, dass Deutschland den Krieg angefangen hat

Schweigen.

Als der Krieg zu Ende war, schlug sich mein Bruder so durch. Er suchte uns. Er wusste ja nicht, was aus uns geworden war, ob wir noch lebten oder nicht. Er fand uns jedenfalls. Wir waren so froh und überrascht, als er vor uns stand. Die Mutter hat ihn kaum wiedererkannt, so abgemagert war er. Wir haben uns alle sehr gefreut, dass wir wieder zusammen waren. Das kann keiner nachvollziehen, der das nicht erlebt hat. Unser ältester Bruder Alfred ist in Russland gefallen. Er war unser Halbbruder. Er war einige Jahre älter als wir und wir mochten ihn sehr, denn er war ein netter, ruhiger und anständiger Kerl. Meine Mutter hang sehr an ihm. Ich weiß noch, wie seltsam es war an dem Tag, 1943 zu Hause in Schlesien. Tagsüber sagte meine Mutter einige Male: Wie es Alfred wohl gerade ergeht? Dann, um halb sechs Uhr blieben plötzlich die Uhren bei uns stehen. In der Stube, wie auch in der Küche. Meine Mutter erschrak. Sie ahnte, dass irgendetwas passiert war, so ungewöhnlich war das. Mein Vater beruhigte sie und meinte, was sie nun wieder sich einbildet! Aber dann bekamen wir die Nachricht, dass Alfred gefallen war. Sein Vorgesetzter mochte ihn sehr und später schrieb er uns noch einen Brief und schilderte uns, was genau passiert war und wo in Russland unser Bruder begraben ist. Für uns war der Verlust unseres Bruders ein großer Schock.

Als uns also unser jüngster Bruder ausfindig gemacht hatte und bei uns auftauchte, haben wir uns alle sehr gefreut. Sofort nachdem er zu uns kam, musste er für die Sowjets arbeiten.

Die Russen hatten in den folgenden Monaten nach dem Krieg alles Mögliche aus der Gegend abtransportiert. Reparationen für den Krieg, hieß es. Sie schleppten alles weg, was sie brauchen konnten. Das war auch nicht rechtens.

Wir, in der sowjetischen Besatzungszone, mussten, sofern unsere handwerkliche Ausbildung gebraucht wurde, für den Russen arbeiten. Mein Bruder hat dann, wie gesagt, für die Rote Armee in Radebeul als Schneider gearbeitet. Er war ja gelernter Herrenschneider. Er hat, ich glaube, bis 1947 Uniformmäntel, Regenmäntel und Generalshosen genäht.

Meinem Bruder passte das gar nicht. Er musste immer aufpassen, dass er sich nicht mit seinen Vorgesetzten anlegte. Er war so ein bisschen sehr ein freiheitsliebender Mensch und die Kommunisten waren für ihn ein rotes Tuch. Also konnte er das Kommando der Russen nicht gut vertragen. Er sagte dann schon ziemlich früh, dass er abhauen müsse, dass er da weg müsse. Er wollte zu den Amerikanern oder Engländern und ist dann in den Westen, in die amerikanische Zone abgehauen und später dann in Köln gelandet. Er ist als einziger aus unserer engeren Familie in den Westen gegangen. Ich wollte nicht weg, weil ich in Radebeul eine alte Frau betreute, die ich nicht allein lassen konnte. Meine Eltern wollten auch nicht wieder ins Ungewisse. Die waren erstmal froh, dass sie endlich mal Ruhe fanden. Nach der Flucht, wollten sie nicht schon wieder ins Ungewisse weiterziehen. Sie waren einfach froh, dass sie erst mal ein Dach über dem Kopf hatten. Wohnraum gab es ja wenig, weil alles zerstört war. Wir dachten, wir könnten nachkommen, wenn mein Bruder im Westen eine Wohnung gefunden hat. Er hat im Westen dann aber erst mal in verschiedenen Lagern leben müssen. Die Flüchtlinge wurden ja hin- und hergeschoben. Es gab überall Wohnungsmangel, weil ja alles zerbombt war. Dann landete er im Rheinland in einem Lager in Bergisch Gladbach und fand dann auch Arbeit. Irgendwann kam er aus dem Lager raus und hat dann in Bergisch Gladbach schließlich ein möbliertes Zimmer zur Untermiete gefunden. Jedenfalls fand er so schnell keine eigene Wohnung.

Mein Bruder hatte mir später erzählt, dass die Einheimischen die Flüchtlinge nicht gern sahen. Sie wollten nichts mit denen zu tun haben. Die wurden ja im Westen auch beschimpft, als Pollacke und Pimocke, bloß weil sie Flüchtlinge waren und mit leeren Händen kamen. Die mussten ja alles zurücklassen. Da konnte einer in Schlesien ein angesehener Bauer gewesen sein, mit großem Landbesitz. Nach der Flucht hatte der gar nichts mehr; nichts, außer dem, was er am Leib trug. Und dann wurden sie noch von der Bevölkerung hier beschimpft. Meinen Bruder hat das sehr gekränkt. Er erzählte uns, wenn er zum Tanzabend ging und ein Mädchen zum Tanz aufforderte, wurde er von dem Bruder des Mädchens weggescheucht und er hörte, wie der zu seiner Schwester sagte: Was willst Du mit dem, der hat doch nichts. Also, es war schlimm. Und das hörte ja auch später nicht auf, das ging ja so weiter, sobald jemand hörte, dass man Flüchtling war. Als ich dann in den Westen zog, als ich in Rente ging, da hab ich mich auch gewundert, wie man da manchmal beschimpft wurde als Nazischweine, bloß weil man zum Heimattreffen fuhr und die alten Freunde und Nachbarn von früher wieder traf und sich unterhalten hat und alles. Da standen dann junge Leute mit Plakaten und schrieen uns hasserfüllt an. Wenn die Polizeikette nicht gewesen wäre und uns geschützt hätte, wären die doch auf uns los. Da dachte ich auch, na weißte, das ist auch nicht normal. Bis heute wird man ausgegrenzt und soll auch möglichst nicht davon sprechen. Einmal hab ich angefangen davon zu sprechen, da war ich gerade frisch in den Westen gezogen. Die Frau im Geschäft guckt mich an, als hätte ich was gestohlen, so vorwurfsvoll und sagt kein Wort. Ich hab nie mehr den Mund aufgemacht und dachte nur, die sind ja hier genauso bekloppt.

Wir reden ja nie davon. Immer bloß wenn wir unter uns sind. Mich beschäftigt das bis heute. Diese ganzen schrecklichen Erlebnisse, als die Russen kamen und auf der Flucht, das will keiner hören. Ich habe Sachen gesehen, da findet man keine Worte, - so grausam war das. Da sieht man dann Abgründe, wozu Menschen fähig sind, die will man gar nicht sehen. In Prausnitz haben die Kosaken den Fleischer an die Scheunentür genagelt und vorher vor seinen Augen seine Frau und die Töchter vergewaltigt. Wem willst du denn so was erzählen? Dann kriegst du noch um die Ohren gehauen, dass das gerecht war. Gerecht? Was ist denn gerecht? Ist Töten gerecht? Ist Quälen gerecht? Womit rechtfertigt man denn so eine Brutalität. Kann man das überhaupt rechtfertigen? Von der Menschlichkeit aus betrachtet nicht, niemals. Das ist doch alles Sadismus. Soll ich den quälen und zu Tode bringen, der meinen Bruder getötet hat? Wäre das gerecht? Dann metzeln wir uns auf der Erde alle bis in alle Ewigkeit gegenseitig nieder. Aug um Auge, Zahn um Zahn. So einen Blödsinn kann ich mir nicht anhören. Wir Vertriebenen haben doch für das ganze Land den höchsten Preis bezahlt. Und wenn ich das sage, wird er mir auch noch aufs Butterbrot geschmiert. Nichts darf man dazu sagen als Betroffener; man wird sofort niedergeknüppelt. Ich finde das pervers. Das weiß ja keiner, wie das ist, wenn man sein Zuhause verliert. Das Wenigste ist es, die eigenen vier Wände zu verlieren, aber die Umgebung, die Freunde, die Bekannten, die Vertrautheit. Nach dem Krieg haben die doch alle bis heute so getan, als wäre das alles richtig so, was wir an Brutalität erlebt haben. Wieso? Wieso ich? Ich soll zahlen für die anderen? Das war ja noch mal doppelt grausam, dass man nie über sein Leid sprechen durfte. Das macht einen doch kaputt.

Mein Bruder landete als einziger aus unserer engeren Familie im Westen. 1957 hat er geheiratet. Meine Eltern konnten, weil sie schon alt waren, auf Einladung meines Bruders in den Westen zur Hochzeit fahren. Sie sind dann rüber und waren bei der Hochzeit dabei. Ich und meine Schwester konnten nicht. Wir mussten arbeiten.

Die Mauer war ja noch nicht gebaut. Die Eltern sind dann wieder zurück. Sie konnten nicht da bleiben. Die Wohnung, die mein Bruder für sich und seine Frau gefunden hatte, war zu klein und sie hatten sich hier schon eingerichtet. Meine Schwester lebte bei meinen Eltern und ich wollte ja auch nicht die alte Frau verlassen, die ich betreute. So landet man eben da, wo einen das Leben hinverschlägt.
Ich glaube, es war 1963. Da kam er das erste Mal zu Besuch mit seiner Frau. Wir mussten ihm eine Einladung schicken und mit der konnte er dann seinen Besuch in der Zone beantragen. Das war reichlich umständlich für ihn. Als mein Bruder uns besuchte, kam er mit seiner damaligen Frau und meiner Nichte. Das Kind war fünf Jahre alt. Das zweite Kind war noch nicht geboren. Meine älteste Nichte hat ihre Großeltern nur zweimal gesehen, die andere Nichte hat nur die Großmutter, als sie im Sterben lag, gesehen. Ihren Großvater hat die Jüngste nie kennen gelernt.

Im Oktober 1972 wurde der Verkehrsvertrag zwischen BRD und DDR geschlossen (zur weiteren Regelung von Reisen in die DDR). Im Dezember 1972 hat dann die Regierung Brandt die DDR anerkannt
Es gab seit 1964 für Reisende in die DDR den Zwangsumtausch. Für jeden Tag in der DDR musste der Reisende Deutsche Mark in DDR-Mark 1:1 umtauschen. 1964 waren das zum Beispiel pro Tag fünf Deutsche Mark, für die man fünf DDR-Mark bekam. In der Realität war die DDR-Mark sehr viel weniger wert, als die DM. Deswegen waren die Reisenden aus der DDR im Ostblock nicht so gern gesehen wie die Westdeutschen., weil deren Mark mehr wert war. Das war auch bitter bei meinem Besuch in Breslau. Da

wurde man als Mensch 2. Klasse behandelt. Das war wirklich so. Ich habe das selbst erlebt. Ich weiß noch wie ich geheult habe deswegen. Na, so war das eben. Nach der Anerkennung der DDR wurde der Zwangsumtausch für die Westdeutschen noch einige Male erhöht. Ich weiß das von meinem Bruder. Ja, für jemanden, der nicht so viel Geld hatte, wie für meinen Bruder, war das natürlich belastend. Später wurde der Zwangsumtausch doch noch mal verdoppelt und dann später noch mal erhöht. Wer in die DDR einreiste, der musste viel Geld haben. Mein Bruder hatte nicht so viel Geld. Man durfte ja auch höchstens 30 Tage im Jahr in die DDR reisen. Die DDR hat damit kräftig Devisen gescheffelt; das war reine Geldmacherei. Das wussten wir auch. Mein Bruder hat es mir ja erzählt, als er da war. Der war wütend darüber, dass er denen das Geld in den Rachen werfen musste.

Als mein Bruder uns besuchen kam und das Westgeld umtauschen musste, da wusste er nicht, wie er die DDR-Mark ausgeben sollte. Man bekam ja für das Geld nichts Anständiges zu kaufen. Bücher von uns waren ja im Westen beliebt und bei uns billig. So viele Bücher konnte man ja gar nicht kaufen und in den Westen schleppen, wie man Geld umtauschen musste. Außerdem durfte man ja viele Sachen gar nicht ausführen und wenn, dann auch nur eine bestimmte Menge. Die Frau meines Bruders war ganz verrückt nach so ein paar Sachen, die es bei uns gab. Sie wollte zum Beispiel unbedingt so einen kleinen Krug aus Holz mit Einlegearbeiten mitnehmen. Sie meinte, im Westen kostete das zehnmal so viel wie bei uns. Auch so Erzgebirgssachen wollte sie. Aber so etwas durfte man nicht mitnehmen. Sie bestand aber darauf und mein Bruder konnte nicht nein sagen. Sie haben den kleinen

Krug im Koffer in so einer Seitentasche versteckt und Sachen drüber gelegt. Ich hab die noch gewarnt: Wenn die das an der Grenze finden, dann gibt's Ärger. Die Grenzer holen Euch aus dem Zug und dann könnt Ihr einen Haufen Geld dafür bezahlen. Sie wurden dann aber nicht entdeckt. Sie sind damit durchgekommen. Mein Bruder schrieb mir später, als er wieder zu Hause war: Sind gut zu Hause mit allem Gepäck angekommen. Da wusste ich, dass sie nicht gefilzt worden sind und ich war beruhigt.

Mein Bruder konnte aber die ganzen Jahre danach nicht kommen, weil er nicht so viel Geld hatte. Der Zwangsumtausch war zu teuer für ihn. Und im Laufe der Jahre wurde der Zwangsumtausch ja immer weiter erhöht. Das ging dann gar nicht mehr für ihn. Wir haben uns die ganzen dreißig Jahre bis 1985 nur zweimal gesehen. Und seine Eltern und die andere Schwester hat er auch nur zweimal gesehen, nachdem er sich in den Westen abgesetzt hatte.

Also die Anerkennung der DDR, das war für uns ein Schock. Da hat uns der Mut total verlassen. Uns war klar, jetzt sind die Grenzen fest zementiert. Wir kommen hier nicht mehr raus. Ja, das war nicht schön, dass die Familie so auseinandergerissen war.

Das erste Mal seit seinem Weggang kam mein Bruder also im Frühjahr 1963 mit seiner Familie zu Besuch. Die Mauer ist ja 1961 gebaut worden. Er durfte damals kaum etwas mitbringen, keine Geschenke oder so etwas. Unsere Mutter hätte Medikamente gebraucht. Sie litt an Rheuma. Aber es war verboten Medikamente in die DDR einzuführen. Auch Zeitungen hätten wir gern von drüben gehabt, aber das war ja nu erst recht verboten. Man durfte auch nicht unbegrenzt Westgeld mitbringen. Man musste zwar Geld zwangsweise umtauschen, aber man durfte auch nicht zu viel Westgeld mitbringen. Mein Bruder war ja ausgebildeter Herrenschneider und da hat er sich damals in die Schulterpolster seines Sakkos Westgeld eingenäht. Ich weiß nicht mehr wie viel DM er da eingenäht hatte, 400 DM oder so. Es wäre allerdings gefährlich geworden, wenn das an der Zonengrenze entdeckt worden wäre. Dann hätten die ihn sofort einkassiert; die hätten ihn festgenommen. Er erzählte uns, wie der Zug an der Grenze hielt und die Grenzer durch den Zug gingen und kontrollierten. Was hat sich mein Bruder über die aufgeregt. Die führen sich auf wie die Herren, meinte er, als könnten die mit einem machen, was sie wollen. Das war natürlich auch so. Wenn es denen gepasst hätte, hätten sie ihn aus dem Zug geholt und festgehalten, da brauchten die gar keinen Grund zu. Er erzählte, dass der Nachtzug an der Grenze hielt und die Grenzer endlose Kontrollen durchführten. Im Niemandsland, sagte er. Sie holten eine Frau aus dem Abteil raus, in dem mein Bruder saß. Die haben die gezielt abgeführt. Und die sahen sich natürlich auch meinen Bruder genau an. Sie fragten ihn aus, ob er die Frau kannte und wollten wissen, was sie gesagt hatte. Hätte ja sein können, dass er mit der Verdächtigen was zu tun hatte. Mein Bruder redete sich raus, er hätte nicht mit ihr gesprochen, er wüsste nichts. Sie holten dann aber auch meinen Bruder mit seiner Tochter aus dem Zug, weil das Kind keinen Pass hatte, sagten sie. Mein Bruder meinte nur, dass das Kind keinen Pass braucht, weil es erst fünf Jahre alt sei. Der eine sagte nur, dass das Kind älter aussähe und er solle keinen Aufstand machen, sonst sei die Reise für ihn hier zu Ende. Mein Bruder hielt das für reine Schikane. Auf der Schreibstube stellten sie einen Pass für das Kind aus und verlangten dafür 90 Mark-Westgeld. Das war

damals sehr viel Geld. Mein Bruder war wütend, aber er musste sich zurückhalten und durfte nicht groß meckern. Auf so was warteten die ja bloß und hätten ihn festgesetzt. Er hasste die DDR und die Kommunisten. Wahrscheinlich haben die das gerochen (lacht). Na ja, das Geld in seinen Schulterpolstern haben sie jedenfalls nicht gefunden. Das hat ihn dann gefreut. Mit dem Westgeld konnten wir dann im Intershop gute Ware einkaufen, an die wir ja sonst gar nicht rankamen.
Ja, das war das erste Mal, dass wir wieder zusammen waren, nach seinem ersten Weggang aus Radebeul. Wir haben uns alle so gefreut. Es war schön. Als er wieder abfuhr, haben wir noch gesagt, wer weiß, wann wir uns wieder sehen. Und unsere Mutter hat geweint. Sie war ja nun auch schon älter und wusste nicht was wird, ob sie ihren Sohn noch mal wiedersehen würde. Mein Bruder sagte noch, er hat so viel Geld nicht, um öfter zu kommen.
Als dann mein Bruder geschieden wurde, das war 1968, wurden ihm die Kinder zugesprochen. Das war deren Glück, denn sie wären ansonsten ins Heim gekommen. Die Mutter wollte die Kinder nicht. Sie hatte einen anderen Mann kennen gelernt, mit dem ist sie weg und hat eine neue Familie gegründet. Mein Bruder und meine beiden Nichten, - ich wäre damals gerne zu ihnen, denn das war ja alles sehr schwierig für sie. Es war ja sonst keine Verwandtschaft bei ihm in der Nähe. Ab 1968 war er also alleine mit den beiden Kindern. Er musste ja auch noch arbeiten gehen. Na ja, die waren auf sich allein gestellt. Meine Eltern haben sich oft Sorgen um sie gemacht, besonders meine Mutter.
Ich wäre gerne bei ihnen gewesen, um meinem Bruder in dieser schwierigen Situation zu helfen. Aber einen Ausreiseantrag hätte ich nicht stellen können. So einfach

war das nämlich nicht. Da hätte ich erst mal viele Schikanen über mich ergehen lassen müssen und hätte nicht mit Sicherheit sagen können: Nun gut, das lass ich über mich ergehen, denn am Ende komme ich hier weg. Aber auch wenn ich hätte ausreisen können: Meine Eltern konnte ich nicht einfach zurücklassen. Ich hätte sie auch nicht mitnehmen können, meine Mutter war damals schon sehr krank und meinem Vater ging es gesundheitlich auch nicht gut. Wenn ich hätte die erste Zeit bei meinem Bruder sein können und dann auch mal wieder zurückfahren zu den Eltern und zu meiner Schwester, das wäre dann was anderes gewesen - aber das ging ja alles nicht. Nach einer Ausreise hätte ich erstmal nicht mehr in die DDR einreisen dürfen. Die DDR – Ulbricht, später Honecker und Konsorten – die hat doch nichts Menschliches interessiert. Denen ging es um ihre Ideologie.
Mein Bruder musste als allein erziehender Vater damals ja sehen, wie er das mit seiner Arbeit hinbekam. Er arbeitete in Köln und wohnte in einem Vorort von Köln. Die Kinder durfte er ja auch nicht tagsüber allein lassen. Er hat sich zunächst von seiner Firma Arbeit mit nach Hause nehmen können. Er hat mir das mal alles erzählt, als ich später drüben war. Dann haben sie ihm aber gekündigt. Und dann fand er eine Stelle an seinem Wohnort, bei der er um 6.00 Uhr anfing und um 15.00 Uhr frei hatte. Das Jugendamt hat wohl kontrolliert, ob die Kinder versorgt waren. Die Grosse war ja neun Jahre alt und die Kleine vier Jahre. Und es hat wohl geklappt. Die eine hat, wenn sie aus der Schule kam, das Kind vom Kindergarten abgeholt. Dann waren sie allein zu Hause bis der Vater kam. Ja, das ging wohl. Ich habe oft an sie gedacht, ich hätte gerne geholfen. 1984 bin ich nach Hause gefahren, nach Schlesien. Ich

habe eine Busreise mit einer Reisegruppe nach Breslau gemacht. Dann bin ich nach Fürstenau, wo das Haus meiner Großmutter stand. Ich bin schräg gegenüber zu den Polen, die da jetzt wohnen, gegangen. Meine Verwandten aus dem Westen besuchten sie auch immer. Die Frau kam raus und ich grüßte sie und sagte, dass mein Bruder im Sommer da gewesen sei. Die hatten ihn zum Essen eingeladen und schwer aufgetischt. Na, mich ließen sie am Zaun stehen. Die guckte mich von oben bis unten an. Die hatte kein Interesse. Mein Bruder hat denen immer zum Schluss 50 DM (Deutsche Mark) gegeben. Das haben die gern genommen. Das war ja viel Geld für die. Meine Ostmark waren nichts wert. Das wollten die nicht. Man war immer Mensch zweiter Klasse, weil man aus der DDR kam, weil unser Geld nichts wert war. (weint)

Nach einer Weile fährt sie fort

Als die Mauer fiel, war ich bereits im Westen, denn ich bin, als ich in Rente ging, sofort in den Westen gezogen. Wer Rentner wurde, durfte die DDR verlassen. Ich wollte auch wegen meiner Krebserkrankung in den Westen. Ich hatte kein Vertauen mehr in die DDR-Mediziner.

Also an dem Abend, als die Mauer fiel, war ich alleine, habe im Wohnzimmer gesessen und die Bilder im Fernsehen gesehen. Das war sehr ergreifend. Mir kamen die Tränen. Ich hatte nicht gedacht, dass ich das noch mal erleben würde. Irgendwie hat es mein Herz befreit, dass die Mauer fiel. Ich hab gedacht: endlich, endlich sind die ganzen Politbonzen weg vom Fenster. Dann bin ich auch gleich hoch zur Nachbarin und hab sie gefragt, ob sie nicht herunterkommen möchte. Wir haben zur Feier des Tages ein Glas Sekt getrunken und ich habe ihr ein bisschen was erzählt, was ich drüben so erlebt hatte. Es tat gut, sich das mal ein wenig von der Seele zu reden, denn hier im Westen, da hat eigentlich niemand so recht gefragt, wie das denn alles gewesen ist. Nun gut, meine Cousine und mein Cousin – mit denen habe ich schon darüber gesprochen.

Als die Mauer fiel, habe ich gesehen wie die Menschen sich freuten. Alle haben sich gefreut. Nach dem Mauerfall änderte sich für mich nicht besonders viel. Ich lebte ja mittlerweile, seit ich Rentnerin war, im Westen. Ich konnte ohne große Formalitäten meine Schwester drüben besuchen, wann immer ich wollte. Die Grenzen waren offen. Die erste Zeit bangte ich noch, ob die Grenzen auch wirklich offen bleiben würden. Ja, da kam noch mal so eine Angst auf, dass alles wieder wie vorher werden könnte. Aber dann kam die Wiedervereinigung. Gott sei Dank. Dieser unselige Staat war am Ende und so sollte es auch bleiben. Ich wollte später dann auch rüber fahren und meine Schwester besuchen, aber sie hatte keine Zeit und so haben wir das verschoben. Mal sehen, vielleicht fahre ich dieses Jahr. Ein bisschen mulmig ist mir schon vor dieser Reise, denn ich möchte nicht, dass mir alles wieder hochkommt, was gewesen ist – das Leben damals in der DDR und diese ganze Zeit, dieses Eingesperrtsein, diese Gängelei und die Bevormundung. In Geithain würde ich auch gerne meine alte Freundin besuchen. Na, wir schreiben uns jetzt und - ja. Aber ich möchte jetzt nach vorne sehen. Mir geht es jetzt gut. Ich möchte nicht mehr zurück schauen. Ich möchte das alles am liebsten vergessen.

Ein paar Jahre vor dem Mauerfall bin ich Rentnerin geworden und Rentner durften in den Westen ziehen. Ich musste nicht lange überlegen, ob ich Geithain verlasse, obwohl ich meinen Freundeskreis zurücklassen musste. Die Freiheit war mir wichtiger. Ich habe die

DDR gehasst. Ich wollte auf keinen Fall zurück, um nichts in der Welt. Für mich stand fest: ich bin jetzt im Westen und ich werde bestimmt nicht wieder zurück gehen, auch wenn es keine Mauer mehr gibt. Meine Freunde sind alle dort, meine Schwester ist dort. Aber hier habe ich meinen Bruder, meine Nichten, und meinen Cousin und meine Cousinen. Uns fehlen Jahrzehnte. Wir haben unterschiedliche Leben geführt. Die Familie war auseinander gerissen. Im Grunde ging der Stacheldraht, ging die Mauer durch unsere Familie. Das war nicht schön, Das hatte nichts Gutes. Na, jetzt ist es anders. Wir werden sehen, was noch kommt.
Als ich als Rentnerin in den Westen kam, hatte ich es mir nicht so vorgestellt. Das war ja alles neu für mich, ganz anders als bei uns. Was es alles gab! Endlich essen, was man wollte, alles war da. Kein Anstehen mehr in der Schlange vor dem Konsum. Bei allen Formalitäten haben mir mein Cousin und meine Cousine und ihre Familien sehr geholfen. Ich habe mich hier wohl gefühlt. Natürlich habe ich gemerkt, dass man sich hier um viele Dinge selber kümmern muss. Was ich nicht gut fand, waren die teuren Mieten. Die Krankenkassenbeiträge waren ja auch so teuer, aber dafür war die Versorgung besser als in der DDR. Natürlich tut es mir auch leid, dass es nicht genug Ausbildungsplätze für junge Menschen gibt. Ich denke, da muss man sich anstrengen als junger Mensch, gute Zeugnisse vorweisen, dann hat man vielleicht eine Chance. Ich konnte mir damals nicht aussuchen was ich arbeiten wollte; ich bin halt dort im Emaillierwerk gelandet.
Es gibt kein ideales Land oder eine ideale Gesellschaft. Mir ist aber lieber, dass ich meinen Mund aufmachen kann und sagen kann, was ich will, wenn mir was nicht passt, ohne dafür ins Gefängnis gesteckt zu werden.

Keine Gängelei, kein Zwang. Ich empfand das hier im Westen sofort als Freiheit. Ich konnte wieder atmen.

Anhang

1 Staatssicherheit - Schild und Schwert der Partei – so nannte sich das Ministerium für Staatssicherheit (MfS). Am 24.1.1950 beschließt das SED-Politbüro die Bildung des Ministerium für Staatssicherheit. Die DDR-Staatssicherheit, Jens Gieseke, Bundeszentrale für Politische Bildung S.5, S.105

2 Kontrolle des Postverkehrs - Die Postkontrolle war Sache des MfS (Ministerium für Staatssicherheit). Damals – ohne Internet und Mobilfunk – war die Kommunikation über Briefe, Karten, Pakete usw. die einzige Möglichkeit in Kontakt zu bleiben. Nur wenige Haushalte besaßen Telefon. Obwohl es auch in der DDR offiziell ein Postgeheimnis gab, wurden „verdächtige" Briefe, Päckchen usw. aussortiert und von der Stasi zur Überprüfung in eine „MFS-Poststelle" umgeleitet. Über 98% der Postsendungen konnten abgedeckt werden Die Überwachungstechnik wurde im Laufe der Zeit verfeinert und die Briefe wurden z.B. maschinell geöffnet. Im Durchschnitt wurden in der DDR täglich 90.000 Briefe geöffnet und zur späteren Auswertung auf Mikrofilm abgelichtet. Noch 1989 waren über 2.500 hauptamtliche MfS-Mitarbeiter damit beschäftigt, den Postverkehr der DDR-Bürger zu überwachen bzw. Telefongespräche abzuhören.
Siehe:bpb.de/geschichte/deutsche-geschichte/stasi/223937/postkontrolle (10.10.2017)

3 Vertriebene in der DDR...Ein Recht auf Heimat - wie von der Bundesrepublik gefordert - lehnte die DDR als Ausdruck revanchistischen Denkens ab. Heimat war für die DDR keine geographische Größe, sondern ein politisches Projekt, so Schwartz. In der DDR-Diktion gab es deshalb auch keine Vertriebenen, sondern nur Umsiedler.
Für die Neuankömmlinge in der DDR gab es folglich nur zwei Möglichkeiten: Entweder sie assimilierten sich oder sie

zogen - auch schockiert von der Klassenkampfpolitik - weiter in die Bundesrepublik. Allein bis 1949 verließ etwa eine Million Vertriebene die DDR .
Die Zwangsassimilation hatte zur Folge, dass das Schicksal der Vertriebenen in der DDR tabuisiert wurde. Die traumatisierenden Erfahrungen des Heimatverlustes, der Gewaltexzesse der Roten Armee, die massenhaften Vergewaltigungen der flüchtenden Frauen - über das alles, so Clemens Vollnhals vom Hannah-Arendt-Institut für Totalitarismusforschung in Dresden, konnten und durften die Betroffenen nie öffentlich sprechen...
Quelle: Bundeszentrale für Politische Bildung, Roland Löffler in Fremde in der neuen Heimat, Panorama, 2005, Ausgabe 16 2005, S.1

4 Nazis in der DDR Laut dem Dokumentationszentrum des Bundes Jüdischer Verfolgter des Naziregimes in Österreich waren noch 1965 mehr als 120 Altnazis Mitglieder des Zentralkomitees der SED, des Staatsrates, Abgeordnete der Volkskammer. Sie hatten Ministerposten, bauten die Polizei und NVA mit auf, saßen in Redaktionen.

“Ich habe eigentlich alles riskiert.“
Renate Stefanek, Mitarbeiterin des Bundesbeauftragten für die Unterlagen des Staatssicherheitsdienstes (BStU), Leipzig

Das Leben in der DDR war für uns ziemlich schwierig. Ich bin in Gerolstein, in der Eifel, also in Westdeutschland, geboren, 1952 bin ich mit meinen Eltern nach Leipzig umgezogen. Meine Familie war sehr katholisch und in Leipzig, in Sachsen ist die Bevölkerung überwiegend evangelisch. Wir sind also sozusagen in die Diaspora gezogen. Das war nicht leicht. Es war insgesamt eine vollkommene Neuumstellung und also auch mit Schwierigkeiten verbunden. Zudem kannten sich meine Eltern auch mit dem Schulsystem dort nicht aus. Auch für sie war es eine schwierige Situation, eine vollkommene Neuumstellung. Ich bin mit meinen Eltern nach Leipzig gezogen, weil mein Vater in Leipzig bei einem Sportverein eine Arbeitsstelle bekommen hat. Damals, 1952, war das noch sowjetische Besatzungszone[1].
Meine Eltern glaubten zu diesem Zeitpunkt noch, dass sich die Situation wieder normalisieren wird und es bald wieder ein Deutschland ohne Besatzungszonen geben würde. Sie dachten, dass die sowjetische Besatzungszone eine temporäre Angelegenheit sei, die bei einem Friedensvertrag wegfallen, also aufgelöst werden würde. Es war damals ja auch nicht wirklich abzusehen, wie sich alles entwickeln würde. Meine Eltern gingen also davon aus, dass es keine endgültige Teilung geben wird. Im Grunde war das einfach nicht vorstellbar. An so etwas konnte man nicht glauben, sonst wären wir bestimmt nicht nach Leipzig gezogen. Es war jedenfalls zu keinem Zeitpunkt wirklich klar, dass die ver-

schiedenen Besatzungszonen bestehen bleiben und dass da eine Mauer hochgezogen und Deutschland geteilt wird. Das war am Anfang lange nicht so klar. Wir gingen davon aus, dass sich alles wieder normalisiert. Im Nachhinein sieht es immer so aus, als hätte man es wissen oder ahnen können. Aber das konnte man nicht ahnen. Das war alles sehr schwierig. Vielleicht macht folgende Geschichte deutlich, wie überraschend der Mauerbau für viele Menschen kam: Unsere Familie ist jedes Jahr in den Westen gefahren und wir haben dort unsere Verwandten besucht, denn unsere ganze Verwandtschaft lebte im Westen. Wir, meine Eltern, meine Geschwister und ich, waren die einzigen, die im Osten lebten. Die Reiseregelung war damals schon speziell: meine Eltern und wir Kinder durften nicht zusammen in den Westen reisen, um unsere Verwandten zu besuchen, sondern meine Eltern und wir Geschwister mussten jeweils getrennt fahren. Mein Vater durfte mit meiner Schwester fahren und wenn beide zurück waren, durfte ich mit meiner Mutter hinüberfahren. Also immer getrennt. Die Hälfte der Familie musste zu Hause bleiben, damit die anderen zurückkommen und nicht einfach im Westen bleiben. Die Reisebestimmungen waren im Laufe der Zeit strenger geworden, weil viele nicht von ihrer Reise zurück in die sowjetische Besatzungszone gekommen sind. Die blieben einfach im Westen.

Mehr als drei Millionen Bürger sind bis 1961 in den Westen gegangen

Ja. Es hat sich zwar gezeigt, dass die Reiseregelung strenger gehandhabt wurde, aber keiner hat geahnt, was da noch kommen würde. Ich erinnere mich noch, es war am 10. August 1961, als meine Mutter und ich in den

Westen gefahren sind – die haben uns da noch fahren lassen. Wir waren in Saarbrücken bei meiner Tante – und haben Fernsehen geschaut – es war der 13. August 1961 und da haben wir in den Nachrichten gesehen, dass die Mauer gebaut wird. Wir waren also gerade erst angekommen und sahen, dass eine Mauer hochgezogen wird.

Ich habe das damals gar nicht wirklich verstanden. Ich war elf Jahre alt. Ich konnte mir auch gar nichts unter dem Mauerbau vorstellen. Ich habe dann nur gesehen, dass meine Mutter geheult hat und ziemlich fertig war. Ursprünglich wollten wir vierzehn Tage bleiben, sind dann aber erst nach vier Wochen wieder zurück gefahren.

Durch den Mauerbau, den wir im Fernsehen verfolgen konnten, war klar, dass wir, wenn wir zurück fahren, wahrscheinlich sobald nicht mehr nach Westdeutschland kommen würden; vielleicht sogar nie mehr nach Westdeutschland wiederkommen konnten! Meine Mutter und meine Tante versuchten eine Möglichkeit zu finden, unsere Reisezeit zu verlängern. Sie entwarfen einen Brief, den wir nach Hause geschickt haben und in dem stand, dass ich krank geworden sei und dass wir deshalb erst später zurückreisen können. Wir brauchten für die Verwaltungsbehörde der DDR ja einen triftigen Grund, um die Reisezeit zu verlängern, ansonsten hätten die uns bei unserer Rückkehr Schwierigkeiten gemacht.

So hat meine Mutter erst einmal Zeit gewonnen. Sie wollte in Ruhe noch einmal alle ihre Geschwister besuchen und sich von allen verabschieden, von allen Verwandten, Freunden und Bekannten. Ich habe immer noch so ein Bild vor Augen: Mein Großvater – das war ein ganz stattlicher, großer Mann. Er war Bürgermeister.

Er war ganz unnahbar für uns Kinder, weil wir dachten, dass er etwas Besonderes sei. Ich sehe ihn heute noch am Bus stehen, als wir wieder wegfahren mussten. Er weinte und sagte zu meiner Mutter: Ich sehe Dich nicht wieder. Das werde ich nicht vergessen. Das war für mich sehr schlimm.
Als wir dann wieder zu Hause waren, wurde über diese Dinge nicht mehr gesprochen. Kein Wort mehr wurde darüber verloren. Es wurde hingenommen, denn es war ja nicht zu ändern.
Mein älterer Bruder ist schon 1960 in den Westen gegangen. Er ist damals nach Köln gezogen. Bei unserer letzten Reise, das war 1961, haben wir ihn dann auch noch einmal getroffen und das war dann sehr traurig. Er wusste auch, dass er uns nicht mehr würde besuchen können, weil er ja 1960 aus der sowjetischen Zone abgehauen war. Sie hätten ihn festgenommen, wenn er die DDR betreten hätte. Es war schon eine seltsame Situation.
Die Familie wurde also richtig auseinandergerissen. Das war für meine Mutter ganz besonders schlimm. Außerdem ist sie in der Großstadt Leipzig auch nie zurecht gekommen. Für sie war es vor dem Mauerbau immer ein Trost, dass sie jedes Jahr in ihr Dorf ins Saarland fahren konnte. Es war für sie sehr wichtig ihr altes Zuhause zu besuchen. Ihren Vater und ihre Geschwister zu sehen, und die Bauern und die Landwirtschaft. Nach dem Mauerbau durfte sie, wie alle anderen, nicht mehr in den Westen reisen. Meine Mutter ist dann zusehends stiller geworden und hat allmählich auch ihre ganze Lebensfreude verloren.
Für uns Kinder schien sich mit dieser Mauer zunächst so groß nichts zu ändern. Der Alltag blieb der gleiche. Es war dann plötzlich halt die Mauer da und ich habe

mir dann auch nie große Gedanken darüber gemacht. So wie meine Mutter habe ich nicht darunter gelitten. Der Einzige, den ich wirklich vermisst habe, das war mein Bruder, der ja drüben war. Ich erzählte das schon. Aber dass ich die anderen Verwandten nicht sehen und treffen konnte, das fand ich als kleines Kind nicht so schlimm.
Ich habe das als Kind als gegeben hingenommen, dass ich meine Verwandten im Westen nicht mehr sehen konnte. Andererseits, wenn Weihnachten war, dann war das so entsetzlich bei uns. Ich habe Weihnachten immer geheult, weil ich sehr an meinen Bruder gedacht und ihn vermisst habe. Meine Mutter hat ihm immer Päckchen geschickt. Uns ging es finanziell nicht so gut, trotzdem wollte sie ihm immer etwas schicken und da musste sie wirklich aus Nichts etwas zaubern. Es musste auch etwas sein, dass sie meinem Bruder schicken konnte, denn man durfte ja nicht alles senden.

Der Kontakt blieb bestehen. Mein Bruder hat auch geschrieben. Auch später, als er verheiratet war, hat seine Frau uns besucht. Sie hat die Kinder mitgebracht, so konnten meine Eltern ihre Enkelkinder sehen. Nur mein Bruder durfte lange nicht kommen. Erst 1970 als meine Mutter im Sterben lag, hat er es gewagt in die DDR zu reisen. Seit 1960 war es das erste Mal, dass er zu Besuch kam. Seit seiner Flucht[2] waren zehn Jahre vergangen und er hat es einfach probiert. Wer aus dem Westen in die DDR reisen wollte, musste die Reise in der DDR beantragen. Westdeutsche mussten einen Einreiseantrag ausfüllen. Er hat eine Einreise für drei Tage bekommen und am dritten Tag als er da war, ist unsere Mutter gestorben. Er konnte aber nicht zur Beerdigung einfach da bleiben, weil seine

Einreiseerlaubnis nur drei Tage lang gültig war. Er durfte nicht einfach bleiben und seinen Aufenthalt verlängern. Nein, er musste erst wieder ausreisen. Er hat dann in Westdeutschland, in Konstanz auf das Telegramm von uns gewartet. Wir telegrafierten ihm zur Vorlage für einen zweiten Reiseantrag, dass die Mutter gestorben ist. Das war für ihn quasi der Einreisegrund; damit durfte er wieder erneut einreisen, um bei der Beerdigung dabei zu sein. Diese Ein- und Ausreiseregelung war reine Schikane. Da nahm die Behörde keine Rücksicht drauf, dass man bei einem Sterbefall Trauer empfindet.
Da er noch vor dem Mauerbau abgehauen war, war es 1970 nicht mehr gefährlich für ihn in die DDR zu reisen. Anders war es bei denen, die nach dem Mauerbau abgehauen sind. Die haben sich danach nicht mehr getraut einzureisen.
Mein Bruder ist, als er 1960 die Zone verlassen hat und in den Westen ging, richtig offiziell in einen Bus gestiegen. Wer damals nach Potsdam fahren wollte, hat die Fahrkarte bis Potsdam gelöst. Man musste durch Westberlin fahren und viele sind dann einfach in Westberlin ausgestiegen. Zu der Zeit war es für manche also noch nicht so schwierig die DDR zu verlassen.
Mir wurde irgendwann bewusst, dass ich unter besonderen Umständen in einem, speziellen Staat lebte und das auf vielfältige Weise. Unsere ganzen Verwandten lebten im Westen und dadurch wussten wir eben auch, was man beispielsweise im Westen alles kaufen konnte. Wir bekamen von den Verwandten aus dem Westen zu Weihnachten oder zu Geburtstagen Geschenkepäckchen. Das war etwas Besonderes. Der Kaffee beispielsweise roch und schmeckte ganz anders als bei uns. Sehr viel besser. Der Kaffee, den wir in der

Zone kaufen konnten, schmeckte im Vergleich dagegen wie Spülwasser. So etwas Gutes gab es bei uns gar nicht zu kaufen.

Für mich sah der Alltag als heranwachsende Schülerin wie für die anderen aus: In der DDR war es üblich zu den Pionieren[3] zu gehen. Ich selbst bin nicht zu den Pionieren gegangen und auch nicht in die FDJ[4] eingetreten. Auch die Jugendweihe[5] habe ich nicht mitgemacht. Dadurch, dass ich mich dem entzogen hatte, wurde es für mich in vielerlei Hinsicht schwierig. Derjenige, der diese Dinge nicht mitmachte, die in der DDR von guten Bürgern erwartet wurde, wurde natürlich zum Außenseiter. So ging es mir auch.

Neben FDJ und Pioniere gab es noch andere Massenorganisationen, denen insgesamt über 90 Prozent der Kinder und Jugendlichen in der DDR angehörten.

Es war von Vorteil, wenn man in diesen Organisationen war. Ich hatte großes Glück, dass ich trotzdem eine Lehrstelle bekam, bei der mir das also nicht zum Nachteil wurde, dass ich mich da rausgehalten hatte. Auf meiner Lehrstelle kam ich gut zurecht, denn da schaute niemand darauf, ob ich auch die richtige Gesinnung hatte. Die Lehrausbilderin interessierte sich nicht dafür. Wenn ich etwas anderes gelernt hätte, wäre es wahrscheinlich schwieriger geworden. Also studieren – das wäre für mich nicht möglich gewesen, denn ich hätte keinen Studienplatz bekommen, weil ich nicht bei den Pionieren war und auch nicht in der FDJ.

Ich war gut in der Schule. Meine Schwester war eine noch viel bessere Schülerin als ich. Sie war wirklich sehr gut. In jedem Fach hatte sie eine Eins, aber sie konnte kein Abitur machen und niemals studieren. Das war dann schon ziemlich hart. Wer nicht bei den Kinder- und Jugendorganisationen mitmachte, konnte ein Studium vergessen. Aber gelitten habe ich unter der Situation nicht so sehr. Das war alles noch nicht so schlimm. Ich hatte auch noch nicht den Drang wegfahren zu wollen, andere Länder zu sehen, Reisen machen zu wollen. Das hat mich alles noch nicht so betrübt.

Richtig schwierig wurde es für mich dann erst, als ich selber Kinder hatte. Ich wollte nicht, dass sie in die FDJ gehen, dass sie Pioniere werden oder die Jugendweihe bekommen. Das hatte sehr unterschiedliche Gründe. Ich habe mich nicht mit dem Staat identifiziert. Das, was die SED, die Sozialistische Einheitspartei vermittelte, das hat mir alles nicht so gut gefallen. Es wurde dieses Bild vom Klassenfeind[6] gezeichnet. Da hieß es, die, die im Westen wohnen sind Feinde der Republik. Ich aber hatte Verwandte im Westen und ich sah ja wie sie als Menschen waren und wenn die Funktionäre[7] immer von ‚diesen schlimmen Menschen im Westen' geredet haben, dann stand das im Gegensatz dazu, wie ich meine Verwandten tatsächlich erlebte. Das waren wunderbare, nette Menschen. Sie waren nicht so wie man sich Feinde vorzustellen hat. Meine Cousinen waren so alt wie ich. Sie dachten wie ich und sie machten nichts anderes als ich. Auch sie schwärmten für die Beatles. Wie hätte ich denn dann diesen Parolen, diesen Reden, dass dies meine Klassenfeinde sind, glauben sollen? Meine Erfahrungen widersprachen dem ja ganz und gar. Aber dann, wenn man eigene Kinder bekommt und für die Kinder Verantwortung hat, dann ist das alles schon nicht ganz so einfach. Trifft man für sie die richtigen Entscheidungen? Werden sie mir später

Vorwürfe machen oder werden sie sagen: Ja, das war richtig so?

Ich bin katholisch und ich bin, auch wenn es in der DDR nicht gerne gesehen wurde, katholisch geblieben. Ich wollte einfach nicht mit diesem Staat konform gehen. Ich wollte einfach anders sein. Also, ich habe bestimmte Dinge nicht anerkannt.

Manchmal habe ich, wenn meine Kinder ganz dumme Hausaufgaben machen mussten, wie beispielsweise einen Aufsatz zum Thema ‚Der Feind im Westen' schreiben sollten, dass er uns bedroht und solche Dinge, da habe ich ihnen gesagt: Kommt, geht spielen, ich schreibe das für Euch. Ihr braucht es dann bloß noch abzuschreiben. Es war mir einfach zu dumm, dass die Kinder sich über solche Dinge Gedanken machen sollten. Die Kinder hatten auch gar keine Lust das alles mitzumachen. Sie hatten ihren Freundeskreis in der Kirche. Dort hatten wir unsere Freunde. Wir hatten mit dem Staat im Großen und Ganzen nicht so viel zu tun. Ich habe auch so wenig wie möglich den Staat in Anspruch genommen. Zum Beispiel haben wir uns unsere Urlaubsplätze selber gesucht; entweder in kirchlichen Heimen oder wir haben irgendwo Camping gemacht. Also die ganzen FDGB-Heime[8] und dieses ganze Theater, das haben wir nicht mitgemacht. Ich habe auch die Kinder nicht zu Veranstaltungen geschickt, wenn ich gedacht habe: Das müssen sie sich nicht antun.

Zum Beispiel Pionierferienlager und solche Dinge. Da sind sie halt eben nicht mitgefahren. Wir haben uns dann immer irgendwelche Gegenpole gesucht. Die Kinder haben dann stattdessen beispielsweise mit den Ministranten eine Fahrradtour gemacht und im

Gegensatz zu ihren Klassenkameraden haben sie geschwärmt, wie toll es war.
Die anderen Kinder erzählten ihnen oft: Wir mussten marschieren und mussten singen und dann gab es Themenkreise zu Politik und Gesellschaft. Richtig sinnlos. Meine Kinder waren immer ganz zufrieden und hatten eine gute Zeit bei diesen anderen Aktivitäten.
Wir hatten die ganze Zeit über Westkontakte, denn wir hatten Freunde in Essen. Der eine Freund in Essen war Jugendpfleger und sehr bemüht, dass sich Jugendliche aus dem Westen und aus dem Osten kennen lernen, um die Teilung in gewisser Weise zu überwinden, soweit das überhaupt machbar war. Da es einfacher war in die DDR einzureisen, wenn man zur Leipziger Messe wollte – man brauchte nicht diesen ganzen bürokratischen Aufwand zu betreiben – kam er immer zur Zeit der Leipziger Messe mit einem Bus voll Schülern, die an diesem Jugendaustausch interessiert waren. Vorher hat er diesen Jugendlichen erklärt, was in Leipzig auf sie zukommt und was sie an der Grenze und beim Zoll zu sagen haben, damit es keine Schwierigkeiten gibt.
Offiziell durfte solch ein Schülertreffen natürlich nicht stattfinden. Es wäre von der DDR nicht geduldet worden. Ganz im Gegenteil.
Wir hier in Leipzig haben dann einiges organisiert, damit viele unserer Jugendlichen sich mit den jungen Leuten aus Westdeutschland treffen konnten. Meine Kinder waren auch dabei. Es war eine tolle Zeit und meine Kinder haben hiervon sehr profitiert. Ich habe ihnen damals gesagt: Ihr müsst Euch jetzt bedeckt halten. Davon dürft Ihr in der Schule nicht erzählen. Es war natürlich auch richtig gefährlich, weil man beobachtet und belauscht wurde.

Die Freunde erzählen heute immer noch, was für eine Gänsehaut sie damals bekommen haben, als sie gesehen haben, dass rund um die Uhr vor unserer Haustür jemand war, der uns beobachtet hat. Die von der Staatssicherheit standen mit dem Auto vor unserem Haus – die ganze Nacht. Ich bin manchmal noch um 24.00 Uhr ans Fenster gegangen, da habe ich sie immer noch stehen sehen. Da sah man die Zigarette im Auto glühen. In der Frühe lösten sie sich ab, dann stand ein anderes Auto vor dem Haus. Also die haben uns rund um die Uhr beobachtet und sind auch bis an unseren Garten gekommen. Wenn wir uns mit den Freunden in den Garten gesetzt haben, sind die auch da gewesen. Die haben sich für diese Jugendtreffen interessiert und uns ausspioniert. Solche Treffen waren ja nun nicht gerade in der DDR gewünscht. Also ich fand diese jährlichen Treffen sehr schön und sehr wichtig. Auch heute noch haben meine Kinder Freunde in Essen, die sie damals bei diesen geheimen Jugendaustauschtreffen kennen gelernt hatten.

Als sich nach der Wende meine Nichte und mein Neffe beruflich verändern mussten, sind sie von Ostdeutschland nach Essen, ins Ruhrgebiet, gezogen, weil sie dort Arbeit fanden und Kontakte hatten. Diese Kontakte rührten auch noch von den Leipziger Jugendtreffen her. Sie haben dort beruflich Fuß fassen können und sind recht glücklich. Ich denke auch die Menschen im Ruhrgebiet sind offen. Es war auch richtig einfach mit ihnen Kontakt zu bekommen. Wir sind heute noch in Verbindung und es sind unsere besten Freunde.

Und Ihre Kinder konnten trotz dieser Situation ihre Wunschberufe ergreifen, obwohl sie nicht in Kinder- und Jugendorganisationen der DDR waren?
Meinem ältesten Sohn hatte die Schuldirektorin gesagt: Du wirst nie Abitur machen! Er war aber ein sehr guter Schüler, dem das Lernen sehr leicht fiel. Er langweilte sich im Unterricht und las dann heimlich unter der Bank die Bücher, die ihn interessierten. Ich wurde dann ständig in die Schule bestellt, weil er im Unterricht dieses und jenes nicht machte, so hieß es. Er hatte aber immer gute Zensuren, insofern gab es keine Nachteile für ihn. Ich war froh, dass mein Sohn nichts von den Dingen erzählte, die uns alle in Schwierigkeiten gebracht hätten. Ich wurde öfter in die Schule bestellt wegen diesem und jenem. Damals habe ich zu der Direktorin gesagt: Mein Sohn fällt alles zu und ich weiß nicht, was ich zu ihm sagen soll, ich kann ihm lediglich sagen: stör die anderen nicht im Unterricht. Was er sonst macht; dass er sich die ganze Stunde langweilt, das kann ich nicht ändern. Ich habe immer versucht mich auf die Seite meiner Kinder zu stellen.
Auch wenn es politische Probleme gab, habe ich das immer geklärt. Ich bin wirklich oft in die Schule bestellt worden. Einmal ging es um Staatsbürgerkunde. Da hatte mein Sohn eine vier geschrieben und ihm wurde gesagt, weil die Arbeit so schlecht ausgefallen sei, könnten alle, die eine schlechte Zensur haben, die Arbeit noch einmal schreiben. Die Lehrerin sagte zu ihm: Ach, Thomas, schreib doch mal Deine ehrliche Meinung auf, da kannst du vielleicht Deine Zensur verbessern. Er antwortete: Da nehme ich lieber die vier, ehe ich meine ehrliche Meinung aufschreibe. Daraufhin bin ich wieder in die Schule bestellt worden. Also ich hatte immer wieder mal einen solchen Hickhack, weil meine Kinder so ehrlich

waren. Das war nicht einfach. Aber was wirklich geholfen hat, das war, Freunde zu haben, die ähnlich denken und handeln. Man konnte sich austauschen. Wir haben uns gegenseitig erzählt, was uns passierte, was den Kindern in der Schule passierte, mit Nachbarn oder mit Vorgesetzten. Wir tauschten uns aus. Das stärkt. Man steht dann nicht so alleine da, man bekommt das Gefühl: Das schaffen wir! Einmal kam meine Freundin und erzählte weinend, wie ihr Sohn in der Schule vor seinen Mitschülern von der Lehrerin regelrecht vorgeführt wurde: Stell dir vor, in der zweiten Klasse musste mein Junge vor der Klasse das Vaterunser aufsagen und dann sollte er den Schülern zeigen, in welcher Ecke des Zimmers der liebe Gott ist.

Das hat sie sehr mitgenommen. Wir haben dann darüber gesprochen. Ich konnte ihr helfen, weil ich so etwas selber erlebt hatte. Wenn man sich über solche Dinge unterhalten kann oder auch nur dem anderen zuhört, – dann ist alles etwas leichter. Wir hatten unsere Nische, in der wir gelebt haben und wir haben tolle Freunde gehabt. Anfang der 90er Jahre fingen diese Freundschaften ein bisschen an zu kriseln, weil alle verreisten und keiner hatte mehr Zeit. Aber dann später fanden wir wieder richtig zusammen.

Als die Mauer fiel, das war noch mal etwas Besonderes. Mein Sohn wurde im Oktober 1989 18 Jahre alt und im Mai 1989 sagte er ganz nebenbei: Also wenn ich 18 bin, dann haue ich bestimmt ab. – Da hab ich fürchterliche Angst bekommen. Seinen Freund hatten sie gerade Ende April 1989 in Ungarn[9] festgenommen. Der wollte abhauen und das hatte nicht geklappt, denn Ungarn hat zu diesem Zeitpunkt noch ausgeliefert. Ich hab zu meinem Sohn gesagt: Stell dir doch vor, was passieren kann, denk doch an die Minen an der Grenze! Bist du denn verrückt, du kannst ja erschossen werden!

Die Zahlen schwanken. Nach Angaben der Museumsleiterin ‚Haus am Checkpoint Charlie' sind zwischen 1961 und 1989 allein an der Berliner Mauer 262 Menschen getötet worden. Insgesamt sind bis 1989 bei Fluchtversuchen an der innerdeutschen Grenze 872 Menschen getötet worden

Wie auch immer die Zahlen sind; ein einziger getöteter Mensch ist schon zu viel. Jedenfalls war ich sehr aufgeregt und hatte Angst um ihn. Er sagte, ihn würde in der DDR nichts mehr halten. Oder kannst du dir vorstellen, dass ich zur Armee gehe?! Ich hab mich gar nicht getraut das meinem Mann zu sagen. Irgendwie musste ich da erst mal selber mit zurechtkommen. Von diesem Zeitpunkt an bin ich immer jeden Montag in die Stadt gegangen. Montags waren die Friedensgebete in der Kirche. Am Anfang bin ich nicht in die Kirche gegangen. Ich bin immer an den Polizisten vorbei gegangen und habe denen ins Gesicht geschaut. Ich habe sie mir immer wieder angeschaut und habe daran gedacht, was mein Sohn gesagt hatte. Nein, dachte ich, das kann mein Sohn wirklich nicht machen. Der kann sich nicht hierhin stellen und darauf aufpassen, was die Menschen tun, die sich hier treffen. Wenn der zur Bereitschaftspolizei oder zur Armee muss und zu so einem Einsatz befohlen wird - das war einfach nicht vorstellbar. Ich habe mich also erst mal mit solchen Dingen auseinandergesetzt. Letzten Endes wollte auch ich nicht, dass mein Sohn in so eine Uniform gesteckt wird, in solch einer Situation dasteht und vielleicht auf die Leute losgehen muss. Ende September 1989 erlebte ich Folgendes: Ich stand auf einer Anhöhe an der Kirche. Da gab es solche angelegten Beete und die sehr vielen Menschen standen dort in den Rabatten. Die Polizisten hatten eine Kette gebildet. Da, wo ich stand, auf dieser Anhöhe, konnte man in den Kirchhof schauen und sehen wie die Leute nach Beendigung der Friedensgebete aus der Kirche herauskamen. An diesem Tag gab es sehr viele Festnahmen. Man hörte Pfiffe und Buhrufe. Zwischendurch war es immer ganz still, da hat man dann immer nur die Polizei schreien und die Hunde bellen gehört. Es war unheimlich. Neben mir stand eine alte Frau, sie war bestimmt über 70 Jahre alt und schien Angst zu haben. Sie hängte sich bei mir ein und mit ihr bin ich dann zur Straßenbahnhaltestelle gegangen. Sie sagte zu mir: Ist das nicht schrecklich? Das hab ich schon mal erlebt, es erinnert mich an Nazi-Deutschland. Ich war traurig, als sie in die Bahn stieg. Ich hätte mich gerne weiter mit ihr unterhalten oder hätte sie gerne noch einmal getroffen. Es ist sehr mutig von so einer alten Frau, sich mit 70 Jahren noch dorthin zu stellen und zu demonstrieren.

Von da an bin ich dann auch zu den Friedensgebeten gegangen und weiterhin zu den Demonstrationen. Die erste Demonstration, bei der ich war, war die am 2. Oktober 1989. Es gingen noch nicht so viele Menschen mit, wie bei der Demonstration am 9. Oktober, bei der sehr, sehr viele Menschen, ungefähr 70.000 dabei waren und bei der es aber ziemlich friedlich zuging. Am 2 Oktober jedoch sind wir in einen Kessel hineingetrieben worden. Da hatten wir es mit Polizisten zu tun, die ihre Gummiknüppel schwangen. Wir – mein Mann, ich und unser jüngster Sohn waren dort dabei. Wir hatten unsere beiden Freunde mitgenommen, die machten gerade an der Uni in Mainz ihr Staatsexamen. Ich habe da wirklich tausend Ängste durchgestanden. Mein Sohn, der mit uns lief, war 16 Jahre alt. Ich dachte nur, wenn die uns hier erwischen, wenn die uns festnehmen, was wird dann? Das hat mich fertig gemacht. Ich wusste auch, dass mein ältester Sohn irgendwo in der Menge war. Ja und dann wurde mir klar: Unsere Freunde aus dem Westen, die kommen ja ins Gefängnis, wenn sie bei dieser Demonstration mitgehen und erwischt werden. Wir hatten große Angst.

Aber dann sind wir glücklicherweise irgendwie doch noch aus diesem Kessel herausgekommen. In der Schule wurden die Kinder aufgefordert eine Erklärung zu unterschreiben, dass sie nicht zu der Demonstration gehen. Das hatten die Lehrer von den Schülern verlangt. Ich hab meinen Sohn gefragt: Und was hast du gemacht? Hast du unterschrieben? Und er sagte: Nein. Ich hab dem Lehrer gesagt, dass ich ja gar nichts unterschreiben darf, weil meine Unterschrift ja gar nicht gültig ist. Ich bin ja noch nicht volljährig. Er sagte dem Lehrer, wenn was zu unterschreiben sei, dann sollte er die Mutter in die Schule bestellen. (lacht) Er hat sich also auf diese Weise rausgeredet. Ja, und er wollte unbedingt mitkommen zu dieser Demonstration, also haben wir ihn mitgenommen. Wenn er aber unterschrieben hätte, dass er nicht zur Demonstration geht, dann hätte ich ihn auch nicht mitgehen lassen.

Unser jüngster Sohn ging Montags immer in einen Zeichenzirkel. Damals haben wir, als wir zu den Montagsdemonstrationen gegangen sind, immer eine ältere Frau im Haus beauftragt, für den Fall, dass mein Mann und ich nicht zurückkommen, sich um unseren jüngsten Sohn zu kümmern. Wir haben abgemacht, dass, wenn wir um 21.00 Uhr nicht bei ihr geklingelt haben, dass sie dann unserem Sohn morgens früh ein Frühstück machen sollte. Denn, wenn wir nicht von der Demonstration rechtzeitig abends zurückkommen, dann

war klar, dass sie uns verhaftet haben oder etwas schief gegangen ist. Wir haben sie dann also immer, bevor wir gegangen sind, informiert, weil wir wirklich jedes Mal Angst hatten, dass etwas Unvorhergesehenes passiert. Es war zu der Zeit alles möglich. Jedes Mal hatte ich Angst, dass etwas schief geht. Ich hatte noch lange diese Angst. Auch als alles schon vorbei war, hatte ich noch lange diese Angst. Viele Kollegen wussten, dass wir dort waren, das hatte sich ja herumgesprochen.
Ich habe dem einen oder anderen nicht getraut. Das konnte man nicht in der DDR, denn man musste mit der Bespitzelung durch jeden rechnen. Erst dann, als die Grenze aufging, hab ich gedacht: Jetzt ist es sicher. Jetzt ist es ist nicht mehr zu halten. Jetzt können sie die Freiheit nicht mehr aufhalten.
Zu Beginn bin ich wirklich nur wegen dem Zivildienst auf die Straße gegangen, weil ich wollte, dass es bei uns die Möglichkeit geben sollte, statt dem Dienst bei der Armee, Zivildienst zu leisten. Das war damals zunächst mein Antrieb. Ich dachte, irgendwas musst du doch bewegen und wenn es wenigstens das ist, dass es möglich wird Ersatzdienst zu machen. Das waren so meine Gedanken.
Eine Demonstration gegen die Wehrpflicht war in der DDR immer schon verfassungsfeindlich. Allein schon ein Treffen von Gegnern der in der Verfassung verankerten Wehrpflicht, wäre verfassungsfeindlich gewesen. Generell war es in der DDR nicht möglich zu demonstrieren. Zudem gab es bei uns kein Verfassungs- oder Verwaltungsgericht. Man konnte offiziell nicht einmal Grundrechte wie Meinungs- und Versammlungsfreiheit einklagen. Mit den Demonstrationen, an denen ich 1989 teilnahm, wurde es jedenfalls mit jedem Mal mehr, was ich wollte. Ich wollte dann auch, dass die

Regierung geht. So leben wie bisher, wollte ich nicht mehr. Für meinen Mann und mich war es auch deswegen eine schwere Zeit, weil viele Freunde die Ausreise beantragt hatten. Die sind zu dieser Zeit dann oft Hals über Kopf weg. Ganz plötzlich ging das und wir mussten dann ihre Wohnungen auflösen.

Sie sagten vorhin, wenn Ihr Sohn etwas unterschrieben hätte, dann hätten Sie ihn nicht mitgehen lassen zur Demonstration. Wieso?
Wenn mein Sohn etwas unterschrieben hätte, dann hätte ich ihn nicht mitgehen lassen zur Demonstration, dann hätte ich ihm gesagt: Du hast das unterschrieben und du musst dazu stehen, was du unterschreibst.
Ich wollte keine Duckmäuser heranziehen, die auf der einen Seite alles unterschreiben und alles tun, was man ihnen sagt und auf der anderen Seite schimpfen. Sie sollten sich im Klaren darüber sein, dass man, egal was man macht, auch dazu stehen sollte und natürlich auch die Konsequenzen tragen sollte.
Ich bin dann ab einem bestimmten Zeitpunkt sehr regelmäßig zu den Friedensgebeten gegangen. Es gab einen Zeitpunkt, da habe ich gedacht: Eigentlich brauche ich nicht mehr hin zu gehen. Es sind jetzt so viele Menschen auf der Straße und wir haben es fast geschafft. Dann aber sind mir zu viele Rechtsextreme bei den Demonstrationen aufgetaucht. Nazis. Es waren allerdings nie so viele, wie in den Berichten gezeigt wurden. Die Kameras haben aus verschiedenen Perspektiven gefilmt und diese Aufnahmen wurden anscheinend dann zusammengeschnitten. So viele Nazis wie in den Nachrichten gezeigt wurden, waren es aber in Wirklichkeit nicht. Unser Fernsehen hat es so aussehen lassen, als wenn überwiegend Nazis an dieser Demonstration beteiligt waren. Dass das nur ein ganz

kleiner, verschwindender Teil war, wurde nicht gezeigt. So trügerisch können Fernsehbilder sein. Ich habe mich jedenfalls entschlossen, dass ich weiterhin an diesen Demonstrationen teilnehmen werde.

Nach den Demonstrationen sind wir schnell nach Hause gegangen und haben uns Abends angeschaut, was die verschiedenen Fernsehsender zeigten. Und ich habe dann eben gedacht, um den Rechten ein Gegengewicht zu setzen, musst du halt weiter hingehen, musst weiterhin zu den Demonstrationen gehen.

Manchmal bin ich ja auch dort gegangen, wo diese Nazi-Gruppen waren und hab sie mir angesehen. Natürlich war es erschreckend und man wollte ja nicht in einen Topf mit denen geworfen werden. Ich kannte sie ja auch zum großen Teil, denn dort, wo ich wohne, da gab es so eine rechte Szene. Auch zu DDR-Zeiten gab es das. Bei einem meiner Söhne gingen relativ viele Rechte in die Klasse und da hatte es auch Gerichtsverhandlungen gegeben. Das war also nichts Unbekanntes oder Neues für mich. Viele wissen das nicht und ich muss das denen auch immer wieder allen sagen, dass ich in der DDR schon ganz zeitig mit Rechtsradikalismus konfrontiert worden bin.

Zu DDR-Zeiten haben die sich getroffen. Manchmal an irgendeinem Haus, an einer Straßenecke und haben dort zusammengestanden. Man kriegte das ja mit, worum es bei ihnen ging. So offen, wie heute, zeigten sie sich natürlich nicht. Sie waren auch zu DDR-Zeiten schon sehr aggressiv. Sie haben zum Beispiel Friedhöfe zerstört, die Russenfriedhöfe geschändet und dann sind sie auch über Schüler hergefallen und haben sie belästigt. Mein Sohn ist auch einmal von denen zusammengeschlagen worden.

Man konnte sie als Nazis erkennen. Sie trugen meist sehr kurze Haare und sie hatten auch schon zu DDR-Zeiten diese Bomberjacken an. Es gab einmal einen Zwischenfall: Die Nazis hatten in der Stadt einen Afrikaner zusammengeschlagen und sind dann getürmt. Voll Übermut haben sie dann noch eine Fensterscheibe zerschlagen und sind erwischt und festgenommen worden. Und dann war die Gerichtsverhandlung. Sie waren in der gleichen Klasse wie mein Sohn und er wurde damals gefragt, was er über diese Sache weiß. Er musste vor Gericht aussagen und natürlich hatte er Angst davor.
Diese Nazis haben tatsächlich vor Gericht offen zugegeben: Wir sind Nazis und wir haben das gemacht, weil der Afrikaner hier nichts zu suchen hat. Die Richter, die haben das tatsächlich abgebogen und es so hingestellt, als seien das nur Rowdys. Sie sind dann lediglich wegen Rowdytum verurteilt worden. Offiziell wurde in der DDR so getan, als gäbe es keine Nazis. Wenn Rechtsextreme irgendetwas Gesetzeswidriges taten, wurde es dann ‚rowdyhaftes Verhalten' genannt und damit hatte sich das erledigt. Mein Sohn hatte dann natürlich Angst vor deren Rache. Er sagte vor der Verhandlung zu mir: die kommen aus dem Gefängnis doch irgendwann bald wieder raus und was ist dann mit mir? Ich muss jetzt vor Gericht aussagen und bringe mich in Gefahr. Ich weiß gar nicht genau, was ich aussagen soll! Vor Gericht wurde er gefragt, wie sich diese Jungs in der Schule verhalten und wie sie sich in der Freizeit benommen haben. Es war schon seltsam, dass sie ausgerechnet ihn ausgesucht haben, um eine Aussage zu machen. Sie hätten jeden anderen aus der Klasse nehmen können. Mein Sohn fühlte sich nicht wohl bei der ganzen Sache. Er musste ja auch

befürchten, dass ihm was passiert, wenn sie wieder rauskommen; dass sie - je nachdem was er über sie aussagt - sich an ihm rächen. Die haben dann eine relativ niedrige Strafe bekommen. Vier bis fünf Monate Arrest haben sie gekriegt. Also es war eher lächerlich. Aber wie gesagt, es war alles kurz vor der Wende.

An dem Tag, als die Mauer fiel, hatte ich keine Nachrichten geschaut und war bereits im Bett. Da riss mein ältester Sohn die Schlafzimmertüre auf und rief: Also, Mutter, ich fahre jetzt nach Westen. Die Grenze ist auf. Ich muss mir das ansehen, wer weiß, vielleicht ist sie nur einen Tag lang offen. Wer weiß, vielleicht nehmen die die Entscheidung auch wieder zurück. Also ich fahre jetzt mit drei Kumpels los. Ich wollte Dir das nur sagen. Die Tür ging wieder zu und weg war er. Er hat auch nichts mitgenommen. Sie sind mit den Sachen, die sie anhatten los und sind in jener Nacht noch nach Westberlin gefahren. Am nächsten Tag waren sie noch nicht zurück. Sie hatten die Lehre geschwänzt und sind über den Kuhdamm gelaufen und haben sich alles angesehen. Erst abends waren sie zurück und mein Sohn hat dann ganz begeistert erzählt, was er alles erlebt hat: Die vielen Menschen, die vielen neuen Eindrücke.

Ich bin in der Nacht noch aufgestanden und hab erst mal Fernsehen geschaut und hab mir die Bilder angesehen. Meinen Mann hab ich noch geweckt. Und ich dachte, ich muss jetzt mal selber sehen, irgendwie ist das doch alles verrückt. Ja, es war dann so. Die Mauer war weg. Ja, und meine Freundinnen, die fuhren dann auch alle am nächsten Tag sofort los. Sie packten ihre Kinder ein und fuhren alle nach Westberlin, wollten einfach schauen und sich das Ganze da einfach mal ansehen. Ich hatte ja Glück gehabt - dadurch dass meine Tanten im Westen lebten, bin ich schon seit 1985 jedes

Jahr immer im Sommer 14 Tage rüber gefahren. Als ich wieder zu Hause war, hatte ich mich nie so recht getraut davon zu erzählen, wie es war, weil es so schön war. Es tat mir dann leid, dass sie alle immer zu Hause in der DDR bleiben mussten. (lacht)
Nach Berlin hat es uns nicht gezogen, weder in dieser Nacht, noch am nächsten Tag. Für uns war es ja dann ganz schwierig. Mein Mann ist ja staatenlos und der kann ja nicht so reisen wie er will. Der Westen hat ja keine Staatenlosen einreisen lassen, also der wäre ja gar nicht rübergekommen. Mein Mann ist am 2. Oktober 1949 geboren und sein Vater war staatenlos und demzufolge war auch er staatenlos.
Mein Mann hätte jederzeit DDR-Bürger werden können, aber er wollte nicht. So bekam er jedes Jahr eine Aufenthaltsgenehmigung für ein Jahr und musste sie sich jedes Jahr wieder neu holen. Das war ein roter Ausweis, der jedes Jahr verlängert wurde. Aber wir hatten auch Vorteile dadurch, dass er staatenlos war. Mein Mann durfte nicht wählen, er brauchte nicht zur Armee und er durfte nicht in die Partei und durfte keine gesellschaftlichen Funktionen übernehmen. Das war für uns, die wir das sowieso nicht wollten, natürlich eine ganz tolle Sache und deswegen haben wir das ja auch so belassen, denn dadurch brauchten wir uns nicht zu rechtfertigen. Aber ich hatte auf der anderen Seite auch wiederum noch ein bisschen Angst, weil sie meinem Mann bei jeder Aufenthaltsverlängerung angekündigt haben, dass, wenn er irgendetwas macht, was nicht im Sinne der DDR ist, sie ihn ausweisen dürfen. Ihn alleine hätten sie ausgewiesen. Meine Kinder waren ja DDR-Bürger und ich war ja nun auch DDR-Bürgerin – wir hätten ja nicht mitgehen können. Wenn sie ihn ausgewiesen hätten, wäre gar nichts mehr gegangen. Der

Westen hätte ihn nicht genommen. Er hätte sehen müssen, wie er dann zurecht kommt. Und ich hatte -, ich hatte dann wirklich Angst, dass vielleicht auch, wenn wir uns zu weit vorwagen, dass es dann eine Zwangsadoption[10] oder irgend so etwas gibt. Ja, solche Dinge gab es. Wenn jetzt immer viele Leute sagen, dass sie nicht gewusst haben, dass es so etwas wie Zwangsadoption gegeben hat – man wusste es. Man hörte davon und hat geahnt, dass es das gibt. Dass sie den Leuten dann auch die Kinder weggenommen haben. Das war furchtbar für Eltern. Es konnte passieren, wenn sie sich politisch zu weit vorgewagt haben oder ein Spitzel sie denunziert hat, dass es dann zur Zwangsadoption kam. Ich habe ja 2003 durch meine Arbeit die Beweise, dass es wirklich so war, in der Hand gehabt.
Vor solchen Dingen hatte ich damals Angst und dass sie mich vielleicht ins Gefängnis stecken und die Kinder dann halt irgendwohin kommen.
Die Eltern meines Mannes waren ja nun auch staatenlos. Erst später ist meine Schwiegermutter beizeiten DDR-Bürgerin geworden. Auch meine Schwägerin. Aber die beiden Brüder, also mein Mann und sein Bruder, sind wegen der ganzen Umstände staatenlos geblieben. Es hatte natürlich auch Nachteile für uns. Wir konnten nicht so einfach ins sozialistische Ausland fahren. Wenn wir uns mal überlegt haben, in die Tschechei zu fahren und dort Urlaub zu machen – das ging alles nicht. Es musste alles sechs Wochen vorher in Ostberlin beantragt werden. Man konnte das nicht per Post machen. Man musste das persönlich beantragen. Wir haben uns jedes Mal ein Auto geborgt, sind nach Berlin gefahren und haben die Reisegenehmigung beantragt. Und dann erhielten wir die Nachricht, dass

wir uns den Bescheid abholen können. Der wurde nicht zugeschickt. Mein Mann musste dann wieder hinfahren, die Genehmigung abholen und das war uns dann eben irgendwann alles zu lästig. Deswegen sind wir wirklich nur zweimal ins Ausland gereist. Einmal waren wir in der Tschechei und das andere Mal in Polen. Es war uns einfach zu aufwändig und auch ein Kostenfaktor.
Manche sagen, wir wären damals mutig gewesen, weil wir bestimmte Dinge nicht mitgemacht haben in der DDR und weil wir uns als Christen engagiert haben. Es war ja nicht ungefährlich. Ich sehe es allerdings nicht so, dass ich und meine Familie besonderen Mut für unsere Haltung und Aktivitäten brauchten. So schwer war es nicht. Wir wollten ja in Leipzig bleiben und wir wollten etwas verändern, denn so wie bisher, konnten und wollten wir nicht weiterleben. Also musste etwas passieren. So viele Freunde von uns sind ausgereist und viele von unseren Freunden und Bekannten hatten noch vor auszureisen. Ein Ehepaar mit denen wir eng befreundet waren, fuhr zur Prager Botschaft und ließ sich schriftlich eine Ausreisebestätigung geben. Alle wollten weg. Es war ein schreckliches Gefühle die ganzen Freunde zu verlieren und es war abzusehen, dass aus unserem großen Freundeskreis, - wir waren neun Ehepaare, die miteinander befreundet waren -, nur noch wir und ein anderes Paar übrig geblieben wären, denn alle anderen wollten weg. Ja, dann war ja das auch so chaotisch. Die Ärzte gingen – es waren ja kaum noch Ärzte da. Die Krankenhäuser haben kaum noch funktioniert. Die Zustände im letzten Jahr vor dem Mauerfall waren ganz schrecklich. Außerdem habe ich mir für meine Kinder ein anderes Leben gewünscht. Sie sollten nicht so wie ich leben. Ich war genügsam – ich habe einfach irgendetwas gelernt, weil ich mir gesagt

habe: Naja, du hast eben keine Chance etwas anderes zu machen, mach einfach diese Lehre. - Und genau das wollte ich eben für meine Kinder nicht. Ich wollte einfach, dass die mal eine Chance bekommen, etwas zu lernen, was ihnen Spaß macht oder eine Arbeit machen, die ihnen Freude macht. Ich habe zwar meine Arbeit immer gern gemacht, aber es war eher eine Beschäftigung für mich. Es war nicht etwas, was mich wirklich interessiert hätte. Die Arbeit war sehr günstig, nicht so anspruchsvoll. Ich hatte noch genug Kraft für die Kinder. Ich war nicht ‚kaputt', wenn ich nach Hause kam. Aber ich war dann auch froh, als ich nach der Wende eine andere Arbeit machen konnte; dass ich mir etwas anderes suchen konnte.
Am Abend des Mauerfalls habe ich die Bilder im Fernsehen verfolgt. Ja, ich muss sagen, so viel wie ich im Herbst 1989 vor dem Fernseher gehockt, diese Bilder gesehen und geheult habe aus Rührung, aus Freude - also ich kann mich nicht erinnern, dass ich in den Jahren zuvor so viel Anteilnahme an Fernsehbildern gehabt hätte. Es war schon irgendwie bewegend für mich. Ich muss auch sagen, mir hat Leipzig zwar immer etwas bedeutet, aber auf der anderen Seite habe ich es nie wirklich als Heimat empfunden. Ich hatte nirgendwo einen Platz gefunden. Den hab ich erst gefunden, als die Unruhen waren und als dieses ganze Theater losging. Da merkte ich erst richtig, wie gerne ich eigentlich in Leipzig bin und dass ich da eigentlich wirklich bleiben möchte.
Und mit jeder Montagsdemonstration, bei der ich dabei war, habe ich wirklich die Stadt Leipzig mehr und mehr geliebt und ich war stolz auf Leipzig. Es war seltsam.
Es war dieses Gefühl mit all den Menschen verbunden zu sein, die alle das Gleiche wollten, wobei alle sehr

vorsichtig und rücksichtsvoll waren - und ängstlich. Angst hatten ja alle. Also die Angst lief immer mit. Ich bin ja auch zu diesen Friedensgebeten gegangen. Das war sehr ergreifend. In den Kirchen wurden Texte gelesen und die Menschen wurden gebeten, bei den Demonstrationen friedlich zu bleiben. Wir sollten schauen, dass auch der neben uns friedlich blieb. Die ganzen Leute waren ängstlich und trotzdem sind sie friedlich geblieben. Mir haben diese Friedendemonstrationen in Leipzig viel bedeutet. Meine Kinder sind ja dann auch mitgegangen. Am 9. Oktober 1989 gab es diese Demonstration, die eine Kehrtwende zeigte. Ich wusste von meinen Freundinnen, die Krankenschwestern waren, dass bereits vorsorglich Blutkonserven in den Krankenhäusern bereitgestellt worden sind und dass alle Bereitschaftsdienst machen mussten. Dann haben wir erfahren, dass es einen Schießbefehl gab. Das heißt, dass die DDR-Spitze vor hatte hart durchzugreifen.
Genau an diesem Nachmittag hatte mein mittlerer Sohn einen kleinen Unfall. Als er in unserem Hausflur die Treppe hoch rannte, stieß er mit dem Kopf gegen das offenstehende Flurfenster und blutete stark. Mein Mann brachte ihn in die Kinderklinik. Dort wurde sein Kopf genäht. Im Krankenhaus hat der Arzt die genaue Uhrzeit auf die Papiere geschrieben: also wann er die Wunde genäht hat. Er sagte: ich schreib Ihnen auf, dass Sie nachmittags hier waren. Der Arzt hat das vorsorglich gemacht, damit wir keine Probleme bekommen.
Die Regierung hätte behaupten können, dass mein Sohn die Wunde während der Demonstration bekommen hat und niemand wusste ja, was passieren würde. Wenn sich nicht alles so erfolgreich entwickelt hätte, wären die Demonstranten im Gefängnis gelandet. In diesem Falle auch mein Sohn und mein Mann und ich. Aber der Arzt

schloss das quasi aus, dadurch, dass er die genaue Uhrzeit notierte. Also alle waren ängstlich und vorsichtig. Das war wahnsinnig, dieser Tag, wie gesagt. Ja und dann ist gar nichts passiert!
Ich würde nicht sagen, dass die nächsten Tage ungefährlicher waren. Im Prinzip hat ja das System der DDR noch funktioniert. Die Staatssicherheit hat noch bis zum 4. Dezember 1989 gearbeitet.

Am 18. März 1990 fanden die ersten und letzten freien Volkskammerwahlen statt. Es gewann die „Allianz für Deutschland", also die Ost-CDU, die von der CSU unterstützte DSU und der Demokratische Aufbruch mit 48,04 Prozent
Ja, es war für mich keine glaubhafte Neuerung. Die Politiker der DDR haben zwar so getan, als würden sie sich ändern und wandeln wollen, aber sie waren es ja, vor denen wir immer Angst gehabt und immer noch Angst hatten. Die DDR war nie ein Rechtsstaat. Und dieselben Politiker, die die Diktatur geführt hatten, sollten jetzt plötzlich rechtsstaatlich, demokratisch handeln wollen und können? Wer sollte das ernsthaft glauben! Nein, die waren ganz und gar als neue, demokratische Politiker unglaubwürdig. Ich wollte das auf jeden Fall versuchen, zu verhindern. Deswegen waren diese Montagsdemonstrationen so wichtig für mich. Ich habe immer von Montag zu Montag gelebt. Das war ganz seltsam. Es war sehr wichtig für mich. Ich war auch immer sehr gerührt und ganz angetan. Wir hatten zu der Zeit auch immer mal Besuch, auch aus dem Westen. Als wieder ein Gottesdienst war, da sagte ein Freund: Ach weißt du, ich war das letzte mal zu meiner Erstkommunion in der Kirche. Eigentlich möchte ich gar nicht mitkommen. Da hab ich ihm gesagt: Na ja, wir gehen hin, dann geh halt spazieren. Er

ist dann doch mit in die Kirche gegangen und er hat hinterher gesagt: So etwas habe ich überhaupt noch nie erlebt, ich bin so beeindruckt; so was habe ich wirklich überhaupt noch nie erlebt, so eine Atmosphäre. Ich habe so richtig ein bisschen eine Gänsehaut bekommen. Das, was in der Kirche gesagt wurde, war natürlich religiös. Es wurden immer Fürbitten gehalten; zum Beispiel Fürbitten für den Frieden. – Zunächst haben diese Art Gottesdienste, diese Friedensgebete, ja nur in einer Kirche stattgefunden. Dann aber fanden sie in allen Stadtkirchen statt, in ganz Leipzig. Die Kirchen untereinander haben sich dann abgesprochen mit den Liedern und Texten. Nur die Predigten waren ein bisschen unterschiedlich. Aber die Lesungen und alles andere, das war dann in allen Kirchen gleich. Und es war ja so, dass man Angst hatte vor die Tür zu gehen, rauszugehen, weil man ja mit allem rechnen musste. Es war so eine unvorhersehbare Atmosphäre, alles war unsicher. Und da habe ich, wie viele andere auch versucht, dort in der Kirche, Ruhe zu finden. Mit den anderen zusammen zu sein, denen es ähnlich erging. Und man hat die Texte viel bewusster gehört. Sie sind ja auch bewusst ausgesucht worden. Und auch die Lieder haben wir viel bewusster gesungen. Da hast du, was du sonst einfach wegsingst, heruntersingst; das hast du gelesen und hast es gesungen, als wäre es das erste Mal. Es war für mich schon sehr, sehr berührend. Ja, und wir sind dann immer noch mal in der Woche zu solchen Bittandachten gegangen. Immer wenn montags Leute festgenommen worden sind, dann sind in den Kirchen später die Namen der Festgenommenen bekannt gegeben worden und dann Abends wurden solche Fürbitteandachten gemacht für die, die in Haft waren. Jeder wusste, wer in Haft war, weil die Namen genannt wurden. Es kam vor, dass während eines Gottesdienstes plötzlich jemand nach vorne kam und sagte, dass er aus der Haft entlassen worden ist und den Leuten sagte: ‚Ich bin wieder da und wollte Euch Mut machen'. Es war schon ganz – man kann es einfach nicht mit Worten erklären und mit nichts beschreiben.

Es kam die Wendezeit. Als die Mauer weg war, ging es anders für mich weiter. Es war ja damals die Rede davon, die Wiedervereinigung in Ruhe anzugehen. Aber ich denke, es gab keine andere Chance, als die schnelle Wiedervereinigung, denn es sind ja noch so viele Leute abgehauen, auch als die Grenze dann offen war und offen blieb.

Die sind alle gegangen, alle abgehauen. Wir wollten nicht noch mal veränderten Sozialismus. Wir wollten jetzt einfach mal frei sein, verreisen können und einen Witz auf der Straße erzählen können, ohne dass man sich herumdrehen muss, ob auch kein Spitzel zuhört. Wir trauten dem Staat nicht mehr. Also wir waren völlig ausgeblutet. Ich glaube ‚ewig Gestrige' wären noch da geblieben und ein paar, die vielleicht wegen der Familie nicht weggegangen wären. Mein Mann zum Beispiel wäre auch wegen seiner Familie, - seine Mutter war im Rollstuhl - niemals weggegangen.

Aber die ganzen Leute: Freunde, Bekannte, darunter auch Ärzte, die sind alle trotz der jetzt offenen Grenze noch weggegangen. Die Grenzen waren offen und sie sind trotzdem noch weggegangen. Es war so.

Ich denke, es war, weil man nichts riskieren wollte. Man wollte einfach weg und nicht riskieren, dass die Grenzen wieder zugingen. Man konnte eben nicht sicher sein. Erst als die ersten Verhandlungen zur Wiedervereinigung stattfanden, sind sie dann geblieben. Erst dann. Da haben dann auch unsere Freunde die Koffer

wieder ausgepackt und gesagt: So, jetzt bleiben wir. Wir wagen jetzt doch noch mal einen Neuanfang hier. Wir wollten eigentlich nicht wirklich weg.
Es gab 1989 eine Zwischenzeit, in der nicht klar war, was sein würde. So etwas wie die Stunde Null. Am 4. Dezember ist in Erfurt und Leipzig die Stasi besetzt worden[11]. Frauen sind in das Gebäude der Staatssicherheit eingedrungen und wollten den Staatssicherheitsdienst dazu bewegen mit ihrer Arbeit aufzuhören. Frauen, ganz normale Frauen. Ganz normale Leute. Der Leiter der Bezirksverwaltung Erfurt war völlig überrollt von diesen Forderungen. Er hat dann einen Funkspruch nach Berlin abgesetzt: Wir sind von Amazonen besetzt. (lacht)
Nachdem am 4. Dezember die Stasi-Bezirksverwaltung in Leipzig von einigen Bürgerrechtlern besetzt worden ist und das Bürgerkomitee gegründet wurde, zeigte sich, dass die Gruppe mehr Leute brauchte, die die verbliebenen Aktenbestände sichern mussten. Es gab zu wenig Leute. Im Dezember wurde dann ein Aufruf an die Kirchen und verschiedenen Vereine gemacht, dass Leute für die Mitarbeit gebraucht werden.
Ich dachte mir: Das musst du machen! Das war für mich eine Herausforderung. Ich habe mich dann dort beworben.
Abends habe ich meine Freundin noch angerufen und ihr gesagt, dass ich am Montag zum Komitee gehe und da sagt sie: Ich geh Montag früh um sieben Uhr auch dorthin! Und so sind wir zu zweit hingegangen. Wenn ich heute daran zurück denke, bin ich froh, dass wir zu zweit waren, alleine hätte ich das nicht durchgestanden.
Ich habe im Januar 1990 die Stasi mitaufgelöst. Das war dann für mich auch eine schwere Zeit. Ich habe Drohbriefe bekommen und anonyme Anrufe. Das war

ziemlich hart. Es war auch körperlich eine schwere Arbeit. Wir haben die Akten sichergestellt und auf LKW's aufgeladen. Das haben wir fast alles selber gemacht. Die Polizisten, die dabei waren, hatten es alle im Kreuz und die anderen Männer auch. Die durften nicht schwer heben. (lacht).

Dann wurden auch Gespräche geführt mit den ehemaligen Staatssicherheitsleuten, um herauszufinden, für welche Aufgaben sie zuständig gewesen sind und was sie getan hatten. Die haben uns natürlich die Taschen voll gelogen, haben abgewiegelt und gesagt, sie hätten gar nichts getan oder sie haben geschwiegen. Wir hatten ständig Kontakt mit diesen Leuten, denn unser Büro lag gegenüber den Räumlichkeiten, in denen ihre Entlassung abgewickelt wurde. Man ist sich auf dem Gang begegnet. Einmal sagte einer hinter mir: dein Gesicht merk ich mir. Eine Drohung. Die steckt man nicht so einfach weg.

Wir hatten jeden Tag mit diesen Stasileuten Kontakt. Sie mussten ihre Zimmer selbst auflösen. Wir wurden von ihnen beschimpft, uns wurde gedroht. Wir mussten uns alles mögliche anhören. Ich habe mich immer zusammengerissen und habe gedacht: Was ich denke ist egal, die müssen das nicht wissen. Ich bin höflich, aber ansonsten konsequent und streng. Daran habe ich mich gehalten. Ich bin früh um sieben Uhr morgens von zu Hause weg und nachts um zwölf Uhr nach Hause gekommen. Bis dato hatte ich die Familie immer versorgt und ab meinem ersten Arbeitstag im ehemaligen Stasibehördenhaus war es damit vorbei. Da musste sich die Familie selber versorgen. Ich habe in dieser Zeit auch das Wochenende auf der Arbeit verbracht. Wir haben dann die Akten zum Teil in der ehemaligen Stasihaftanstalt eingelagert. Wir haben wirklich um die Akten gekämpft, weil ein Teil abgeholt und vernichtet werden sollte. Wir haben wirklich richtig um die Akten kämpfen müssen und mussten Verhandlungen führen!

Der damalige Innenminister der 1990 gewählten Regierung Peter-Michael Diestel (DSU/CDU) hatte beschlossen, dass gewisse Unterlagen abgeholt werden sollten. Aber wir haben dann um jedes Stück Papier wirklich gekämpft. Ich hatte mich von meiner bisherigen Arbeit beurlauben lassen. Es war nicht abzusehen wie lange diese Arbeit in der ehemaligen Stasi-Bezirksverwaltung andauern würde.

Ich konnte mich zu diesem Zeitpunkt beurlauben lassen. Auf meiner bisherigen Arbeitsstelle hatte sich ja auch alles verändert. Es gab keine Arbeit mehr. Die Arbeitsmöglichkeiten hatten sich geändert. Wir waren im Bereich der Forschung tätig und das wurde plötzlich eingestellt.

Dann begannen die ersten Überprüfungen[12], inwiefern jemand als IM, also als ein inoffizieller Mitarbeiter oder geheimer Informant für die Stasi gearbeitet hat oder sonst wie mit der Staatssicherheit verstrickt war. Die Mandatsträger wurden vor den Wahlen überprüft und die Universität überprüfte ihre Angestellten. Schon bald konnten die ersten Interessierten in die Unterlagen Einblick erhalten und erfahren, ob sie bespitzelt worden waren. Wir sind also in die Haftanstalt gegangen und haben dort gearbeitet. Wir haben uns in die Zellen gesetzt und in den Akten gelesen. Das, was man da zu lesen hatte, war teilweise furchtbar, um nicht zu sagen, an der Grenze dessen, was man aushalten kann.

Ich bin wie von einem Motor getrieben worden in dieser Zeit. Genau hier ist mein Platz, dachte ich, auch wenn alles sehr anstrengend, unangenehm und teilweise

schwer zu ertragen war. Es war für mich ganz wichtig, diese Arbeit zu machen.
Dann ist die Wiedervereinigung in die Nähe gerückt. Die Akten wären normalerweise in das Bundesarchiv nach Koblenz gegangen und dann wären sie aber geschlossen worden. Sie wären dann also erst mal nicht mehr einsehbar gewesen. Wir haben dann erst die Bürgerkomitees[13] angesprochen und uns dann dafür eingesetzt, dass für diese Akten ein Gesetz gemacht wird, damit die Akten offen, also zugänglich bleiben. So standen die Akten später offen zur Verfügung für die Fälle, die in Haft oder vor Gericht waren und für generelle Überprüfungen. Im Einigungsvertrag[14] ist dann festgeschrieben worden, dass für die Akten ein Gesetz gemacht werden muss und das ist dann ja auch gekommen[15] Ich bin dann 1990 von der Behörde des Bundes, also von der damaligen Gauckbehörde[16] übernommen worden. Das war jedoch nicht so einfach, wie es sich anhört, denn sie wollten uns zunächst nicht übernehmen. Wir bekamen einen Arbeitsvertrag zur Abwicklung, das heißt, sie wollten uns nach diesem Zeitvertrag entlassen. Wir haben jedoch um einen richtigen Arbeitsvertrag gekämpft. Es gab Diskussionen, bei denen wir überzeugen mussten. Ein wichtiges Argument war, dass die Behörde ja sofort funktionieren sollte. Wir hatten die Erfahrung. Es übernahmen dann Bundeswehrangehörige die leitenden Funktionen in der Behörde und die führten auch die Einstellungen durch. Sie stellten also die Mitarbeiter ein. Mir sagten sie dann: Wir können Sie nicht einstellen. Sie haben für die Tätigkeit keine Ausbildung. Ich antwortete denen: Können Sie mir jemanden nennen, der hierfür eine Ausbildung hat?! Und die: Also, da müssen Sie doch mindestens Diplom oder etwas Gleichwertiges haben.

Was für eine Art Diplom schien egal, Hauptsache ein Diplom. Ich aber kam aus der praktischen Arbeit, ich wusste worum es ging, ich kannte die Materie. Ich sagte: Ich habe kein Diplom. So ging das erst mal hin und her. Und dann hieß es: Na ja, so weltbewegend war es ja nun auch nicht, was Sie hier gemacht haben.
Das konnte ich so nicht stehen lassen. Wissen Sie, ich habe eigentlich alles riskiert! Ich hab ein Stück mein Leben riskiert. Wir sind bedroht worden. Ich hab auch meinen alten Arbeitsplatz riskiert. Ich habe sehr viel riskiert! Und wenn es so harmlos war, wie Sie sagen, wo waren denn Sie?!
– So haben wir mit den Leuten diskutiert. Letztendlich habe ich einen Arbeitsvertrag erhalten und arbeite jetzt als Mitarbeiterin der Bundesbeauftragten für die Unterlagen des Staatssicherheitsdienstes und kläre unter anderem über die Machenschaften der Staatssicherheit auf.

Am Anfang bin ich eigentlich für die Leute angetreten, die zu DDR-Zeiten ins Gefängnis gegangen sind. Da wollte ich helfen. Das Stasi-Unterlagengesetz[15] hat für uns dann natürlich noch mehr Möglichkeiten geschaffen, zum Beispiel, dass jeder Betroffene die Möglichkeit der Akteneinsicht hat und dass auch geforscht werden kann. Wir machen Öffentlichkeitsarbeit, bieten Führungen und Schülerprojekte an. Das ist eine wunderbare Arbeit, die ich mache. Manchmal ist sie auch nicht einfach, denn man hat jeden Tag mit einem anderen Schicksal zu tun. Es ist ja nicht einfach Papier, das man vor sich hat. Es ist immer ein Schicksal dahinter, immer eine Person. Auskunft darüber, ob die DDR Vermerke oder Akten über einen angelegt hat, erhalten die Anfragenden selbst und nur direkte

Angehörige, die Ehefrau oder der Ehemann, die Kinder und die Enkelkinder. Bei Zwangsadoptionen zum Beispiel, da ist es möglich seine leiblichen Eltern in Erfahrung zu bringen, denn in solch einem Fall schaltet sich dann das Gericht ein. Und die Gerichte bekommen natürlich alle Informationen, die sie benötigen.
Wissenschaftler, die zu einem bestimmten Thema forschen, können, über Forschungsanträge, die benötigten Informationen erhalten.

Wie hat sich Ihr Leben verändert? Hatten Sie eigentlich eine Vorstellung in der Zeit zwischen Mauerfall und Wiedervereinigung davon, was Sie erwartet?
Nein, gar nicht. Ich wollte eine Veränderung. Ich hatte Wünsche. Zum Beispiel hatte ich immer den Wunsch, dass es in der DDR die Möglichkeit des Zivildienstes statt dem Armeedienst gibt. Ich fand, das sei eine gute Sache.

Ich habe auch daran gedacht, endlich mal verreisen zu können und zwar wohin ich will. Nicht nur in die Ostblockstaaten. Man durfte ja nur in andere sozialistische Länder reisen. Ich habe mich dann auch gefreut, dass wir uns nach der Wiedervereinigung mal ein Auto leisten konnten. Vorher war es ja fast unmöglich ein Auto zu bekommen. Wir hatten Wartelisten von zehn Jahren und wenn die zehn Jahre um waren, konnte es sein, dass man trotzdem kein Auto bekam!
Und selbst so ein einfaches Auto, wie der Trabbi, war sehr teuer. Nach der Wende war Schluss mit der Wartezeit. Man musste nicht mehr jahrelang auf einen Wagen warten, wie zu DDR-Zeiten. Ich habe mich auch gefreut, dass ich nicht mehr ständig vor Lebensmittel-

geschäften in einer langen Warteschlange stehen musste, nur um die einfachsten Dinge zu bekommen. Stundenlang. Wenn damals eine solche Warteschlange vor einem Einkaufsladen war und alle angestanden haben, bin ich oft weggegangen, weil ich wusste, dass ich es am nächsten Tag vielleicht auch noch bekomme oder eben etwas anderes.

Nach dem Mauerfall war es schwierig mit dem einkaufen. Ich hab lange nicht richtig einkaufen können. Wir haben beispielsweise ständig immer zu viel gekauft. Wir konnten nicht unbekümmert einkaufen. Das ging einfach nicht. Die alte Gewohnheit, dieses Denken, man müsse auf Vorrat kaufen, das bestimmte uns noch lange. Früher musste man rechtzeitig dafür sorgen, dass man dieses oder jenes auch bekam. Man musste sich darum kümmern in welchen Laden man ging, um welche Uhrzeit und fragte sich, wie viel man bekäme und was man macht, wenn das, was man möchte, schon ausverkauft ist.

Das war alles noch lange in einem drin. Es hat eine ganze Weile gedauert bis sich das gelegt hat. Nach der Wiedervereinigung gab es ja alles zu kaufen, aber dieser alte Mechanismus im Kopf, der war geblieben.

Generell muss ich aber jetzt natürlich sagen, dass bei allem wie es gelaufen ist, ich und meine Familie relativ viel Glück hatten. Mein Mann und ich haben Arbeit und wir können uns auch deswegen dieses und jenes leisten. Am Anfang hat jeder von uns beiden nur 60% des Westgehaltes verdient.

Trotzdem ging es uns damit richtig gut. Wir haben vorher zu DDR-Zeiten sehr wenig verdient und hatten uns – auch mit den Kindern – sehr einschränken müssen. Mir geht es seit dem Mauerfall besser. Uns geht es seitdem richtig gut. Mit den Kindern hat man ja

immer mal Sorge, dass sie zum Beispiel arbeitslos werden könnten. Die Gefahr besteht ja heutzutage.
Leipzig hat sich seit dem Mauerfall sehr verändert. Es ist eine richtig schöne Stadt geworden und ich bin sehr stolz, wenn ich durch Leipzig gehe. Ich fühle mich dort sehr wohl und ich finde Leipzig sehr, sehr schön. Ich habe zu DDR-Zeiten nie verstanden, wenn unsere Freunde kamen und sagten: Meine Güte noch mal, durch diese Straßen gehst du jeden Tag, kriegst du da keine Zustände, kriegst du da keine Angst? Warum soll ich denn Angst kriegen! Es ist alles so verkommen; so heruntergekommen. So düster. Die ganzen Häuser waren ja alle grau in grau und teilweise kaputt. Zwischen den bewohnten Häusern gab es halb verfallene Häuser. Das Viertel, in dem meine Kinder in den Kindergarten gegangen sind, das Viertel ist ausgewohnt worden, das heißt, man hat, wenn jemand ausgezogen ist, keinen neuen Mieter reingesetzt. Man wollte die Häuser irgendwann abreißen und Neubauten hinsetzen. So sind die Häuser mit der Zeit verkommen. In Leipzig gab es viele heruntergekommene Häuser.

Der Israeli Amos Ellon schrieb 1966 in seinem Buch „In einem heimgesuchten Land“: „Der erste Eindruck, den man von der DDR gewinnt, ist der einer bedrückenden, alles überziehenden grauen Schäbigkeit. Es scheint als sei der Krieg erst vorgestern zu Ende gegangen.“ Das hat sich in den Jahrzehnten danach auch nicht geändert

Es war schrecklich, ja. Aber jetzt ist die Stadt sehr schön, wir haben schöne Häuser, sehr schöne Viertel und eine schöne Innenstadt. Ich arbeite in der Innenstadt und die ist richtig schön saniert worden. Ich laufe sehr gerne durch die Straßen. Es ist eine sehr lebhafte und lebendige Stadt. Selten habe ich Städte so lebendig empfunden. Wir haben viele Studenten und es gibt viele Kneipen. Es finden sehr viele Veranstaltungen statt, die immer sehr gut besucht sind. Es gibt auch viele Veranstaltungen, die keinen Eintritt kosten. Da kann jeder mal hingehen, da ist auch immer was los. Ich lebe jetzt richtig gerne hier.

Und die Werte dieser Gesellschaft, diese freie Marktwirtschaft mit all ihren Bedingungen - würden Sie jetzt sagen, es ist jetzt alles gut?
Es kommt darauf an, wo man steht, an welchem Punkt man ist. Für die, die arbeitslos sind, ist es schwierig. Hier braucht es Lösungen. Viele meinen auch, dass sich das Gesundheitswesen verschlechtert hat. Aber ich finde, es hat sich im Vergleich zu DDR-Zeiten nicht sofort verschlechtert. So gut, wie man nach der Wende versorgt wurde, sind wir zu DDR-Zeiten nicht versorgt worden. Mittlerweile hat sich das Gesundheitswesen zum Nachteil der Normalversicherten geändert. Alles ist teurer geworden.
Zu DDR-Zeiten bin ich einmal, 1971, in Kur gefahren und dann nie wieder. Wenn man keine Beziehungen hatte und wenn man nichts Außergewöhnliches anbieten konnte, dann hat man bestimmte Dinge eben nicht bekommen. Ich erinnere mich noch: Meine Schwiegermutter hatte einen Rollstuhl von der Caritas aus dem Westen bekommen. Wir hatten für sie bloß einen zusammenklappbaren, unpraktischen Wachstuchrollstuhl von der Krankenkasse der DDR erhalten. Es gab zu DDR-Zeiten auch keinen Wannenlifter, wir mussten sie in die Wanne hineinheben und wieder heraus. Das war für sie nicht einfach. Sie hat jedes Mal vor Schmerzen gestöhnt. Nach der Wende bekamen wir von der Krankenkasse dann einen Wannenlifter und ein

Pflegebett und das war für meine Schwiegermutter eine große Erleichterung und für uns auch. Mit der dann folgenden Gesundheitsreform ist natürlich alles viel schwieriger geworden. Es ist auch nicht gerecht, dass es so viele Menschen gibt, die keine Arbeit haben und denen es nicht gut geht. Das tut mir sehr leid. Es müsste einen Sozialfond oder etwas Ähnliches geben, in den jeder, der so viel Geld hat, dass er richtig gut leben kann, eine kleine Summe einzahlt. Aber so, man gibt ab und gibt ab und sieht nicht, dass sich etwas an der Situation ändert. Gut finde ich, dass jeder die Möglichkeit hat Abitur zu machen. Das sind Dinge, die in der DDR nicht so einfach möglich waren.

Ich finde gut, dass die Kinder nicht gezwungen werden in Uniformen herumzulaufen, wie zum Beispiel mit einem Pionierhalstuch oder FDJ- Hemd wie damals in der DDR. Auf der anderen Seite wäre eine Art Schulkleidung vielleicht nicht schlecht bei diesem Gefälle zwischen Arm und Reich.

Ich sehe es bei meinem Enkel. Er ging gerade mal vier Wochen in die Schule und kam dann manchmal heulend nach Hause und erzählte: Die anderen Kinder haben gesagt, ich sehe nicht cool aus. Das kann ich aber jetzt nicht mehr anziehen. Und das in der ersten Klasse. Das hat mich verblüfft. Er war immer ein so sonniges Kind. Als er im Kindergarten war, da war es völlig egal, was die anhatten. Und plötzlich muss alles cool sein! Also, da bin ich schon ein bisschen erschrocken, dass es bei so einem kleinen Kind schon losgeht. Aber ich glaube, uns geht es trotzdem noch ziemlich gut. Mir persönlich geht es zehnmal besser als in der DDR. Ich hab jetzt die Freiheit überall hinfahren zu können, wohin ich will. Mein Bruder ist ja so ein Weltenbummler, er schickte damals immer auch Karten aus Italien. Als ich die

Postkarten sah, war ich damals todunglücklich und konnte mir zu DDR-Zeiten unter Via Appia[17] nichts vorstellen. Und vor ein paar Jahren sind wir dann selbst in Rom gewesen. Da sind mir die Tränen gekommen und ich hab gedacht: Ist das nicht wahnsinnig, ist das nicht toll! Jetzt stehst du genau dort in der Via Appia, was für dich damals so fremd war, was du dir zu DDR-Zeiten überhaupt gar nicht vorstellen konntest. Aber das sind einfach Sachen, die mich dann später so wahnsinnig berührt haben. Gerade speziell dieses Rom. Da hab ich gedacht: Die haben dich doch wirklich um alles gebracht. Diese DDR-Regierung hat dich um ein Geschichtsbewusstsein, um ein Weltverständnis und um Erfahrungen gebracht. Ich konnte mir gar nicht vorstellen, dass das alles so gewaltig ist, dass die Welt und das Leben diese Ausmaße hat! Und wie einen das so beeindrucken kann.

Schweigen

Gut, das Leben besteht nicht nur aus Rom und Reisen, aber das sind so Sachen, bei denen ich immer wieder gespürt habe, wie gut es mir jetzt eigentlich geht und wie gern ich jetzt auch lebe. Zu DDR-Zeiten habe ich mich nur gehetzt, wirklich. Ich musste einkaufen und sehen was ich bekommen konnte. Im Garten musste man alles mögliche anpflanzen, damit man genug hatte. Diejenigen, die einen Garten hatten, hatten da natürlich Glück und konnten Gemüse und so etwas anpflanzen. Dann hat man eingekocht, damit man Vorrat hatte. Immer war ich im Stress und konnte abends nie mal so richtig den Feierabend genießen. Und dann, wenn mal Besuch kam, musste man irgendwas aus der Trickkiste zaubern, dass man ein paar Tage mit dem Besuch schön essen konnte. Es war schon eine unselige Mangelwirtschaft in der DDR.

Kurz nach dem Mauerfall sind viele Geschäftemacher aus dem Westen rübergekommen und haben in Goldgräberstimmung versucht an der Haustür und auf dem Marktplatz Versicherungen, alte Autos und vieles mehr teuer zu verkaufen

Ja, es gab solche und solche. Es gab anständige und unanständige Menschen. Ich habe beide kennen gelernt. Ich war immer ein kritischer und skeptischer Mensch. Nach der Wende hatten wir am Anfang nicht so viel Geld und mussten das Geld auch sehr zusammenhalten. Ich bin da so vielen Geschäftemachern nicht auf den Leim gegangen. Ich habe auch ganz tolle Leute kennen gelernt.

Wir hatten diese Bundeswehrleute in der Behörde, die konnten schwer mit Frauen arbeiten und es gab damals dort dann nun mal ausschließlich Frauen, mit denen sie arbeiten mussten. Und dazu war auch noch die Vorgesetzte eine Frau. Da gab es also wahnsinnige Reibereien. Das war ziemlich schrecklich. Manche Männer haben sich fürchterlich aufgeführt. Manche. Nicht alle. Eines Tages erhielten wir die Nachricht, dass ein Richter aus Amberg kommen wird, der uns – so ungefähr war es formuliert - sagt wo es jetzt langgeht, der uns jetzt helfen würde. Da waren wir erst mal entsetzt. Der Richter kam dann auch und hat einen halben Tag bei uns gearbeitet. Es funktionierte ja alles nicht mehr. Er kam also zu uns und dann sagte er: Können Sie sich vorstellen, dass ich Ihnen helfen kann? Erzählen Sie mal, was Sie machen. Was haben Sie denn für Arbeit? Können Sie sich vorstellen, an welcher Stelle ich helfen kann? – So in dem Sinne. Und er hat uns dann sehr geholfen. Das war richtig gut.

Er hat sehr viele Ermittlungsverfahren eingeleitet. Wir haben ihm Akten gezeigt und über Ermittlungs-

verfahren gesprochen. Er hat uns gezeigt wie die Verfahren eingeleitet werden und er hat auch Vorträge gehalten über die Gesetze im Westen, aber alles nur auf Anfrage. Er hat uns nichts reingedrückt, nichts übergestülpt. Er hat dann auch das Gericht in Leipzig aufgebaut. Das war ein toller Mann. Da bin ich heute noch dankbar; das war richtig gut. Ja, wir hatten natürlich auch andere, aber das ist wie überall. Es gibt solche und solche.
Es sind damals, am Anfang ja auch aus der Ex-DDR üble Burschen in den Westen gegangen. Freunde von uns sagten: Ja sagt mal, gibt es bei Euch nur Asoziale im Osten? Alle die rüber kommen sind eine Katastrophe! Da war ich natürlich gekränkt. Ich hab gedacht, na meine Güte noch mal, es fehlt nur noch der nächste Satz: Hauptsache, Ihr kommt nicht auch noch. Also da war ich ein bisschen fertig, aber das ist nun beiden Seiten so gegangen. Natürlich sind viele bei uns diesen Geschäftemachern auf den Leim gegangen und sind zum Beispiel auch mit irgendwelchen Reisen, die ihnen verkauft wurden, abgezockt worden. Ja, da sind viele Dinge schlecht gelaufen.

Wussten Sie zu DDR-Zeiten, wer auf Seiten des Staates war und wer eher oppositionelle Gedanken gegenüber dem Staat hatte?
Ich wohnte in einem Haus, in dem ansonsten nur Kommunisten lebten. Auf der Arbeit wusste ich, wem ich was sagen kann und wem nicht. Ich hatte eine Kollegin, der ich vertrauen konnte. Bei der anderen Kollegin habe ich mich zurückgehalten. Bei unseren Freunden, da wusste ich auch, auf wen ich mich verlassen konnte.

Es ging bei uns immer so: dem einen hat man ein bisschen was gesagt, dem anderen hat man viel erzählt und manchmal hat man eben gar nichts gesagt.
Mein ältester Sohn hat mir mal vorgeworfen, dass ich sie so zweizüngig erzogen habe. Ich hab den Kindern immer gesagt: Also, mit dem kannst du drüber sprechen und mit dem könnt ihr auch noch drüber sprechen, dort könnt ihr grad noch was sagen und dann ist Schluss.
Was die Schule betraf, hab ich ihnen gesagt: Wenn ihr das oder das sagt, kriegen wir Probleme. – Ja, das war sehr schwierig. Man konnte nicht einfach sagen, was man dachte. Man musste vorsichtig sein. Das waren wir auch immer und haben immer geschaut, wie weit man gehen kann, was man sagen kann und was nicht. Freunden von uns, aus dem Westen, ist zum Beispiel aufgefallen, dass, wenn wir in der Gaststätte zusammen gesessen haben und es setzte sich ein Fremder zu uns an den Tisch; von dem Augenblick an habe ich nichts mehr erzählt. Man wusste nicht, wer sich da an den Tisch gesetzt hat. Es konnte ein Spitzel sein. Das Gefühl, dass man beobachtet wird – das gab es oft. Das war so. Man musste aufpassen.
Meine Kinder sind sehr ehrlich und gradlinig. Deswegen ist es ihnen sehr schwer gefallen immer in zwei Welten zu leben. Man musste ständig auf der Hut sein und überlegen: kann ich der Person das jetzt sagen oder lieber nicht. Vielleicht ist er ein Spitzel. Man musste immer sehen, wen man da vor sich hatte. Man konnte einfach keinem trauen.
Es hat sich später herausgestellt, dass selbst beste Freunde IM [Inoffizieller Mitarbeiter] gewesen sind. Nicht in meinem Freundeskreis, aber anderen ist es so ergangen. Es gab ja auch Fälle, in denen ein Ehepartner

den anderen bespitzelt hat. Das ist natürlich, menschlich gesehen, eine Katastrophe.

Haben Sie sich nach dem Mauerfall verstärkt gefragt: Was hat dieser oder jener für eine Rolle in der DDR gespielt?
Bei Führungen durch das Archiv[18] bei Ausstellungen oder Veranstaltungen, da kommt dann immer mal ein ehemaliger Stasi-Mitarbeiter, der einem einfach dumme Fragen stellt oder der einen provozieren will; der einen angreift – das passiert schon manchmal. Aber ich kann damit recht gut umgehen. Und es macht mir keine Angst mehr.

Sie haben keinen Groll auf diese Leute?
Nein, Ich sage mir ganz einfach; ich bin in die Kirche gegangen und hab mich dort wohl gefühlt und hatte dort meine Freunde. Wenn jetzt meine Eltern Erzkommunisten gewesen wären, ja vielleicht wäre ich auch in die Partei gegangen. Die haben ihren Freundeskreis dort gehabt und haben sich dort eben mit ihren roten Geschichten glücklich gestellt, so wie wir mit unseren Geschichten und unseren Träumen – die sahen bei uns eben halt anders aus. Das einzige, was ich verwerflich finde ist, wenn jemand andere Leute verraten hat. Gerade als Spitzel zum Beispiel. Zur Stasi musste man nicht gehen und ich finde auch nicht einen, der erpresst worden ist. Es ist alles Quatsch, wenn die sagen, sie seien gezwungen worden. Die meisten haben es wirklich gerne gemacht. Der ein oder andere hatte auch seine Vorteile dadurch. Es war bei manchen sicher auch so ein bisschen dieser Geheimdienstkitzel. Aber es gab natürlich tragische Überraschungen. Menschen, die ihre Freunde bespitzelt haben und was es da nicht alles gegeben haben mag. Manche sagen ja, dass sie der

Polizei helfen wollten. Wenn ich der Polizei helfen will, muss ich mir keinen Decknamen geben und dann muss ich mich nicht irgendwo in einem Park mit jemandem treffen, sondern dann geh ich auf die Polizeiwache.
1991/92 war ich Ziel eines Anwerbungsversuchs, wahrscheinlich vom Verfassungsschutz. Es war seltsam. Ich hab mich für eine Partei aufstellen lassen. Ich bin zwar nicht in dieser Partei gewesen, aber meine Freundinnen sind dort alle so engagiert gewesen und manchmal konnten sie damals ihre Wahlbezirke nicht besetzen und wenn ein Wahlbezirk nicht besetzt ist, bekommt die PDS die Stimmen. Die PDS war damals die Nachfolgepartei der SED. Ich hab mich also aufstellen lassen, damit die Stimmen nicht verloren gehen. Ich habe sogar auch viele Stimmen bekommen, obwohl mich keiner kannte. Da rief mich jemand mit westdeutschem Dialekt an und sagte, er sei gerade in Leipzig und hat sich mit Leuten dieser Partei, für die ich mich hatte aufstellen lassen, unterhalten und hat erfahren, dass ich mich habe aufstellen lassen. Er würde sich doch gerne mit mir unterhalten. Wir haben uns ein wenig am Telefon unterhalten. Er machte den Vorschlag sich noch am gleichen Abend zu treffen und sich weiter zu unterhalten. Er schlug als Treffpunkt das Hotel Merkur vor. Ich kannte es, aber ich war noch nie dort gewesen. Das war so ein sehr teures Hotel und zu DDR-Zeiten kam man da als normal sterblicher Bürger nicht rein. Dort waren nur ausschließlich die Westdeutschen und Ausländer. Ich hab ihm gesagt, dass ich nicht vor 20.00 Uhr da sein kann. Dann bin ich nach Hause und kam aber schneller wieder weg, als ich gedacht hatte.
Meinem Sohn sagte ich: Pass auf, wenn ich mich bis 21 Uhr nicht gemeldet habe, dann soll der Vater ins Hotel

Merkur kommen und soll am Empfang nach mir fragen – ich hinterlasse dort eine Nachricht, wo ich hingehe. Irgendwie musste ich mich ja ein bisschen absichern, denn ich wusste ja nicht, um wen es sich wirklich bei diesem Treffen handelte. Ich habe natürlich auch im Bürgerkomitee Bescheid gesagt, weil wir untereinander ausgemacht haben, falls irgendetwas sein sollte, also wenn es eine Anwerbung gibt oder Ähnliches, dass wir uns dann gegenseitig informieren. Ja, und dann war ich aber fast eine Stunde zu früh im Hotel Merkur.
Ich hatte ihn noch gefragt, wie er mich erkennen würde und er hatte gesagt: Das ist kein Problem. Sie setzen sich auf den zweiten Stuhl an der rechten Ecke und ich bin dann entweder schon da oder komme dazu und dann treffen wir uns. Ja, sag ich, ist gut.
Und dann bin ich also dorthin gegangen und ausgerechnet auf dem Stuhl, auf dem ich sitzen sollte, saß ein anderer, sonst hätte ich mich tatsächlich dorthin gesetzt. Dann habe ich mich einfach in eine Ecke gesetzt und hab mir gedacht: Jetzt warte ich erst mal. Ich schau ihn mir erst mal an, der kann sich ja erst hinsetzen und dann gehe ich hin. Mal sehen, was das für einer ist.
Als ich dort in meiner Ecke saß, dauerte es nicht lange und kurze Zeit später kamen zwei Männer herein. Der eine von ihnen setzte sich da hin, wie ich es mit dem Kontaktmann ausgemacht hatte und der andere setzte sich oben auf die Empore und las Zeitung. Dann ging die Tür auf und neue Leute kamen herein. Der, der unten saß schaute hoch zu seinem Kollegen auf der Empore und der oben gab ein Zeichen – ich habe das alles beobachtet und ich dachte: die Methoden sind ja die gleichen wie bei der Staatssicherheit. Ich wartete ungefähr bis zehn Minuten nach Acht und bin dann aus

einem Seitenausgang hinausgegangen. Ich dachte, wenn der wirkliches Interesse hat, dann ruft der noch mal an. Es hat sich nie wieder einer von denen bei mir gemeldet. Also wenn dieser Kontaktmann wirklich bloß ein Mitglied der besagten Partei gewesen wäre, der sich mit mir unterhalten wollte, dann hätte er am nächsten Tag angerufen und etwas gesagt wie: Mir ist etwas dazwischen gekommen und ich hatte keine Zeit zum Treffpunkt zu kommen. Jetzt ruf ich Sie noch mal an, es interessiert mich doch, ob Sie mir etwas zu sagen haben. Damit wäre das erledigt gewesen. Aber so.

Als ich etwas später zu einer Weiterbildung in Berlin war, sagte einer dort, es seien auch Leute vom Verfassungsschutz bei dieser Weiterbildung. Es ging bei diesem Seminar unter anderem um die Staatssicherheit. Ich dachte mir: Jetzt raus damit und ich habe laut gesagt, dass der Verfassungsschutz bei mir die gleichen Methoden wie die Staatsicherheit zu DDR-Zeiten angewendet hat, wenn sie die Leute angeworben haben. Ich sagte, dass das ja wohl nicht wahr sein darf.

Kurzes Schweigen.

Ich bin nie mehr kontaktiert worden.

Wir kennen das noch aus DDR-Zeiten: Öffentlich machen schützt vor Geheimdienst. Das hat schon zu DDR-Zeiten geklappt. Es klappt auch heute noch.

Anhang

1 Sowjetische Zone (SBZ), auch Besatzungszone, Ostzone, Zone genannt. Die Sowjetische Zone war eine der vier Zonen in die Deutschland nach dem Potsdamer Abkommen aufgeteilt wurde. Zur Sowjetischen Besatzungszone gehörte das Gebiet des damaligen Mitteldeutschland, ein großer Teil der Mark Brandenburg, von Mecklenburg und Vorpommern. 1949 wurde die Sowjetische Besatzungszone das Staatsgebiet der neu gegründeten Deutschen Demokratischen Republik.
Vgl. Der Neue Brockhaus, 5. Auflage, 1973, S. 548 und f, Deutsche Demokratische Republik , sowie Ploetz Die DDR 11,14,23,28, 33

2 Flucht 1946... begann die sowjetische Militäradministration, die Demarkationslinie zwischen den westlichen Sektoren und dem sowjetischen Sektor abzuschotten. Das Reisen zwischen den Sektoren in Deutschland wurde eingeschränkt. Ein sogenannter Interzonenpass wurde für Reisen zwischen den Sektoren erforderlich.
Der Interzonenpass war 30 Tage gültig. Er musste bei den zuständigen Behörden beantragt werden. Dieser Antrag wurde nicht grundsätzlich genehmigt. Tausende ostdeutscher Bürger flüchteten jeden Monat aus der sowjetischen Zone nach Westdeutschland. Am 26. Mai 1952 beschloss die Regierung der DDR, die Grenze zwischen Ost und Westdeutschland zu schließen... [und Grenzübertritte zu ahnden.]
Vgl.: berlinermaueronline.de/geschichte/flucht.htm (10.10.2010)

3 Pioniere, Junge Pioniere Mit der Einschulung traten die Kinder zunächst den jungen Pionieren bei. Während eines feierlichen Fahnenappells wurden ihnen ihr Halstuch überreicht, das man zu feierlichen Anlässen auf einer weißen Bluse trug.

4 FDJ Freie Deutsche Jugend Mit 14 Jahren traten möglichst geschlossene Klassenverbände der FDJ bei und blieben bis zum Abschluss ihrer Ausbildung im Verband. Es gab keine Altersgrenze nach oben. 1989 waren 76% der Jugendlichen bis 25 Jahre Mitglieder der FDJ. Die Prozentzahl der jugendlichen FDJ Mitglieder war generell schwankend, von 58,2 (1971) und 86,6% (1987). Nur sehr wenige Schüler entzogen sich konsequent der Staatsjugendorganisation. Die FDJ war für permanente Mobilisierung ihrer Mitglieder bekannt. Die Beurteilung durch die FDJ spielte bei der Vergabe der Arbeitsplätze oft eine Rolle. Die FDJ wurde am 07. März 1946 in Berlin gegründet.

5 Jugendweihe Nach dem achten Schuljahr nehmen viele Jugendliche in der DDR an der Jugendweihe teil. Höhepunkt der Jugendweihe ist das öffentliche Gelöbnis. Die Jugendlichen versprechen unter anderem als wahre Patrioten die feste Freundschaft mit der Sowjetunion weiter zu vertiefen, den Bruderbund mit den sozialistischen Ländern zu stärken, im Geiste des proletarischen Internationalismus zu kämpfen, den Frieden zu schützen und den Sozialismus gegen jeden imperialistischen Angriff zu verteidigen. Diejenigen, die sich der Jugendweihe entziehen, mussten damals mit Nachteilen rechnen.
Vgl.: mdr.de/zeitreise/ddr/jugendweihe112.html

6 Klassenfeind In der DDR wurden durch die Vertreter der SED die kapitalistischen Staaten und deren Regierungen als Klassenfeind bezeichnet. Auch einzelne DDR-Bürger, die sich nicht regierungskonform zeigten, wurden als Klassenfeind deklariert.

7 Funktionär Offizieller Beauftragter eines wirtschaftlichen, sozialen oder politischen Verbandes oder einer Sportorganisation. Hier: Offizieller Beauftragter eines Organs der DDR
(Quelle: Duden, Das Fremdwörterbuch, S347,Ausg.8, 2005)

8 FDGB-Heime In der DDR gab es viele FDGB-Heime, aber auch Betriebsferienheime von Großbetrieben, auch von der NVA, der Nationalen Volksarmee. Diese Heime boten zweiwöchige Aufenthalte mit Vollpension und

Kulturprogrammen für zirka 100 Mark pro Person an. Kinder zahlten meist 30 Mark. Die Fahrt vom Heimat- zum Ferienort konnte man mit der Ferienrückfahrkarte der Deutschen Reichsbahn für zwei Drittel des normalen Fahrpreises durchführen.
Vgl.: Ploetz, Die DDR Fakten, Daten, Analysen, S. 246, 1. Aufl.

9 Ungarn 1989 1989 durchbrachen Hunderte Ostdeutsche im ungarischen Städtchen Sopron die Grenze zu Österreich - und bahnten damit Millionen den Weg in die Freiheit... Bereits im Frühjahr hatte Budapest mit dem Abbau der elektronischen Grenzsicherung begonnen. Am 27. Juni 1989 zerschnitten Ungarns Außenminister Gyula Horn und sein österreichischer Amtskollege Alois Mock in einem symbolischen Akt den Stacheldrahtzaun zwischen Ungarn und Österreich. Nicht erst seit diesem Augenblick standen viele systemverdrossene Ostdeutsche in den Startlöchern: Im Sommer des Jahres 1989 hatten 1,5 Millionen DDR-Bürger ihre Ausreise beantragt, belagerten Hunderte die westdeutschen Botschaften in Prag, Warschau und Budapest sowie die Ständige Vertretung in Ost-Berlin. Dutzende waren bereits über die grüne Grenze von Ungarn nach Österreich geflüchtet....In Abstimmung mit Österreich und ohne das Wissen Honeckers öffnet Ungarn am 11. September endgültig seine Grenzen.
Quelle: Vorzimmer der Freiheit, Spiegel-Online,spiegel.de/panorama/ddr-massenflucht-1989-vorzimmer-der-freiheit-a-313979.html (10.10.2017)

10 Zwangsadoption Nach dem Mauerfall wurde durch einen Fund im Berliner Bezirksamt Mitte bekannt, dass in der DDR Zwangsadoption auch als Maßnahme gegen kritische Bürger eingesetzt wurde. Dort waren im Mai 1991 erstmals Akten über Zwangsadoptionen in der DDR aufgetaucht...In acht Aktenheftern sind diverse Fälle von Zwangsadoptionen dokumentiert. Diese spielten zumeist in den siebziger Jahren. Versuchte Republikflucht, staatsfeindliche Hetze oder auch Ausreiseanträge wurden als Vorwand genommen, um

Müttern ihre Kinder zu entziehen. Für solche Prozeduren lieferte das Familiengesetzbuch der DDR diverse Rechtsgrundlagen. So im Paragraf 51, wonach bei schwerer schuldhafter Verletzung der elterlichen Pflichten das Erziehungsrecht entzogen werden kann... DDR-Eltern dürfen ihre Kinder nicht nur nicht zu Gegnern des sozialistischen Staates heranbilden, auch eine Erziehung zur distanzierten, passiven Hinnahme der sozialistischen Staats- und Gesellschaftsform wäre schon ein Verfassungsverstoß.Vgl.: bundesstiftung-aufarbeitung.de/uploads/
pdf/bartmuss.pdf (10.10.2017)

11 Stasi-Bezirksverwaltung (BV) Die erste Besetzung einer Stasi-Bezirksverwaltung (BV) findet am Morgen des 4. Dezember [1989] in Erfurt statt. Kerstin Schön, eine Ärztin und Mitglied der Gruppe Frauen für Veränderung, ruft in den frühen Morgenstunden ihre Mitstreiterin Almuth Falcke an. Angesichts des dicken schwarzen Rauchs, der aus den Schornsteinen der Stasi-Einrichtungen quillt, beschließen sie, die Aktenvernichtung zu stoppen.
Mit den anderen Frauen aus ihrer Gruppe, darunter auch Gabriele Kachold-Stötzer, mobilisieren sie Freunde und Bekannte. Almuth Falcke fährt mit ihrem Mann, dem Probst Heino Falcke, direkt zum Gebäude der Bezirksverwaltung Erfurt. Dort versperren sie mit ihrem Auto eine Ausfahrt, bis ein Müllfahrer sie ablöst. Andere Frauen fahren zum Rat der Stadt, zur Staatsanwaltschaft und zum Bürgermeister. Sie wollen Unterstützung, um in das Stasi-Gebäude zu gelangen. Inzwischen haben weitere Frauen in Betrieben, Kaufhallen, auf Baustellen usw. dazu aufgerufen, das Gebäude zu umstellen und die Ausgänge zu bewachen. Tausende Erfurter folgen dieser Aufforderung. Mehreren Gruppen gelingt es, auf das Gelände zu kommen.
Unter ihnen die Frauen für Veränderung. Sie versiegeln die Räume. Es gelingt nicht nur, die Vernichtung der Akten zu stoppen. Die gesamte Bezirksverwaltung ist nicht mehr arbeitsfähig. Am Abend wird das Bürgerkomitee zur Auflösung des MfS gegründet. In anderen Städten wird dem

Beispiel gefolgt. Der Prozess der gewaltfreien Auflösung des einstmals gefürchteten Geheimdienstes ist eingeleitet. Ein wichtiges Zentrum der Stasi ist die Bezirksverwaltung in Leipzig. Das Gebäude trägt auf Grund seiner Lage und Form den Namen Runde Ecke. Schon bei den früheren Montagsdemonstrationen, die unmittelbar vor der Runden Ecke vorbeiführen, fordern die Bürger an dieser Stelle mit Sprechchören die Auflösung der Stasi und die Sicherung der Aktenbestände. Am 4. Dezember 1989 besetzen einige Bürgerrechtler während der Montagsdemonstration schließlich das Gebäude und gründen Tags darauf ein Bürgerkomitee, mit dabei der damals 23jährige Tobias Hollitzer und der 22jährige Johannes Beleites, der 1990 Mitglied des Sonderausschusses der Volkskammer der DDR zur Kontrolle der Auflösung des Ministeriums für Staatssicherheit und der Nachfolgeorganisation Amt für Nationale Sicherheit wird. Das Bürgerkomitee sichert die verbliebenen Aktenbestände und macht später die Bezirksverwaltung der Stasi zu einem Museum, in dem ab August 1990 Ausstellungen eindrucksvoll das perfide Überwachungssystem der Stasi darstellen. Quelle: Jugendopposition.de, 2013 (Kooperationsprojekt der Bundeszentrale für politische Bildung und der Robert-Havemann-Gesellschaft e.V.)

12 Inoffizieller Mitarbeiter Erste Überprüfung wurden ab 1991 durchgeführt.

13 Bürgerkomitees bildeten sich Anfang Dezember 1989 in der DDR als Hinweise ergaben, dass das Ministerium für Staatssicherheit (MfS) in großen Stil Akten vernichten würde. Die Bürgerkomitees bildeten sich spontan, angefangen am 4. Dezember 1989 am frühen Morgen in Erfurt, in allen Bezirksstädten und etlichen Kreisstädten der DDR, und besetzten die Bezirksverwaltungen und Kreisdienststellen des MfS. Diese Bürgerkomitees setzten sich sowohl aus Mitgliedern der lokalen Opposition als auch aus couragierten Bürgern der Städte zusammen, die die Weiterarbeit des MfS und die Aktenvernichtung verhindern wollten. Einzig die

Zentrale des MfS in der Berliner Normannenstraße blieb davon länger verschont. Hier bildete sich das Bürgerkomitee am Abend des 15. Januar 1990 nach einer vom Neuen Forum initiierten Demonstration von mehreren tausend Menschen und der daraufhin erzwungenen Öffnung der Tore der MfS-Zentrale.
Quelle wikipedia.de, 2013

14 Einigungsvertrag
Kurzbezeichnung für den am 31.8.1990 zwischen der Bundesrepublik Deutschland und der DDR geschlossenen und am 3.10.1990 in Kraft getretenen Vertrag zur Wiederherstellung der staatlichen Einheit Deutschlands. Er regelt a) den Beitritt der DDR zur Bundesrepublik D nach Art. 23 GG, b) benennt die fünf neuen Bundesländer (Brandenburg, Mecklenburg-Vorpommern, Sachsen, Sachsen-Anhalt, Thüringen) und das Land Berlin, c) bestimmt die Änderungen des GG und regelt die Finanzverfassung der neuen Länder, d) enthält die rechtlich und völkerrechtlich notwendigen Angleichungen, e) regelt den Übergang der öffentlichen Verwaltungen, f) befasst sich mit den Opfern der SED-Herrschaft, g) behandelt die öffentlichen Schulden und das Vermögen und bestimmt die Privatisierung der volkseigenen Betriebe in Ostdeutschland durch die Treuhandanstalt, h) legt die Angleichung der Sozialgesetzgebung fest, i) befasst sich mit der Anerkennung von Berufsabschlüssen sowie mit den Forschungs-, Rundfunk- und Kultureinrichtungen. Zum Einigungsvertrag gehören ein Protokoll und drei Anlagen, die weitere Klärungen enthalten und Ausführungsbestimmungen und Übergangsregelungen. Quelle: Schubert, Klaus/Martina Klein: Das Politlexikon. 4.aktualisierte Auflage Bonn: Dietz 2006

15 Gesetz zu den Stasi-Akten Das Ministerium für Staatssicherheit der DDR sammelte fast vierzig Jahre lang Material über Millionen von Menschen – in erster Linie über DDR-Bürger, aber auch über viele Bürger der Bundesrepublik Deutschland und über Bürger anderer Staaten. ... Das MfS

beeinflusste den beruflichen Auf- oder Abstieg, nutzte systematisch menschliche Schwächen aus und schreckte auch nicht davor zurück, in die Privatsphäre seiner Opfer einzudringen und intimste Informationen für seine Zwecke zu verwenden. Ärztliche Schweigepflicht, Bank- und Postgeheimnis, die Unverletzlichkeit der Wohnung, selbst die in der Verfassung der DDR festgelegten Grundrechte eines jeden Bürgers waren für die Stasi kein Tabu. Bis zum Oktober 2000 beantragten über 1,7 Millionen Privatpersonen bei dem Bundesbeauftragten Einsicht in Unterlagen, die der Staatssicherheitsdienst über sie geführt hat.
Quelle wikipedia.org, 20.03.2013

...Am 14. November 1991, hat der erste gesamtdeutsche Bundestag mit großer Mehrheit, das Gesetz über die Unterlagen des Staatssicherheitsdienstes der ehemaligen Deutschen Demokratischen Republik verabschiedet. Wie mit dem Erbe der Staatssicherheit umzugehen sei, darüber hatte es in Ost und West sehr unterschiedliche Ansichten gegeben... Gegen eine Vernichtung der Unterlagen sprachen vor allem die Belange der Opfer.
Quelle: bundestag.de, Vor 20 Jahren: Ringen um ein Stasiunterlagengesetz, 20.03.2003

16 Gauckbehörde Am 7. Juni 1990 beschloss die frei gewählte Volkskammer, dass ein Sonderausschuss zur Kontrolle der Auflösung des MfS/AfNS eingesetzt würde. Dieser Sonderausschuss, dem Joachim Gauck vorstand, war die Geburtsstunde der späteren Gauck-Behörde. Am 24. August 1990 verabschiedete die Volkskammer ein Gesetz über den Umgang mit den MfS-Unterlagen. Als dieses keinen Eingang in den Einigungsvertrag fand, besetzten Bürgerrechtler das MfS-Archiv, traten zeitweise in den Hungerstreik, erhielten prominente und massenhafte Unterstützung und beeinflussten medienwirksam eine Sitzung der Volkskammer.
Am 18. September 1990 wurde dann aufgrund dieser Proteste und wegen des Engagements von Bürgerrechtlern, die in der Volkskammer als Abgeordnete saßen, im Einigungsvertrag

festgeschrieben, dass der Bundestag unverzüglich ein MfS-Unterlagen-Gesetz verabschieden solle. Am 3. Oktober 1990 folgte Joachim Gaucks Ernennung zum Sonderbeauftragten der Bundesregierung. Ihm standen anfangs 52 Mitarbeiter zur Seite.

Quelle: Die Freunde als Stasi-Spitzel Die Eröffnung der Gauckbehörde, Roland Jahn und Peter Wensierski, Ausschnitt der DVD-Edition "Kontraste - Auf den Spuren einer Diktatur", siehe auch bpb, Mediathek, 2013

Am 14. November 1991 verabschiedete der Bundestag das Stasiunterlagengesetz und am 2. Januar 1992 eröffnete offiziell die Behörde des Bundesbeauftragten für die Unterlagen des Staatssicherheitsdienstes der ehemaligen DDR, nach ihrem ersten Leiter auch Gauck-Behörde genannt. Bald arbeiteten hier fast 3.000 Mitarbeiter und Mitarbeiterinnen und verhalfen den Bürgern zu ihrem Recht, ihre Akte einzusehen. Außerdem bearbeiteten sie Millionen Anträge öffentlicher Einrichtungen auf Überprüfung, ob jemand mit dem MfS zusammengearbeitet habe..

Quelle: Bundeszentrale für politische Bildung
http://www.bpb.de/mediathek/728/die-freunde-als-stasi-spitzel
10.10.2017

17 Via Appia Durch die vielen historischen Gebäude und Fundstücke entlang der Straße gilt [die Via Appia Antica] als längstes Museum der Welt.

18 Archiv im ehemaligen Sitz der Bezirksverwaltung Leipzig, heute die Außenstelle Leipzig der BstU, Behörde des Bundesbeauftragten für die Stasi-Unterlagen.

"Früher hat der eine Nachbar zum anderen gesagt: Komm doch rüber zum Abendessen. Das macht jetzt keiner mehr. Es soll bloß keiner mehr sehen, was der andere hat."
Regina Körner, Technische Angestellte, Jena

Ich habe mich in der DDR eigentlich gut aufgehoben gefühlt. Natürlich habe ich so manches auch als Gängelei empfunden, wie zum Beispiel die Pionierorganisation und diese Dinge, aber trotzdem fühlte ich mich irgendwie aufgehoben und geborgen.
Es war ja alles durchorganisiert in der DDR. Von Kindheit an gab es eine Organisation, in der man sich einreihen konnte und sollte. Man war zum Beispiel zwar nicht unbedingt gezwungen in der Pionierorganisation dabei zu sein, aber es war schon zum eigenen Vorteil, wenn man dabei war. Ich hatte zum Beispiel auch Klassenkameraden, die kirchlich gebunden waren und nicht zu den Pionieren gegangen sind. Sie wurden dann immer ein bisschen schief angesehen. In der vierten Klasse hatte ich eine Lehrerin, die hatte etwas gegen die Kirche und sie hat ihre Schüler so ein bisschen danach aussortiert, ob sie kirchlich orientiert waren oder nicht. Die Schüler, die kirchlich organisiert waren, wurden von ihr unfreundlicher behandelt, als die anderen. Sie hat nicht offen gegen die christliche Lehre gesprochen oder gegen die betreffenden Schüler, aber sie hat diese Schüler spüren lassen, dass sie eben nicht ganz so genehm waren wie die anderen. Ich bin auch in die Christenlehre[1] gegangen. Aber ich hatte nicht das Gefühl, irgendwie benachteiligt worden zu sein. Ich bin auch nie von der Stasi behelligt worden oder ähnliches. Ich habe eigentlich ziemlich ruhig gelebt. Meine Eltern sind in Thüringen geboren. Sie sind 1913 und 1914

geboren worden. Die Haltung meiner Eltern zur DDR war – soweit ich weiß – nicht sehr positiv. Mein Vater ist 1966 verstorben. Er war also noch relativ jung, als er starb. Ganz zufrieden war mein Vater mit der politischen Führung der DDR nicht. Er hat es vor uns nicht deutlich geäußert, aber wir haben schon gemerkt, dass er mit dem System nicht klargekommen ist. Meine Mutter hat sich da hingehend gar nicht geäußert.

Meine Eltern haben ja den Zweiten Weltkrieg miterlebt. Mein Vater war während des Krieges in Norwegen stationiert, in Trondheim. Sein Bruder war auch als Soldat im Krieg. Sie waren aber in unterschiedlichen Divisionen und wussten damals nicht voneinander, wo der jeweils andere stationiert war. Die Divisionen sind dann zusammengelegt worden und dadurch haben sich die beiden Brüder in Norwegen wieder getroffen. Das war natürlich ein großer Zufall. Sie haben ihr Wiedersehen gefeiert und ein Gericht aus der Heimat gekocht: Thüringer Klöße und Karnickelbraten – und das alles in Norwegen. (lacht) Ein Festessen. Es wusste ja keiner von ihnen, ob er je wieder den anderen sieht und ob er je wieder nach Hause kommt. Mein Vater war politisch sehr rege. Auch ich nehme am politischen Leben großen Anteil und hatte immer meine politische Meinung zu den Dingen. Aber seit einiger Zeit äußere ich meine politische Meinung nun auch nicht mehr. Man hat kaum Möglichkeiten der Einflussnahme. Einmal alle vier Jahre die Stimme abgeben; das ist nicht genug, finde ich. Und bis zur nächsten Wahl, muss ich mir alles vorsetzen lassen, was den Politikern so einfällt. Das ist mir im Grunde zu wenig. Demokratie muss doch eher ein lebendiges Ringen um die besten Möglichkeiten sein, bei der der Bürger mitreden kann

und zwar jederzeit. Aber das sehen die Politiker seltsamerweise nicht gerne.
Als Jugendliche fing ich langsam an, mich für Politik zu interessieren. Ich habe mir eigentlich ziemlich spät meine politische Meinung gebildet. Erst nach der Jugendweihe habe ich dann richtig angefangen, ernsthaft über Politik nachzudenken. Ich bin mit 16 Jahren zur Jugendweihe gegangen. Das ist der Höhepunkt und Abschluss als Jugendlicher und man wird in den Kreis der Erwachsenen aufgenommen.
Ich habe nicht alles schlecht gefunden in der DDR. Aber ich habe ja schon gesagt, dass die Gängelei mich doch sehr gestört hat. Die politischen Belehrungen und die politischen Bildungszirkel – das war einfach übertrieben.
Ich muss dazu auch noch erwähnen: Ich war ja damals immer ein bisschen gehandicapt durch die Hüfte. Auch von dieser Krankheitsseite aus betrachtet, war das Leben in der DDR für die Menschen ein bisschen gesicherter. Mich hat man wegen der kranken Hüfte nicht spüren lassen, dass ich weniger wert sei, weil ich vielleicht nicht so leistungsfähig wie ein gesunder Mensch bin. Für die jungen Menschen, die noch vor ihrer Ausbildung stehen, ist es heute schwer, weil sie oft nicht wissen, ob sie einen Ausbildungsplatz bekommen werden. Dafür wird nicht gesorgt. Dafür will keiner die Verantwortung wirklich übernehmen.
Mir wurde mit der Behinderung dann eben ein Ausbildungsplatz zugeteilt. Ich bin einer Schneiderin zugeteilt worden und habe dann eine Schneiderlehre gemacht. Ich hab erst mal eine Lehre gehabt und es war ja egal, ob ich in dem Beruf dann bleibe oder nicht. Also es wurde eben auf der Organisationsebene nach einem Ausbildungsplatz für mich gesucht und ich hatte dann

auch eine Lehrstelle, trotz der Behinderung. Das find ich alles nicht schlecht. Für mich war es jedenfalls gut.
Was ich wirklich überhaupt nicht mochte waren die massenpolitischen Veranstaltungen. Zum Beispiel die Veranstaltung zum 1. Mai. Da bin ich nicht gerne mitgegangen.
Man konnte aber nicht einfach weg bleiben. Meine Kollegen und ich – das kann ich jetzt ja ganz offen sagen -, wir haben es die letzten Jahre immer tunlichst so gehalten: Wir meldeten uns zur Nachtschicht, sodass wir am ersten Mai morgens gerade aus der Nachtschicht kamen und natürlich nicht sofort weiter zur Mai-Parade gehen konnten. Wir mussten uns erst mal ausschlafen und somit konnten wir uns dem Parade-Stress entziehen. Das war so ein Trick unsererseits, den aber niemand sonst durchschaute und den uns auch niemand vorwerfen konnte. Das war so etwas wie ein stiller Protest unsererseits.
Ansonsten konnte man sich ja nicht äußern. Man durfte nichts kritisieren oder diskutieren; das hätte richtig böse Konsequenzen haben können. Ich habe einmal etwas gesagt, das war zu der Zeit, als es die Krise in Polen 1981 gab. Da gab es bei uns im Werk einen Aufruf zu Spenden für Polen. Das war kurz vor Weihnachten 1981. Da habe ich gesagt: Geld gebe ich nicht. Lebensmittel und solche Sachen gebe ich gerne, denn ich weiß nicht wo das Geld hingeht. Da hat mein Chef gesagt: Sie wollen doch nicht etwa unseren Staat verbrecherischer Machenschaften bezichtigen?! Da habe ich gedacht: Na ja Gott, jetzt wird er es melden.
Er hat es aber nicht gemeldet. Er hätte es ja so hinstellen können, als würde ich dem sozialistischen Bruderstaat nicht trauen. Das hat er sich verkniffen. Es ist mir dann aber nichts passiert. Es hing eben sehr vom

Vorgesetzten ab. Wenn das ein hartgesottener, strenger Politmensch war, dann wurde jede Äußerung gemeldet, die irgendwie kritisch war. Dann wurden geahndet, wenn einer sich nicht systemkonform äußerte. Meistens wusste man, wie weit man gehen konnte. Aber so ganz sicher konnte man sich da auch nicht sein. Es war eben immer eine Gradwanderung, wenn man sich äußerte. Deswegen haben die meisten eben auch den Mund gehalten. Spendenaufrufe gab es ja immer wieder mal, wenn ein sogenannter sozialistischer oder kommunistischer Bruderstaat in Not war. Damals, da war Polen in Not. Zu dieser Zeit gab es die große Wirtschaftskrise in Polen; denen fehlte es an vielem. Zu dem Zeitpunkt haben sie bei uns immer zu Spenden aufgerufen

Ich habe es ja nicht anders gekannt. Wir kannten das Leben nur so, wie es in der DDR gewesen ist. Es gab keinen Vergleich. So ist das nun mal. Wenn ich etwas anderes gekannt hätte, eine andere Staatsform erlebt hätte – wer weiß, ob ich es dann überhaupt in der DDR ausgehalten hätte. Aber ich kannte nichts anderes.
Ich habe auch nie den Drang verspürt, etwas anderes kennen lernen zu wollen. Ich habe mich nie irgendwie eingeengt gefühlt oder in meiner Reisefreiheit eingeschränkt gefühlt. Wir konnten eben nicht raus und wir haben bestimmte Dinge nicht gesehen. Kein Paris, kein Rom, kein New York. Das alles haben wir nicht gesehen und das war einfach so. Ich habe mich da wirklich nie so eingeengt gefühlt. Erstens hatte man gar nicht die finanziellen Mittel große Reisen zu machen. Ungarn, da hin durfte man ja fahren; das konnten sich zum Beispiel nur diejenigen leisten, die viel verdient haben. Unsereins konnte sich das gar nicht leisten. Ich jedenfalls konnte es mir nicht leisten. Ich bin dann auch zu DDR-Zeiten

nie ins Ausland gereist, also in den Ostblock, woanders hin durfte man ja nicht. Ich muss sagen, ich hatte eigentlich wenig Vorstellungen von der Welt und ich hatte auch wenig Ziele. Nehmen wir mal das schwarze Meer. Da gab es Schiffsreisen, Jalta. Das war eigentlich auch zu DDR-Zeiten schon sehr teuer. Die Reise kam so um die 6000 Mark. Ich habe zum Beispiel in der Disposition etwas über 400 Mark gehabt. Ich verdiente 400 Mark im Monat. Da hätte ich ja zehn Jahre sparen müssen bis ich das Geld für die Jalta-Reise zusammen gehabt hätte. Nach der Wende bin ich mit der Kirchengemeinde nach Frankreich mitgefahren. Das hat mir sehr gut gefallen.

Die Lebenshaltungskosten zur DDR-Zeit waren niedrig. Aber in den letzten Jahren vor dem Mauerfall hat es sich geändert und alles wurde teurer. Die Preise sind gestiegen. Schuhe oder Kleidung sind horrend teuer geworden. Die Waren des täglichen Bedarfs hat man vorher immer bewusst preisgünstig gehalten. In der DDR kostete das Brötchen fünf Pfennig. Man hat ja immer gesagt das 5er Brötchen. Es kostete nur fünf Pfennig, weil es staatlich subventioniert wurde. Es gab auch Semmeln für zehn Pfennig. Alle Grundnahrungsmittel waren billig, weil sie subventioniert wurden.
Aber Konsumgüter hatten erstens eine Bestellzeit, wie zum Beispiel der Trabant, da musste man zehn Jahre warten. Wenn Sie eine Schrankwand kaufen wollten, gab es auch erst eine Wartezeit bis man sie bekam. In dieser Zeit konnten sich die Leute das Geld, das sie hierfür benötigten, ansparen. Man wusste, wenn man das bestellte, musste man drei, vier Jahre auf eine neue Schrankwand warten und dann musste man das Geld zusammen haben.

Die Auswahl war beschränkt. Es gab wenige Modelle. Sachsen hatte ein bestimmtes Modell, Thüringen hatte ein anderes Modell. Letzten Endes war das alles sozialistischer Einheitsbrei. Man hat es ab dem Werk bestellt. In Kaufhäusern konnte man es auch bestellen und hier konnte man es sich in Natura ansehen.

Beim Mauerfall waren Sie 33 Jahre alt. Können Sie sich noch erinnern, wo sie da gerade waren oder wie Sie das Ereignis miterlebt haben?

Ja, ich kann mich noch genau daran erinnern. Ich war zu Hause. Im Neubaublock in Jena. Dort gibt es nur Ein-Raum-Wohnungen. Meine Wohnung ist knapp 35 qm groß.

Man hat ja schon eine ganze Zeit vorher gespürt, bevor es los ging, dass sich etwas veränderte. Ich habe eigentlich das letzte Jahr, 1988 bis zur Wende, doch auch mit Ängsten zu tun gehabt. Es war alles offen, keiner wusste was passieren würde. Was kommt? Was wird werden? Es gab viele Fragen, die offen waren. Nichts war sicher.

1989 fing es ja in der DDR an, sich zuzuspitzen und es gab diese Aufrufe zu den Friedensgebeten in den Kirchen – das war im Februar 1989. Ich selbst bin dann auch zu den Friedensgebeten in die Kirche gegangen. Es wurde ja auch immer extremer, es war ja nichts mehr da. Man konnte nichts mehr kaufen. In den Geschäften wurde die Ware auseinandergezogen, um die Regale voll aussehen zu lassen. Es war nicht mehr genügend Ware da. Man musste sehen wie man es mit dem Essen regelte - man musste schauen, dass man etwas bekam.

An manchen Lebensmitteln fehlte es nicht: Brot, Milch, Butter, das war schon noch da, Wurst gab es auch noch. Aber mit dem Fleisch, Fleisch fehlte. Wenn man mal ein

Stück Fleisch ergattert hat, dann hat man sich gefreut. Mir ging es jedenfalls so. Und wenn man mal an einem Wochenende ein Ei essen wollte, das war ja nicht zu machen. Das Fleisch, das es in den Läden gab - da gab es ja kaum noch was zu kaufen. Da hat man eben nur noch eine Bratwurst für den Sonntag gehabt oder du hattest eben ein paar Rippchen oder du hattest einfach nichts mehr von allem da.

Das war schon spürbar, dass da etwas nicht mehr funktionierte. Es ging ja nie ohne anstehen und deswegen hieß es ja auch immer, dass wir die Arbeitszeit auch mit Anstehen verbracht haben. Es gab welche, wenn die gehört haben, dass es dort und dort etwas zu kaufen gibt, da haben die sich angestellt.

Jedenfalls kam dann der Sommer 1989 und man merkte ja was in Ungarn passierte und dann kam das mit der Tschechei. Ich hatte damals drei Arbeitskollegen, die noch vor der Wende die DDR mit einem Ausreiseantrag verlassen haben. Bei mir in der Abteilung war es jetzt nicht ganz so dramatisch mit den Ausreisewilligen, aber ansonsten haben bei Zeiss – dort habe ich gearbeitet - abteilungsweise Leute gefehlt, weil sie sich davon gemacht haben. Auch wenn man in die Krankenhäuser gekommen ist, da waren viele weg; Ärzte vor allem, aber auch Schwestern. Also da hat man schon gedacht: Naja, kommt der Nachbar wohl wieder? Kommt dein Arbeitskollege wieder oder ist der auch schon fort über die Grenze. So war es wirklich. Du hast nicht gewusst, ob du am anderen Tag deinen Kollegen wiedersiehst. Man hatte den Eindruck, dass alle weg wollten. - Man kannte ja auch nicht unbedingt die Gesinnung des einzelnen, also ob jemand wegwollte oder nicht; das hat man doch nicht gewusst. Darüber hat man nie geredet. Bevor die Mauer fiel, da hat man schon irgendwie gewusst, dass da was Massives passierte. Offiziell hat man darüber natürlich nicht gesprochen. Da wurde in der Abteilung Ruhe gehalten. Aber als Österreich und Ungarn die Grenze geöffnet haben und dazu die Botschaft in Prag besetzt worden ist, da musste ja drüber gesprochen werden. Am Anfang wurde das ja noch so ein bisschen als Verleumdung durch den Klassenfeind dargestellt. Also in dem Sinne, dass das gar nicht wahr wäre.

Ich habe einige Freunde und Bekannte verloren, die damals einen Ausreiseantrag gestellt haben und dann in den Westen gegangen sind.

Die Abteilungen bei Zeiss sind nach der Wende reduziert worden und bei diesen Maßnahmen bin dann auch ich im November 1990 arbeitslos geworden. In meiner Abteilung, da wo ich gearbeitet habe, ist nur noch der Chefdispatcher[2] da und noch ein anderer, früherer Kollege von mir. Nur noch zwei von einer 14-Mann-Abteilung.

Und dann am 9. November der Mauerfall. Ja. Ich war in meiner Ein-Raum-Wohnung und sah die Aktuelle Kamera[3], was sonst eigentlich für mich damals nicht typisch war, denn ich schaute oft Westfernsehen. Zu DDR-Zeiten war das Westfernsehen zwar verboten, aber das kümmerte mich nicht. Mit einer Ochsenkopfantenne konnte man den Empfang des Westfernsehens ermöglichen. Als wir Kinder waren, wurde uns schon immer von unseren Eltern eingetrichtert, dass wir nicht darüber sprechen sollten, dass wir zu Hause Westfernsehen sahen und wir sollten uns genau merken wie die Uhr bei der Aktuellen Kamera aussieht, damit wir nichts falsches in der Schule sagen. (lacht) Wir wurden ja in der Schule gefragt, was wir zu Hause sehen. Am 9. November sehe ich mir also

ausnahmsweise an dem Abend die Aktuelle Kamera an und da sagt der Sekretär des ZK, des Zentralkomitees der SED, Schabowski in den Nachrichten, dass alle Bürger der DDR ausreisen dürfen.
Da habe ich zuerst gedacht: Da stimmt doch was nicht. Und dann habe ich um 20.00 Uhr die Tagesschau im Westfernsehen gesehen und da wurde auch gesagt, dass die Grenzen jetzt offen sind. In unserem Hausflur gingen ein paar, - zwei, drei Türen auf - und da haben noch ein paar Mieter auf dem Gang gesagt: Habt Ihr das gehört? Die Grenzen sind auf!
So habe ich das erlebt. Das war's eigentlich. Ich bin dann selber das erste Mal erst im Dezember 1989 nach Westdeutschland, nach Frankfurt am Main gefahren.

In diesem Augenblick, als Ihnen bewusst wurde, dass die Grenzen offen sind - was ging in Ihnen vor?
Was da in mir vorgegangen ist? – Ich muss sagen, ich habe es zunächst noch ein bisschen zurückhaltend erlebt, weil man ja nicht wusste, was wird, was kommt auf mich zu. Bleibt die Grenze wirklich auf oder wird sie wieder dicht gemacht? Das könnte ja auch sein. Da war noch viel Unsicherheit. Ich habe das eben als zwiespältig empfunden: Was geschieht jetzt; wie wird sich das entwickeln? Das waren die Fragen, die ich hatte. Es war für mich also teils Freude, auch was unsere Familiengeschichte anbetrifft. Meine Mutter hat ihre Nichten und Neffen seit den 50iger Jahren nicht mehr gesehen, weil sie vor dem Mauerbau in den Westen gegangen sind. Da hat man sich nicht mehr gesehen. Und für mich war es so, dass ich meinen Cousin in Frankfurt am Main hatte, den ich sehr gerne gehabt habe, den ich aber nie mehr gesehen hatte, wegen der Mauer. Er und seine Frau schickten uns immer zu

Weihnachten liebevoll eingepackte, wunderschöne Pakete. Das war immer das Dankeschön, das meine Mutter zu Weihnachten bekam. Er hat dann damals nur gesagt: Tante kannst du dich erinnern? Zu meinem Glück hast du mir drei Mark gegeben. (lacht)
Ja, so ist das mit Geschichten. Manchmal vergisst man nicht, wer einem geholfen hat.
Meine Mutter hatte ihm damals die drei Mark für das Fahrgeld gegeben, damit er fortkommen konnte; damit er aus der DDR weg konnte und er in den Westen gehen konnte. (lacht) Sein Vater durfte es nicht wissen, dass er weg wollte, deshalb konnte er seinen Vater nicht um das Fahrgeld bitten. Aber das ist eine andere Geschichte.
Mein Vater war damals noch vor dem Mauerbau nach Westdeutschland gegangen und wollte dort bleiben mit meiner Mutter und den drei Kindern – ich war noch nicht geboren. Aber meiner Mutter war damals das Risiko und die Unsicherheit in den 50er Jahren zu groß. Sie wollte meinem Vater nicht nachfolgen. Ihr war es dort zu vage. Im Westen gab es Wohnungsmangel wegen der ganzen Flüchtlinge und Vertriebenen, und es gab kaum Arbeit. Sie wollte in der Zone bleiben.
Mein Vater ist dann 1959 wieder zurückgekehrt und meine Familie ist in der DDR geblieben. Ob er aus Liebe zu seiner Frau wieder zurückgekommen ist oder wegen uns Kindern oder was der Grund war, das kann ich jetzt nicht so sagen. Darüber haben wir uns nicht unterhalten. Ich weiß es nicht. Meine Eltern haben darüber nie gesprochen. Auch später, als mein Vater tot war, hat meine Mutter nie darüber gesprochen.

Kommen wir zurück zum Mauerfall. Dann kam also eine große Veränderung. Es gab so einige Westdeutsche, die sich in den Osten aufgemacht haben...
Ja. Das hab ich auch gemerkt. Plötzlich kamen diese ganzen Drückerkolonnen und haben versucht, einem irgendetwas zu verkaufen. Ja, das hat man schon gemerkt, dass da Findige zugange waren. Aber ich habe da eigentlich immer mit Bedacht gehandelt. Ich habe dann auch die Tür zu gemacht und diese Leute nicht herein gelassen.
Zu DDR-Zeiten kamen manchmal auch junge Menschen aus dem Ausland, aus Rumänien oder Ungarn, in die DDR, um hier ihre Ausbildung zu machen. Das brachte dann etwas Abwechslung ins Einheitsschema.
Generell kann ich sagen, dass der Mauerfall für mein Leben Positives und Negatives bewirkt hat. Zum Beispiel habe ich beobachtet, dass die Wende nicht nur mich, sondern viele meines Jahrgangs hat sehr schnell altern lassen. Das wurde für mich deutlich, als ich mir meine Bekannten und Freunde aus meiner ehemaligen Klasse angesehen habe.

Ich habe relativ schnell nach der Wende meine Arbeit verloren, wie sehr viele andere auch. Ein viertel Jahr lang war ich arbeitslos, weil das Werk in Jena umstrukturiert wurde. Ich habe dann eine Umschulung gemacht zur Altenpflege. Das kam mir entgegen, weil ich eigentlich immer auch einen Beruf, bei dem ich es mit Menschen zu tun habe, ergreifen wollte. Die Umschulung habe ich auch gut geschafft, auch vom körperlichen her. Ich hatte mich also beruflich neu orientiert. Nach zwölf Jahren aber wurde es mir langsam ein wenig zu schwer. Körperlich und seelisch. Das will

ich jetzt nicht vertiefen. Ich habe mein Leben noch einmal ein bisschen neuorientiert.
Die Wende hat mir auch zu diesen Dingen verholfen: Ich habe zu einer Kirchengemeinde gefunden und ich habe mich taufen lassen. Der Pfarrer hat mich damals sehr gut begleitet und somit habe ich in den kirchlichen Kreis gefunden. Das war also auch eine Neuorientierung. Für mich ist der neue Bekanntenkreis in der Kirche eine Bereicherung und sehr positiv für mein Leben. Das war schon etwas Gutes. Was ich natürlich positiv finde, ist, dass ich seit dem Mauerfall zu meinen Verwandten in den Westen fahren kann. Ich bin regelmäßig dorthin gefahren, nach Frankfurt am Main. Auch nach Bayern bin ich regelmäßig gefahren. Eine Woche lang war ich jeweils dort; länger wäre auch finanziell nicht gegangen. Aber es war schon mal gut wenigstens eine Woche mal raus zu kommen von zu Hause. Die gesundheitliche Versorgung war nach der Wende besser. Ich wurde an der Hüfte operiert, ich bekam ein Hüftgelenk eingesetzt. Ich bin zufrieden wie sie das gemacht haben. Zu DDR-Zeiten wäre ich medizinisch sicher auch so versorgt worden. Ich kann nicht nur Negatives sagen. Ich kann auch nicht nur Positives sagen.
Was nach der Wende sehr negativ war, das war die hohe Arbeitslosigkeit im Osten. Viele haben ihre Arbeit verloren. Ich empfinde es auch als negativ, dass die Beziehungen unter den Menschen so abgekühlt sind. Das, was früher die Mauer war, findet jetzt zwischen den Menschen statt. Früher hat der eine Nachbar dem anderen gesagt: Komm doch rüber zum Abendessen. – Das macht jetzt keiner mehr. Es soll bloß keiner mehr sehen, was der andere hat. So hat sich das entwickelt.

Das, was früher die Mauer war, errichten die Menschen jetzt untereinander.
Früher im Arbeitskollektiv war zwischen uns Arbeitskollegen eigentlich immer ein Bombenverhältnis und das Schönste war, in der Brigade zu feiern. Da wurde dann mal so richtig gefeiert und da gab es das nicht so wie jetzt, dass einer den anderen mit den Ellbogen wegstößt .
Wenn man dann noch eine Schwerbehinderung hat, wie ich jetzt mit der künstlichen Hüfte, dann fällt einem das schwer und man bekommt es doppelt zu spüren. Die zwischenmenschlichen Beziehungen haben nach der Wende schon gelitten. Die Familienbeziehungen haben nicht darunter gelitten, aber das persönliche oder berufliche Umfeld: Arbeitskollegen, Nachbarn, Bekannte – diese Beziehungen haben unter der Veränderung gelitten.
Es war eben üblich in der DDR, sich gegenseitig zu helfen. Was der eine nicht hatte, hatte der andere und das wurde dann getauscht. Man hat sich gegenseitig geholfen, wenn man konnte. Heute ist das nicht mehr so. Heute ist sich jeder selbst der Nächste. Die, die einen Arbeitsplatz haben, haben auch die Angst ihn zu verlieren.

Und die Verwandten aus dem Westen, haben Sie die zu DDR-Zeiten sehen können. Kamen die zu Besuch?
Zuerst durften sie ja nur mit dem Zug in die DDR fahren, sie durften nicht mit dem PKW die Grenze passieren. Die Cousins und Cousinen, Schwager und Schwägerin sind ja alle zu Besuch gekommen zu meiner Mutter. Ich weiß noch wie meine Mutter in Weimar einen Cousin abgeholt. Das war in den 60er Jahren.

Das mit dem Besuchsrecht war schon seltsam. Es gab Fälle, da durften Kinder nicht einreisen, wenn Vater und Mutter verstorben waren. Kinder, die die DDR verlassen hatten, durften nicht zum Begräbnis ihrer Eltern kommen. Das gab es.
Als die Mauer dann weg war, war das erste natürlich, dass ich meine Westverwandten sehen wollte. Und das war sehr schön. Wir waren uns nicht fremd, auch wenn wir uns, solange die Mauer stand, fast nie vorher gesehen haben. Man könnte jetzt meinen, dadurch, dass ich in der DDR so lange eingesperrt war, hätte ich mich von meinen Verwandten im Westen entfremdet. Aber so war es nicht. Ich war ganz überrascht darüber. Als ich zum ersten Mal drüben war und wir uns sahen, als ich meinen Cousin gesehen habe, das war für mich, als wären nie getrennt gewesen. Dabei hatte ich ihn nur einmal gesehen, als er einmal bei uns zu Besuch war. Es war nicht so, dass das fremde Leute für mich waren. Als wir uns nach dem Mauerfall wieder trafen, war es für mich, als wären wir nie getrennt gewesen. Wir haben uns aber auch immer sehr viele Briefe geschrieben. Vielleicht hatte ich deswegen das Gefühl, dass wir uns so gut kannten. Wir haben uns sehr viel geschrieben. Wir hatten ja auch kein Telefon.
Ich schreibe auch heute noch ganz gerne einen Brief oder eine Karte, viel lieber als dass ich anrufe. Ich freue mich auch immer noch besonders über einen Brief.
Als wir damals Briefe geschrieben haben, konnten wir bestimmte Dinge natürlich nicht schreiben, denn die Briefe wurden kontrolliert. Das haben wir auch nicht gemacht, da haben wir uns zurückgehalten. Politisch konnte man nichts in den Briefen schreiben, nur familiär: Danke für das Paket, das Wetter ist schön und uns geht's gut. Natürlich haben wir reingeschrieben: wir

haben das und das gemacht – aber wir haben sonst nichts anderes geschrieben, nicht über die Arbeit oder den Alltag und schon gar nicht über die Politik. Da musste man aufpassen. Das hat uns unsere Mutter auch eingebläut, dass man da nicht irgendwas anderes schreiben darf.

Jedenfalls, als mein Cousin und ich uns nach so langer Zeit wieder sahen, war es gleich als wenn wir uns gut kennen würden. Natürlich war es für mich ein bisschen frappierend. – Das ist es jetzt immer noch, wenn ich den Unterschied sehe. Da gibt es einfach einen unterschiedlichen Wohlstand. Ja!

Nach der Hüftoperation hab ich mir auch ein gutes Bett gekauft und eine gute Matratze. Ich hab mir gesagt: das brauchst du jetzt! Ich brauchte das.

Ich hatte keine Ressentiments gegen Leute aus dem Westen. Gegen Westler hatte ich nie irgendwelche Vorbehalte. Es gibt positive und negative Beispiele. Da muss man immer sehen wie es im Einzelfall ist. Es sind aus dem Westen auch Leute mit guten Absichten rüber gekommen, die gesagt haben, ich richte mein Vaterhaus wieder her und vermiete das. Nach 1945, zu Zeiten der sowjetischen Besatzung und später durch die DDR wurden die Leute, die hier Eigentum hatten, ja enteignet. Da ging deren Besitz in Volkseigentum über. Wir anderen hatten ja nichts davon. Das gehörte dann dem Staat. Da sind also die alten Besitzer enteignet worden. Es gab natürlich auch einige, denen Land und Häuser weggenommen worden waren und die dann aber ihr Eigentum nach der Wiedervereinigung nicht zurück bekommen haben. Das gibt es auch. Ich selber bin ja in einem Haus aufgewachsen, das einem Stockfabrikanten, der nach Baden-Württemberg gegangen ist, gehörte hatte. Meine Heimatstadt war ja auch für das Stockmachen bekannt. Diese Fabrikantenfamilie hat die Fabrik verlassen und sind dann halt von der DDR enteignet worden. Die Fabrik steht auch heute noch. Sie ist jetzt leer. Das Haus in dem ich lebe, das war früher Teil der Fabrik. 1963 wurde der Bevölkerung die Fabrik zur Verfügung gestellt und gesagt: Wer in das Fabrikgebäude einziehen will, muss sich selber eine Wohnung ausbauen. Und da wurde dann ein Mehrfamilienhaus draus gemacht. Dieses Gebäude ist ja jetzt auch wieder an die Kindeskinder zurückgegeben worden.

Es gibt positive und negative Beispiele dafür, wie Leute aus Westdeutschland hier aufgetreten sind. Es gibt Leute, die haben ihr Eigentum zurückbekommen und haben es wieder hergerichtet. Es gibt andere, die sind wieder zurück gekommen und haben Unfrieden gestiftet, indem sie mit den Mieten sofort horrend höher gegangen sind ohne irgendetwas an den Wohnungen gemacht zu haben. Ich selbst bin nicht betroffen davon und kann aus eigenen Erfahrungen nichts Schlechtes sagen. Ich habe gesehen, wie es anderen ergangen ist.

Viele Menschen in der DDR haben ja Geld und Arbeit in ihre Wohnungen gesteckt, indem sie sie - so gut sie konnten - ausgebaut haben. Der Staat hat ja diesbezüglich nichts gemacht. Manche sind nach der Wende dann in gewisser Weise entschädigt worden, aber es gab auch andere, die keine Entschädigung bekamen. Soweit ich weiß, gibt es Beispiele dafür und es gibt Beispiele dagegen. Es gab auch in der DDR solche und solche Menschen, so ist es auch bei den Westlern. Es gab am Anfang auch die Befürchtung: Jetzt kauft der Wessi alles auf!

Es sind ja viele Posten nach der Wende mit Westdeutschen besetzt worden. Die Treuhand ist eingesetzt worden. Viele ‚Wessis' übernahmen leitende Funktionen. Es gibt auch jene, die zu DDR-Zeiten gute Positionen hatten und auch nach der Wende sofort wieder gut im Geschäft waren. Das war dann manchmal ärgerlich. Wenn jemand zum Beispiel bei der Stasi war, hat er natürlich die Möglichkeit als Personenschützer tätig zu sein. Er ist durch seine Ausbildung bestens geeignet und Personenschützer werden ganz einfach gebraucht. Wenn das zwischenmenschliche stimmt, hätte ich nichts dagegen einen solchen Menschen als Chef zu haben. Es gab natürlich auch Westdeutsche, die gesagt haben: Was Ihr in der DDR gemacht habt, war alles Mist. Aber die Leute hier haben auch gearbeitet. Nur, wenn einfach das Material nicht da war in den Produktionsstätten – wie konnten wir dann anständig produzieren. Aber gearbeitet haben wir trotzdem. Man muss auch mal sehen, dass die Ware, die wir produziert haben, für den Export war: Das, was es in Westdeutschland in den 50er und 60er Jahren zu kaufen gab, wurde in der DDR hergestellt und in die BRD exportiert. Mein Vater hätte beinahe Ärger bekommen, weil er laut gesagt hatte, dass die NUR-DIE - Strümpfe in Chemnitz hergestellt werden. NUR-DIE Strümpfe waren zu der Zeit im Westen die modischsten und das erfolgreichste Produkte in Sachen Nylon-Strümpfe. Aus der DDR ist an Export nur die erste Wahl rausgegangen. Wissen Sie, wie wir in der DDR immer gesagt haben? Die Schweine werden gesprengt, der Schinken und die Bratwurst gehen rüber und der Mist bleibt hier. Ich denke, das sagt alles. (lacht)

Die I. Wahl wurde immer exportiert. Wir hatten Produkte der II. und III. Wahl; die blieben hier in der DDR. Wenn wir Glück hatten, bekamen wir die II. Wahl zu kaufen.

Wenn Sie meine Wohnungstüre ansehen, dann wissen Sie wirklich, dass alles nur zusammengekehrt worden ist. (lacht). Man musste sich eben alles zusammensuchen und organisieren.
Die Stadt Jena hat seit dem Mauerfall schnell Farbe bekommen. Es ist nicht mehr das trübe Grau wie es zu DDR-Zeiten war.
Seit der Wende gibt es ja sehr viel zu kaufen. Es gibt 10 000 Sorten Yoghurt, 10 000 Sorten dies und jenes. Das ist ja genau genommen das andere Extrem. Ich muss sagen, dass ich sehr viel auf unsere Ost-Produkte zurückgreife.
Ich nehme zum Beispiel Brandenburger Yoghurt, ich kaufe auch nach wie vor unsere Osterland-Butter. Ich schaue sehr viel nach unseren Sachen. Manches ist genauso wie früher. Ja. Jetzt gibt es auch wieder Suppina-Suppen. Die haben nicht schlecht geschmeckt. Aber das heißt nicht, dass ich in Ostalgie verfalle. (lacht)

Anhang

1 Christenlehre. Erziehungs- und Bildungsarbeit der Evangelischen Kirchen in der DDR

2 Die *Aktuelle Kamera* war die tägliche Nachrichtensendung des DDR-Fernsehens und startete am 21. Dezember 1952

3 Der *Dispatcher* war in der DDR die Bezeichnung für einen leitenden Mitarbeiter in den Betrieben. Er war verantwortlich für die Kontrolle von Produktionsprozessen

“Für mich ist der 9. November der Feiertag der deutschen Einheit. Einen anderen Tag gibt es für mich nicht.“
Kordula Biste, Schneiderin, Radebeul

Ich bin mit meiner Freundin am Morgen des 9. November nach Berlin gefahren, um eine Bekannte zu besuchen. Das hatten wir schon länger geplant. Da wir beide bereits Rentnerinnen waren, durften wir in den Westen reisen. Wir hatten das auch im Jahr davor gemacht. In Westberlin wollten wir uns auf dem Rathaus Begrüßungsgeld abholen. Das bekam man als Rentner, wenn man eine Besuchsadresse im Westen angeben konnte. Auf dem Weg nach Berlin haben wir von Demonstrationen oder Aufregung nichts gespürt. Aber dann, als wir in Ostberlin ankamen, wo wir auch im letzten Jahr den Grenzübergang passiert hatten, da sahen wir die vielen Menschen stehen. Es waren Massen von Menschen. Wir wussten gar nicht, ob wir da durch kommen, ob wir rüber kommen. Wir waren ja noch auf der Ostseite. Es war ein großes Gedränge. Wir sind dann an der Grenzkontrolle angekommen. Da waren ja immer schon die Spiegel installiert: Spiegel oben, seitlich und Spiegel unten, sodass niemand etwas in oder aus dem Westen herüberschleppen konnte. Die DDR-Grenzsoldaten haben an diesem Morgen noch stark kontrolliert.
Gegen 12.00 Uhr kamen wir zum Rathaus in Berlin-West, wo es das Begrüßungsgeld gab. Wir haben eine Weile warten müssen, aber es ging doch zügig voran und dann sind wir raus und haben ein bisschen was eingekauft. Süßigkeiten, Käse; viel war es nicht, was wir an Lebensmitteln einkauften. Später sind wir dann in verschiedene Buchläden gegangen und in einem

Buchladen waren an der Kasse Zeitungen ausgelegt. Ich las eine Schlagzeile „Zusammenbruch der DDR". Ich dachte: jetzt ist die Mauer gefallen. Zur Verkäuferin sagte ich: "Das kann doch nicht wahr sein. Wir haben davon ja gar nichts gewusst. Wir sind doch heute früh aus der DDR rübergekommen und da standen noch die DDR-Grenzer am Übergang und machten Kontrollen."
„Ja, lesen Sie doch," sagte die Verkäuferin und da habe ich mir die Zeitung gekauft und noch einige Bücher.

Am 8. November 1989 trat das gesamte Politbüro der SED zurück
Aber das haben wir drüben zunächst gar nicht richtig mitgekriegt. Wir sind dann raus aus dem Buchladen und wollten wieder nach Hause fahren. Kurz vor dem Grenzübergang sage ich zu meiner Freundin: „Was mach ich bloß, ich muss ja noch alles verstecken: die Bücher und die Zeitung." Ich hatte einen Anorak an, der innen mehrere Taschen hatte, dort habe ich die Bücher rein gesteckt und die Zeitung habe ich in eine andere Innentasche reingestopft und den Anorak zugemacht. Ich hatte große Angst, dass ich kontrolliert werde. So haben ich das ja immer gemacht, wenn ich als Rentnerin drüben war und wieder zurück in die DDR fuhr. Wir durften ja nicht alles mit rüber nehmen. Auch keine Zeitungen und keine Bücher.
Wir kamen immer näher an den Bahnhof Friedrichshain, wo wir mit dem Zug um 16.30 Uhr zurück nach Radebeul fahren wollten. Wir kamen an die Grenzkontrolle und ich dachte dauernd: Um Gottes Willen, um Gottes Willen, ob das gut geht. Hoffentlich finden sie das Zeug nicht bei mir.
Aber es sind so viele Menschen dort gewesen, ja eine regelrechte Menschenmasse, da drängte und schubste

alles, wie es so geht, und ein Grenzer der DDR sagte: „Sie können durch gehen, Sie können durch gehen," und winkte mit der einen Hand die Leute durch. Die haben gar nicht mehr kontrolliert an der Grenze. Auf Seite des Westens gab es ja keine Kontrollen, denn denen war ja egal, was wir in die DDR schleppten. Aber von der DDR aus wurde dieses Mal, als ich dort war und nach Hause zurückfahren wollte, niemand kontrolliert. Der Durchgang war frei, die Grenze war sozusagen geöffnet. In der DDR war bis zu jenem Tag in keiner Zeitung zu lesen, dass die DDR am Ende war. Ich habe jedenfalls nichts dergleichen gesehen. Das stand nur in den Westzeitungen.

Als ich das las, dass die DDR am Ende war, kam natürlich eine Riesenfreude auf. Aber so recht glauben konnte ich es ja noch nicht. Vor allem der Druck, die Angst war weg. Trotzdem wussten wir auf dem Weg zurück nicht genau, was ist und was uns erwartet. Ich hatte wegen meiner Bücher Angst. Ich kannte das ja immer nur so, dass man auf keinen Fall Zeitschriften und Bücher aus dem Westen mitbringen darf; auch als Rentnerin nicht.

Als der Grenzer uns durchwinkte und ich merkte, wie der Druck von meinem Magen weg ging und die Angst verflog, da habe ich gemerkt wie stark das Gefühl der Angst gewesen ist.

Ich war auch ein Jahr zuvor, 1988 in den Westen gefahren und habe für mich auf der Rückreise verbotenerweise Bücher und Zeitschriften in die DDR mitgenommen. Ich habe da nicht groß nachgedacht, wie gefährlich das war, wenn sie mich erwischt hätten. Das war eher spontan. Ich dachte: Ich bin jetzt Rentnerin, jetzt hole ich mir auch mal ein Buch mit rüber. Es waren ja keine politischen Bücher. Aber die Kontrollen waren eben streng. Wenn die das damals gefunden hätten, dann war klar: dann hätte es großen Ärger gegeben. Aber was für einen Ärger! Ich weiß nicht, was mir alles hätte passieren können, wenn die DDR-Grenzsoldaten mich erwischt hätten. Ein Spaziergang wäre das nicht geworden. Ob die mich festgenommen hätten? Ich bin ja eine alte Frau. Spionage habe ich nie gemacht: Ich habe auch nie Geld geschmuggelt. Seitdem ich in Rente bin, seit 1988, hatte ich nur die Bücher und die Zeitungen aus dem Westen rübergeschmuggelt in die DDR.

Wenn man aus Westberlin zurück an die DDR-Grenze nach Ostberlin kam, standen da ja riesige Schilder vor dem Übergang: Zeitungen und Bücher in den Papierkorb werfen. Dort mussten wir das schon reinwerfen, bevor die Kontrolle kam. Ich bin 1988 nicht erwischt worden und danach auch nicht.

Der Zusammenbruch der DDR war jedenfalls eine Riesenfreude. Für mich ist der 9. November *der* Feiertag; einen anderen Feiertag gibt es für mich nicht.

Für mich ist es nicht der 3. Oktober, der als Tag der Deutschen Einheit gilt. Jedenfalls am 9. November trinken meine Freundin und ich immer eine Flasche Sekt, einen Piccolo, weil das für uns der Tag der Befreiung war. Unsere eigenen Leute, die hier und in anderen Städten demonstriert haben und alles riskiert haben, die haben den Fall der Mauer bewirkt.

In dieser Zeit haben wir nachts oft Geschrei auf der Straße gehört. Ich weiß nicht, ob es viele gab, die den Zusammenbruch schon eher ahnten. Ich und meine Freundin spürten wohl, dass etwas in der Luft lag, aber wir wären nie auf den Gedanken gekommen, dass die DDR zusammenbrechen würde.

Die DDR hatte eine der am schärfsten bewachten Grenze. Eine 1381 Kilometer lange Grenze mit Stacheldrahtzäunen, Minenfeldern, Selbstschussanlagen, Laufgräben und Wachtürmen

Gesehen habe ich das ja nicht jeden Tag. Ich wohnte ja in Radebeul, da war die Grenze ein ganzes Stück weg. Aber es gab ja Leute, die brauchten nur ein Stück zu spazieren und da war dann schon das Sperrgebiet. Ich glaube nicht, dass es ein schöner Anblick war. Wenn Besuch aus dem Westen kam, dann erzählten die davon wie bedrückend es war, wenn der Zug an der Grenze hielt und dann die Grenze passierte. Die rollten dann in eine andere Welt. Jedenfalls sagte mir das mal mein Bruder. Der sagte: An der Grenze ist die Zeit stehen geblieben. Als wäre gerade erst Kriegsende.

Dann sind wohl auch in anderen Städten als in Leipzig einige auf die Straße gezogen; ob die Transparente dabei hatten, das weiß ich nicht. In Radebeul hörten wir Gesänge, Laufen, Schreie. Es war abends, schon dunkel. Wir sind nicht raus um nachzusehen. Ich weiß es also nicht, was da los war. Aber was soll es sonst gewesen sein? Ansonsten war es ja immer abends ruhig und still.

Am 9. November 1989 verkündet Politbüromitglied Günter Schabowski auf einer vom Fernsehen direkt übertragenen internationalen Pressekonferenz völlig überraschend die allgemeine Reisefreiheit für alle DDR-Bürger

Ja, na, viele hatten aber auch Angst, dass die Grenze nicht lange offen bleibt, dass sie schnell wieder geschlossen wird. Man konnte doch keinem von der Partei mehr trauen. Wenn die Sowjetunion, wenn Gorbatschow es sich anders überlegt hätte, dann hätte die DDR sofort umgeschwenkt. Nein, sicher sein, auf das vertrauen, was die sagen – das konnte man nicht.

Als wir am 9. November auf dem Rückweg an der Ostberliner Grenze waren, hörten wir immer wieder von den Menschen: Ob die Grenze bloß heute offen ist? Immer wieder hörte ich das. Ich sah wie die Grenzer sich auf die Wachposten zurückzogen. Aber die Spiegel waren noch da.

1988 bin ich zum ersten mal rübergereist und habe erlebt wie streng diese Grenze bewacht wurde. Als Rentnerin durfte man ja aus der DDR ausreisen beziehungsweise in den Westen reisen. Das konnte jeder Rentner beantragen. Die Frage war nur, ob man das Geld für die Reise hatte. Die Ostwährung war ja nichts wert. Man bekam in der DDR 15 Ostmark in 15 Westmark, also für den Kurs 1:1, getauscht. Mehr nicht. Im Westen bekam man dann noch gegen Vorlage des Passes 100 DM Begrüßungsgeld. Damit musste man dann hinkommen. Derjenige oder diejenigen im Westen, die man besuchte, hatten einen dann während des Aufenthaltes auch finanziell an der Backe. Das ging ja nicht anders.

Als wir 1989 nach Westberlin fuhren, hatten wir eine Einladung von einer Frau dort, die wir vorzeigen konnten. Wir mussten in Berlin-Spandau auf dem Rathaus eine Adresse angeben, damit wir das Begrüßungsgeld bekamen. Es war ein schönes Rathaus. Die haben in Berlin schöne Häuser gebaut, zum Beispiel zwei Etagen mit vier Wohnungen; nicht riesige Wohnblöcke wie in Ostberlin.

Nach dem Krieg war Berlin ja ein Trümmerfeld, alles war ausgebombt. Ich war um 1940 herum kurz in Berlin. Meine Tante war gestorben und da mussten wir ihre Wohnung in Berlin-Charlotten-burg auflösen.

Ich kam am Schlesischen Bahnhof an. Den Bahnhof nannte die DDR dann um in Ostbahnhof. Damals das

war noch Berlin, aber was ich 1989 sah, das war für mich nicht mehr Berlin.
Am 9. November 1989 sind wir also wieder zurück nach Radebeul gefahren. Ja, da sind wir zurück und wir haben uns noch eine Weile ruhig verhalten, weil wir noch nicht so ganz der Sache trauten, also dass die Grenzen offen bleiben.
Dann kamen die Berichte im Fernsehen und da wussten wir dann sozusagen offiziell, wie es aussah. Die Zeitung aus dem Westen haben wir mit großer Spannung gelesen. Die DDR-Zeitungen waren ja alle zensiert gewesen. Was man da gelesen hat, da hat man sich das Lesen eigentlich sparen können. Das war sowieso alles Politpropaganda. Ja; die Westzeitung, die wir gekauft hatten, da stand ganz groß auf der ersten Seite: Zusammenbruch. Die Frau aus dem Buchladen war ganz platt:: Mensch da kommen zwei aus der DDR und die wissen gar nicht recht, dass endlich alles vorbei ist.
Sie wollte mal einen 50 Markschein von der DDR sehen. Den hatte ich dabei und habe ihn der Frau gezeigt. Die hat ihn beäugelt und sagte: Sieht gar nicht schlecht aus und ich sagte: Wir sind zufrieden mit dem was wir kriegen. Wir brauchen nicht alles, sagte ich, das Notwendigste haben wir immer bekommen.
Wenn wir auch nicht immer Bananen hatten. Wenn es Bananen gab, da haben wir uns angestellt und in der Reihe gewartet bis wir dran waren. Ich bin dann von der Arbeit zum Laden gegangen. Eine Riesenschlange war da, da habe ich drei Stunden gewartet und dann hatte ich meine Bananen. Wenn Weihnachtszeit war, haben wir immer ein paar Stunden gestanden. Meine Freundin hat sich dann immer schon früher angestellt und dann kam ich nach der Arbeit. Sie hat mich vor gelassen und ich hab mich eingereiht. Da haben wir doppelte Ration

bekommen. Einen Teil haben wir dann ihren Kindern geschenkt. Jedenfalls kam der Mauerfall für mich überraschend. Ich hätte nie gedacht, dass die Mauer jemals verschwinden wird. Jedenfalls nicht, dass ich es erleben würde und dass das alles friedlich verlaufen würde. Das hätte ich nie gedacht.

Als ich zwanzig Jahre alt war, 1947, habe ich in Dresden bei den Russen gearbeitet, denn wir waren ja in der sowjetisch besetzten Zone. Ich musste immer von Radebeul, wo ich wohnte, nach Dresden fahren. Es war sehr weit zu fahren, ich brauchte zwei Stunden bis ich dort war und dann wieder nach Hause zwei Stunden, denn ich musste umsteigen und dann mit der Straßenbahn weiterfahren. Sieben Jahre habe ich dort gearbeitet. Ich arbeitete in einem Arbeitsraum mit einem fanatischen Kommunisten zusammen. Der hatte dort Bilder aufgehängt: große Porträts von Pieck, Grotewohl und Stalin. Die hangen geradewegs gegenüber meinem Arbeitstisch. Immer wenn ich den Zuschnitt auf der Arbeitsplatte machte, musste ich diese Scheißbilder ansehen. Seinen Namen weiß ich heute noch, den vergesse ich nie: Robert G. Ich bin 1954 in den Westen gefahren, weil meine Cousine geheiratet hat und als ich zurück kam aus dem Westen, wieder zur Arbeit ging und in diesen Arbeitsraum dort reinkam, da fragt mein Kommunist mich scheinheilig: „Wie war's denn im Westen?" Ich sage: „Ganz anders als bei uns. So einen Mist wie hier bei uns, gibt es da drüben nicht."

Ich habe mich so aufgeregt über diesen Kerl mit seinem Stalin-Porträt und seiner Aushorcherei, dass ich am nächsten Tag die Kündigung geschrieben habe und nach vierzehn Tagen gegangen bin. Ich hatte vorher darum gebeten in ein anderes Zimmer zu einem anderen Kollegen zu kommen. Das ging aber nicht. Wenn sie

mich in ein anderes Zimmer versetzt hätten, dann wäre ich geblieben, aber bei dem hätte ich nicht bleiben können. Der war mir zu fanatisch. Ich hatte also gekündigt und habe dann drei Jahre zu Hause gearbeitet, von 1954 bis 1957. Ich hatte viel zu tun. Die Leute brachten mir Kleidung zum ändern und ich habe Mäntel gemacht. Es ging ja auf Winter zu. Für einen handgenähten Wintermantel habe ich 60 Mark verlangt. Für einen Mantel nach Maß. Das war also relativ günstig für den Käufer. Na gut. Für mich hat es gereicht. Das habe ich so lange gemacht, bis dann die Polizei ins Haus kam. Jemand hatte mich angezeigt. Sie kamen zu zweit und waren in Zivil und fragten mich: Sie gehen nicht arbeiten? Ich sagte: „Nein, ich war krank und musste zu Hause bleiben und mich auskurieren. Ich werde mir demnächst Arbeit suchen."
Der eine sagte: „Sie haben auf Ihrer letzten Arbeitsstelle ja gut gearbeitet."
Ich glaubte, dass sie dachten, dass ich Westspionage machte, weil ich damals ja mit diesem fanatischen Kommunisten aneinander geraten war und sie wussten sicher, dass ich damals nach Westdeutschland gefahren war und was ich über den Westen gesagt hatte. Er fragte mich: „Haben Sie Verbindungen nach Westberlin?" Und ich antwortete: „Nein, wie kommen Sie darauf?" Ich hatte zu der Zeit wirklich keine Verbindungen nach Westberlin.
Er sagte: „Nur so."
Ich fragte ihn dann: „Wie kommen Sie denn eigentlich auf mich?"
"Wir haben da was gehört," sagte der eine. Die beiden sahen sich noch um und dann sagten sie: „Dann sehen Sie mal zu, dass Sie wieder in Arbeit kommen."

Ich denke, jemand hat geredet und der Polizei was gesteckt.

Wegen Ihrer Arbeit zu Hause?

Ja. Irgendjemandem hat das nicht gepasst, dass ich zu Hause blieb und zu Hause mein Geld verdiente. Sich selbstständig zu machen, das wurde in der DDR nicht gerne gesehen, denn es galt als Hemmnis der politischen Entwicklung im Sozialismus. So wurde es genannt.

Ich wohnte noch bei meinen Eltern, deshalb fragte ich zum Schluss den einen Zivilpolizisten: „Ich will nicht, dass sich meine Mutter aufregt wegen Ihrem Besuch. Was sag ich denn jetzt zu ihr?"

– „Sagen Sie ihr, ich bin Ihr Freund."

Dann sind beide gegangen.

Vierzehn Tage später habe ich mir dann Arbeit gesucht und in einer Schneiderei angefangen und zwar als Springerin. Als Stundenlohn bekam ich 92 Pfennige. Das war wenig. Ich hatte bei meiner vorherigen Arbeitsstelle über 1,54 Ostmark Stundenlohn bekommen. Aber ich konnte auf meiner neuen Arbeitsstelle die Leistung nicht schaffen. Das Ziel war sehr hoch gesteckt. Das hat mich innerlich fertig gemacht. Das war beim Kombinat Novitas. Später gehörten wir zum Kombinat Berlin. Wir hatten viel Handel und Wandel. Bei uns kaufte der Westen: Neckermann und der Otto-Versand. Wir haben damals viel in den Westen geliefert.

Im Großen und Ganzen ist es uns in der DDR nicht so schlecht gegangen. Wir mussten arbeiten, Leistung zeigen. Wer sich politisch aufgelehnt hat, der hat einen auf die Mütze bekommen. Wer still war, der konnte sein Leben leben. Viele sagen ja, sie seien eingesperrt gewesen. Man durfte nicht hinfahren wohin man wollte.

In den Westen durfte man nicht einfach fahren. Auch wenn ich niemals weggefahren wäre – aus welchem Grund auch immer – aber allein, dass ich das darf, dass ich meine Freiheit habe das zu tun – das ist doch schon ein Menschenrecht: Hinzugehen, wohin ich will.

Als Rentner durfte man fahren wohin man wollte. Das musste man aber auch erst vorher beantragen. Die DDR war ganz froh, wenn die Rentner ganz in den Westen übersiedelten, denn dann brauchten sie keine Rente zahlen; die zahlte dann der Westen.
Aber so, wenn man als Rentner in den Westen gefahren ist, dann war man ja bettelarm. Man hatte ja kein Geld gehabt: die Ostwährung war doch nichts wert. Wir haben in der DDR für so eine Reise, den Kurs 1:1 bekommen und durften 15 Ostmark in 15 Westmark eintauschen. Mehr nicht. Erst als ich in Rente war, bin ich dann, nach 27 Jahren hinter Mauern, das erste Mal in den Westen gefahren. In Frankfurt am Main haben meine Freundin und ich im Bahnhof Würstchen bestellt und etwas zu trinken – da waren die 15 Mark weg. Uns ging der Hut hoch. So teuer war das.
Eigentlich hat mich nicht gestört, dass ich nie in den Westen reisen konnte. Ich musste ja arbeiten, ich musste in Leistung stehen. Da haben wir an große Reisen nicht gedacht. Wir haben dann mal in der DDR Urlaub gemacht. Es gab in der DDR doch auch schöne Plätze. Wir sind an der Ostsee gewesen. 1970 waren wir in Thüringen. Das war auch schön. Wir sind mit der Solidarität verreist, das war die Gewerkschaft. Wir zahlten ja jeden Monat zwei Mark ein und die haben dann Bußreisen organisiert. Man musste natürlich auch schauen, ob man überhaupt einen Platz bekam. Manchmal bekam man nämlich keinen Urlaubs-platz

zugeteilt, weil zum Beispiel zu viele fahren wollten. Ich war generell nicht so fürs Reisen. Frag doch mal die im Westen, ob die verreist sind.

Wenn wir aus dem Westen Besuch bekamen, da hat sich immer alles toll angehört, was drüben so ist. Aber nach der Wende habe ich dann gesehen, dass im Westen längst nicht alles so rosig ist. Ich hatte es mir anders vorgestellt. Erst später, eine Weile nach der Wende, habe ich gemerkt, dass die Bundesrepublik eine große Ellbogengesellschaft ist. Jeder denkt nur an sich. Das ist mir, wie gesagt, aber erst eine Weile nach der Wende aufgefallen. Da war es mit der Freude über die Wiedervereinigung vorbei. Da wurde über die Ossis gemeckert und hergezogen. Menschlich ist die westliche Gesellschaft doch ein Armenhaus. Die Frage ist, für wen der Mauerfall was gebracht hat. Für die, die vom Westen rübergekommen sind und sich die Fördergelder genommen haben und dann einige Zeit später wieder abgehauen sind. Es sind so viele Fabriken kaputt gegangen. Wenn ich mir überlege, was die Treuhand veranstaltet hat. Die Treuhand hatte die Aufgabe die Wirtschaft der früheren DDR zu privatisieren und was hat sie gemacht? Tausende Betriebe wurden verschleudert, gingen pleite, Millionen Arbeitsplätze sind vernichtet worden – es war ein billiger Ausverkauf und wer hat profitiert? Das kann sich jeder denken, wer profitiert hat. Frag mal die Politiker, wie sie mit den Managern und Wirtschaftsleuten verbandelt waren zu Treuhandzeiten, dann weißt du, wieso bestimmte Firmen dann doch den Zuschlag bekommen haben für unsere Industrien. Man muss sich nur Leuna ansehen. Die Treuhand war unser Totengräber.

Es war nicht alles unprofitabel was wir hatten. Zeiss in Jena beispielsweise oder die Porzellan-Manufaktur in

Meißen. Das sind Vorzeigebetriebe. Die haben qualitativ wertvolle Dinge produziert, die für viel Geld verkauft worden sind und überall gefragt waren. Und auch heute noch gefragt sind.

Wie ging das Leben nach dem Mauerfall weiter?
Nach dem Mauerfall war hier ja alles erst mal in heller Erwartung. Jetzt sind wir frei. Jetzt können wir sagen und tun, was wir wollen. Aber nach einer Weile hat man gemerkt, dass man zwar sagen kann, was man will, aber gehört wird es nicht.
Man gibt seine Stimme alle vier Jahre sprichwörtlich ab und die Politiker machen, was sie wollen. Bis zur nächsten Wahl. Zu sagen hat das Volk vier Jahre lang nichts.
Mir ist auch aufgefallen, dass sich nach dem Mauerfall viele Leute umgebracht haben. So einige von denen hatten zu DDR-Zeiten gute Positionen und plötzlich waren die niemand mehr. Die haben für sich nichts Gutes mit der neuen Zeit erwartet. Manche waren auch Fanatiker, die mit dem Sozialismus der DDR sterben wollten.
Als die Mauer fiel, kamen viele aus dem Westen und versuchten alles Mögliche zu verkaufen. Ihr altes Auto, das bekannteste Beispiel ist die Banane für eine Mark. Es kamen auch Drückerkolonnen, die ihre Zeitungsabos verkaufen wollten und manchmal richtig frech wurden. Versicherungsvertreter waren da, ach alles mögliche.
Verbrecher gab es auch zu Honeckers Zeiten, aber wir konnten abends rausgehen, spazieren gehen, ohne dass was passierte. Das kann man jetzt nicht mehr, weil man nicht weiß, ob man von rechts oder links eine Ohrfeige bekommt. Wir sind ja nun was älter, da braucht man

nicht mehr als eine Ohrfeige und dann liegen wir schon am Boden. (lacht)
Mein Arzt will jedes Quartal Extrageld für dieses und jenes. Dann muss ich ihm noch Briefmarken mitbringen, wenn er mal ein Rezept schicken soll. Demnächst will er noch Schreibgebühr. (lacht)
Was mir nicht gefällt ist, dass wir zweierlei Deutsche sind. Wir sind Sowjet-Deutsche und Ihr seid Amerika-Deutsche. Wir sind noch zweierlei Deutschland. Das wird sich wahrscheinlich erst nach drei Generationen ändern.
Jedenfalls hoffen wir auf bessere Zeiten. Wir hoffen auf ein neues Deutschland. Es muss doch mal eins kommen.
Die alten Leute heute, die hier leben, die können ja gar nicht mehr richtig einkaufen gehen, weil die Geschäfte so weit weg sind. Die kleinen Geschäfte sind alle kaputt gegangen. Das ist nicht in Ordnung. Früher gab es Konsum, da konntest du alles kaufen. Auf den Dörfern ist es noch schlimmer. Wenn man alt ist, ohne Auto dort wohnt, dann ist man aufgeschmissen. Da gibt es keine kleinen Läden mehr.

Das hört sich an, als hätte es im Konsum zu DDR-Zeiten alles zu kaufen gegeben?
Nein, natürlich nicht alles, aber das, was man so brauchte, das Wichtigste: Grundnahrungsmittel, Saisongemüse, Seife, Waschpulver und solche Dinge. Anstehen musste man natürlich, das ist klar. Aber so wie heute, dass jeder auf sich selbst gestellt ist, so war es nicht in der DDR. Wenn du heute kein Geld hast, dann kannst du sehen, wo du bleibst und zu Zeiten der DDR war es - wenn man die ‚falsche' politische Meinung hatte – genauso.

„Es gab schon so ein paar Dinge, die ich vermisst habe, wie zum Beispiel, dass ich nie Paris sehen konnte und alle die Orte, von denen ich in der Literatur gelesen hatte.“

Angelika Männig, Kunst- und Deutschlehrerin, Galeristin, Burgstädt/Chemnitz

Ich bin 1950 geboren, also ein Jahr nach der Republikgründung[1] und bin die Jahre bis zum Mauerfall in der DDR groß geworden. Für mich war es ein ganz normales Leben. Es war eben so wie es war in der DDR. Ich kannte nichts anderes. Ich habe mein Abitur gemacht und wollte studieren. Allerdings habe ich nach dem Abitur nicht gleich den Studienplatz erhalten, den ich mir vorgestellt hatte. Ich wollte Pädagogik für die Fächer Kunsterziehung und Deutsch studieren. Die Begründung für die Ablehnung war nicht, dass die Fähigkeiten gefehlt hätten, sondern ich fiel aus der Quote raus, denn zu DDR-Zeiten war es üblich, dass mindestens 60 Prozent der Studienplätze an Arbeiter- und Bauernkinder vergeben werden mussten und nur 40 Prozent an die sogenannten Intelligenz-Kinder. Zu den letzteren gehörte ich, weil meine Eltern Lehrer waren und eben zur Intelligenz zählten. Ich hatte zwar die Aufnahmeprüfung mit ‚Besonders geeignet' bestanden, bin dann aber trotzdem durch das Raster gefallen. Meine Eltern haben Widerspruch eingelegt, der aber abgelehnt worden ist. Für mich bedeutete das, dass ich erst einmal für ein Jahr etwas anderes suchen musste und ich habe dann, unmittelbar nach dem Abitur in einem Kinderheim als Erzieherin gearbeitet. Dann erst, nach diesem Kinderheimjahr, habe ich das Studium angefangen. Es war mein Wunschberuf, Kunsterzieherin zu werden. Ich habe mich dann später im Beruf

etabliert. Als die Wende kam war ich 40 Jahre alt und hatte eine feste Position im Leben gefunden.
Zur Intelligenz zählten zum Beispiel Lehrer, Mediziner, Künstler, Schauspieler – diese Berufe zählten zur Intelligenz. Wenn die Quote von 40 Prozent erfüllt war, dann konnte Kindern aus der Arbeiter und Bauernelternschaft der Vorrang gegeben werden. Ich selbst wurde nicht nur zurückgestellt, sondern ein Studium wurde abgelehnt. Ich bekam eine offizielle Ablehnung und wie ich schon sagte, hat meine Mutter Einspruch dagegen erhoben. Ich musste mich dann im folgenden Jahr noch einmal bewerben und musste noch mal die Aufnahmeprüfung machen. Ich hatte wieder ein sehr gutes Aufnahmeergebnis und dann – wie soll man sagen – wahrscheinlich, weil die Mutter den Widerspruch eingelegt hatte, bekam ich dann eben gnädigerweise diesen Platz zur Verfügung gestellt. Ich muss aber dann heute sagen: Von der damaligen, gesamten Seminargruppe sind heute weniger als die Hälfte im Beruf tätig.
Die Quotenregelung hat man in der DDR sozusagen wegen dem Gleichheitsprinzip gemacht. Die DDR nannte sich ja Arbeiter- und Bauernstaat und daher bekamen die Arbeiter- und Bauernkinder bei den Studienplätzen den Vorrang. Es war zum Beispiel oftmals auch für Kinder, die aus einer Mediziner-Familie kamen, ganz schwierig ein Medizinstudium zu erhalten. Da hat man also eher ein Arbeiter- und Bauernkind genommen, als so ein Kind.
Ob die Chancen des Kindes beim Auswahlverfahren besser waren, wenn die Eltern in der Partei waren, das weiß ich nicht. Das kann unterschwellig einen positiven Einfluss gehabt haben. Aber das weiß ich nicht. Ich

nehme heute sowieso an, dass es ein doppeltes Beurteilungsverfahren gegeben hat.

Beim Abiturzeugnis bekam man damals ja noch schriftliche Beurteilungen über politische Mitarbeit, Ordnung, Fleiß und Disziplin. Man wurde davon in Kenntnis gesetzt, wie man bewertet worden ist. Da stand bei mir im Wesentlichen nichts Schlechtes drin. Das Abiturzeugnis plus Beurteilung waren eine Einheit und damit bewarb man sich. Aber ich nehme an, dass es noch eine andere Beurteilung gegeben hat, die dann an die Hochschule mit der Bewerbung abgeschickt wurde bzw. angefordert wurde. Das kann ich aber nicht nachweisen. Damit meine ich die Beurteilung, die die Schulleitung, der Direktor und der Parteisekretär geschrieben haben – ohne dass ich davon gewusst hätte. Die dann eben auch andere Kriterien enthielten.

Ich selbst war zwar nicht unbedingt kritisch, also man hätte über mich eigentlich nicht etwas Negatives schreiben können., aber ich habe mich in dem Sinne nicht vermarkten lassen. Mit 15 Jahren, also ab der 9. Klasse ging die EOS, die Erweiterte Oberschule[2] los. Man konnte im Alter von 17 Jahren in die Partei[3] aufgenommen werden. Zunächst erst mal als Kandidat – zu DDR-Zeiten dauerte die Kandidaten-Zeit ein Jahr lang, bevor dann eben eine Parteiaufnahme erfolgte. Und das habe ich abgelehnt. Das kann's schon gewesen sein.

Die erweiterte Oberschule war damals bei uns die schulische Ausbildung von Klasse Neun bis Zwölf mit Abschluss Abitur und Facharbeiter. Es war dem Gymnasium ähnlich. Unterrichtsfächer waren zum Beispiel Deutsch, Mathematik, Russisch, Latein Kunst, Musik, Sport, Biologie, Chemie, Geschichte, Geografie, Physik und Staatsbürgerkunde. Die Abiturprüfung erfolgte schriftlich in Deutsch, Mathematik, Russisch und in einem naturwissenschaftlichen Fach, zum Beispiel Biologie oder Geografie. Darin also gab es die schriftlichen Prüfungen und dann dazu mindestens zwei mündliche Prüfungen. Außerdem mussten meine Jahrgänge republikweit noch einen Facharbeiterabschluss in den vier Abiturjahren theoretisch und praktisch ablegen. Dazu besuchten wir noch die entsprechenden Berufsschulen und arbeiteten in den Betrieben.

Sie haben schließlich einen Studienplatz bekommen ?
Ja, den habe ich dann bekommen und dann habe ich das Studium absolviert. Die DDR hat ja dann auch noch den Arbeitsplatz vermittelt. Nach meinem Abschluss bin ich an meinen Heimatort zurückgekommen und habe an einer Oberschule mit den Klassen 1-10 als Lehrerin für Kunst und Deutsch unterrichtet.
Ich war 15 Jahre in diesem Beruf tätig und hatte auch im Ort einen Verein übernommen. Einen Kulturverein.
Zu DDR-Zeiten gab es den Kulturbund der DDR[4] und in diesem Bund waren viele verschiedene Gruppen, wie zum Beispiel: Briefmarkensammler, Kakteenfreunde, die sich mit der Aufzucht und Haltung von Kakteen beschäftigt haben und vieles mehr. Bei uns gab es dreizehn verschiedene Untergruppen. Über 300 Personen waren in meiner Heimatstadt Mitglied. Wir hatten zum Beispiel 1981 einen Jazzclub gegründet und ich kann nicht sagen, dass es uns schlecht ging. Wir haben in der Stadt das geistig-kulturelle Leben angekurbelt. Es war eine Kleinstadt, die kein Kino und auch kein Theater mehr hatte, weil das in den 50er und 60er Jahren wegrationalisiert worden ist. Damals spielte vielleicht die finanzielle Lage eine Rolle, aber vielleicht

wurde auch nur eine unglückliche Kommunalpolitik betrieben. Die Kommunalpolitik wurde in gewissem Sinne immer etwas reglementiert und wenn da ein Bürgermeister war, der nicht so standhaft in seinen persönlichen Anschauungen war, sondern sehr linientreu, dann hat er sich solchen Tendenzen, wie das Kino abzuschaffen, nicht wiedersetzt. Man muss die DDR-Zeit also sehr differenziert sehen.

Es gibt sicher auch Menschen, die haben wesentlich mehr gelitten in der DDR-Zeit als ich persönlich. Ich hatte auch nicht so dieses Fernweh, dass ich unbedingt hinaus in die Welt wollte, um etwas zu sehen und zu erleben. Wir, also meine Familie und ich, sind regelmäßig an die Ostsee gefahren. Der Ostseestrand hat mir eigentlich zur Erholung ausgereicht. Aber wenn man in der Großstadt lebte, in einer kleinen, engen Neubauwohnung, dann hatte man schon mal das Bedürfnis rauszufahren und Urlaubsplätze waren knapp. Die konnte nicht jeder so kriegen wie er wollte. Das musste eben auch alles organisiert werden. Aber es gab schon so ein paar Dinge, die ich vermisst habe, wie zum Beispiel, dass ich eben nie Paris sehen konnte und all die Orte, von denen ich in der Literatur gelesen hatte. Also, das womit man sich beschäftigt hat und vielleicht irgendwo davon angefangen hat zu schwärmen – da konnte man nicht hin. Es war damals für mich klar, dass ich diese Orte nie werde sehen können. Oder die Dürer-Stadt Nürnberg[5]. Die war für mich unendlich weit entfernt von Burgstädt, wo ich lebte, denn ich durfte nicht dorthin fahren. Dabei waren es nur 240 km. Die Welt war draußen irgendwo und wir haben da in diesem kleinen DDR-Staat gelebt und durften nicht in westliche Länder reisen.

Jeder durfte in sozialistische Länder reisen und Urlaub machen. Jeder konnte sich das leisten. Es war sogar sehr sozial geregelt. Es gab eine Gewerkschaft[6] und die hat in Betrieben Urlaubsplätze, also Gewerkschaftsplätze vergeben, bevorzugt an Familien mit Kindern. Hier brauchte dann für den Urlaub wenig Geld zugezahlt zu werden. Für so einen 14 Tage Ferienurlaub, neudeutsch mit Vollpension, an der Ostsee musste man weniger als 500 DDR-Mark zuzahlen. Und zudem gab es dann noch eine Reisevergünstigung bei der Bahn, der Deutschen Reichsbahn – wie es ja bei uns immer noch hieß. Die Bahn hat also dann einen Stempel in das FDGB-Buch gegeben. Mit dem Stempel wurde die Nutzung der Billigfahrt kontrolliert. Die Gewerkschaft hieß Freier Deutscher Gewerkschaftsbund (FDGB) - und da konnte man also einmal im Jahr so eine Reise machen, eine verbilligte Fahrt.
Das Angebot galt für jeden, aber es waren so wenig Plätze zu vergeben, dass es da oft in den Betrieben zu Streit gekommen ist. Manche Familien aber haben das auch wieder sehr gut organisiert. Da war der Mann in einem anderen Betrieb als die Frau und die hatten dann halt regelmäßig ihre Plätze durch die doppelte Chance. Die DDR bestand schon sehr viel aus organisieren und wer viel Zeit zum organisieren hatte, der konnte sich eigentlich da auch ganz schöne Annehmlichkeiten verschaffen.
Wenn der Mann in dem einen Betrieb arbeitete und die Frau in einem anderen, dann wurde der Ferienplatz immer an die Familie vergeben. Für Einzelpersonen gab es das nicht. Später hab ich dann bemerkt, als ich nach der Wende verreist bin, dass es typisch für die DDR-Bürger ist, mit Kindern zu verreisen. Auch wenn sie weite Reisen machen, also auch wenn sie nach Ägypten

verreisen, dann verreisen sie mit ihren Kindern. Die gehören eben ganz einfach dazu. (lacht) Das ist keine schlechte Angewohnheit. Ich bin sogar von westdeutschen Bürgern auf der Reise gefragt worden: Warum nimmst du denn dein Kind mit?! Das macht man doch nicht. Für so eine weite Reise nimmt man doch das Kind nicht mit. (lacht)

Vielleicht noch ein Wort zu dem Thema der Staatssicherheit: ich meine, es wusste jeder, dass es die Staatssicherheit gab. Es konnte aus irgendeinem geringen Anlass geschehen, dass der eine oder andere mehr oder weniger mit der Staatssicherheit konfrontiert wurde. Ich habe eine sehr gute Studienfreundin, die ist nach Prag gefahren und sie hat sich dort mit ihrem Cousin aus Westberlin getroffen. Wir wissen es heute aus ihrer Akte, dass ihr dort in Prag am Tisch in einer Gaststätte, gezielt eine Zufallsbekanntschaft vorgespielt worden ist. Als sie dann nach der Rückreise von Prag in Dresden aus dem Zug ausstieg, da kamen zwei Zivilbeamte auf sie zu. Die haben sich bei ihr eingehakt und sie zum Verhör mitgenommen. Die ist also dann unter Druck gesetzt worden. Sie hat in der Gaststätte ja noch nicht mal irgendetwas Negatives über die DDR geäußert. Nur die Tatsache, dass sie eben diesen Westkontakt hatte, mit ihrem Cousin – das hat ausgereicht, um sich in Verdacht zu bringen gegen die DDR zu agieren.

Sie wurde nach den Verhören wieder entlassen, aber mit der Drohung und eigentlich einer Erpressung, sie sollte für die Staatssicherheit arbeiten. So lief das Ganze. Es wurde ein geringer Anlass genommen, um einem praktisch die Pistole auf die Brust zu drücken und einen zu nötigen mitzuarbeiten. Derjenige wurde also beauftragt, Informationen an die Stasi weiterzuleiten. Sie

sollte über uns, die in der Seminargruppe waren, über ihre Mitstudenten also, Berichte verfassen. Die Seminargruppe – das war auch eine Besonderheit der DDR - Hochschulausbildung: Alle Studenten eines Jahrganges wurden, ähnlich einem Klassenverband, in einer Seminargruppe zusammengeführt und nach einem geregelten Stundenlehrplan unterrichtet. Freie Wahl und Entscheidung gab es nicht.
Und da hab ich dann zu ihr gesagt: Das machst du nicht, du lässt dich nicht erpressen! Sie hatte erst nach mehreren Wochen angefangen mit mir über das Thema zu reden. Ich hatte aber in der Zwischenzeit schon gemerkt, dass sie sich verändert hatte, dass irgendetwas war und dann ist es auch aus ihr herausgebrochen und sie hat mir dann alles erzählt. Sie hat damit gelebt, dass sie von der Stasi beobachtet wurde. Dann hat es so eine Phase, so unmittelbar nach der Wende gegeben, da hab ich dann festgestellt, dass sie auch mir gegenüber misstrauisch war. Das hat natürlich sehr weh getan. Sie ist schließlich meine allerbeste Freundin. 1997 hat sie dann ihre Akte eingesehen und da stand drin, dass das damals in Prag in der Kneipe, ein Offizier der Staatssicherheit gewesen war, der sich scheinbar zufällig in dieser Gaststätte an ihren Tisch gesetzt hatte.

Und sie hatte zeitweise Sie in Verdacht, dass Sie der Staatssicherheit den Tipp gegeben haben, sie würde sich mit einem Westkontakt treffen?
Ja, das hat sich dann aufgeklärt, da bin ich ganz froh drum. Na ja, ich meine, damit musste jeder leben, dass man bespitzelt wurde. Man konnte nicht mal sicher sein, dass beste Freunde einen nicht bespitzeln. Die Stasi hatte überall ihre Finger drin oder haben zumindest versucht, überall ihren Fuß in die Tür zu bekommen.

Es gab aber auch Menschen, die haben das Leben in der DDR nicht verkraftet. Ein Bekannter von mir, ein Künstler, der hat immer gesagt: wenn ich am Ostseestrand stehe und wenn ich draußen am Horizont die Schiffe fahren sehe, da erfasst mich so ein Fernweh. Ich will in meinem Leben noch mal was von der Welt sehen und erleben. Ich weiß nicht - vielleicht war ich auch noch zu jung für solche Gedanken. Vielleicht wären mir diese Art Gedanken später auch gekommen, wenn ich mit fünfzig oder sechzig dort gestanden hätte. Ich weiß es nicht. Dieser Künstler hat dann die Ausreise Mitte der 80er Jahre beantragt und bekam dann tüchtig Repressalien und Probleme, ehe es dann soweit war, dass er endlich ausreisen durfte. Er ist dann also vor 1989 offiziell aus der DDR in die Bundesrepublik ausgereist.
In der Schule war das Leben der Menschen untereinander verhältnismäßig freundlich, also im Dienstbetrieb relativ kollegial. Natürlich, kleine Intrigen gab es. Intrigen werden immer gespielt im Leben, überall auf der Welt. Das war also auch nichts Besonderes.
Aber was vielleicht von der ganzen Kunstentwicklung her interessant war, was ich dann beobachtet habe, das war Folgendes: Es gab zu DDR-Zeiten ja kein Überangebot an Reisen, es gab auch kein Überangebot an Essen oder Getränken, aber auf der anderen Seite hatte jeder eine Arbeit, jeder hatte sein gesichertes Einkommen und konnte ohne irgendwelche Ängste in die Rente gehen. Wir haben also in diesem Sinne angstfrei gelebt. Das hat sich mit dem Beitritt zur BRD völlig verändert. Dieser gewisse Wohlstand in der DDR, der kein Überwohlstand, keine Überflussgesellschaft war, aber doch ein Wohlstand, hat meiner Meinung

nach schließlich dazu geführt, dass sich viele Menschen sehr intensiv angefangen haben mit Kunst zu beschäftigen.
Also wir hatten da die großen Kunstausstellungen in Dresden, da kamen Massen von Besuchern. Der Grafikmarkt in der DDR hat geboomt. Den Grafikern wurden die Arbeiten förmlich aus den Händen gerissen. Es gab sehr viele Sammler für grafische Kunst. Die Pischheimer-Gesellschaft[7], die es heute auch noch als Verein gibt, ist eine Grafiksammler-Gruppe innerhalb des Kulturbundes der DDR gewesen. Sie hatte sehr viele Mitglieder.

Das Grundniveau hatte sich zu dieser Zeit in der DDR verändert. Es entwickelte sich langsam so, dass die Menschen anfingen nach höheren geistigen Tätigkeiten und Qualitäten zu suchen.
Es entstand auch das Bedürfnis mal schön in eine Gaststätte zu gehen. Es sind dann auch schon sehr schöne Gaststätten entstanden. Natürlich war es in einer Gaststätte immer noch nicht so leicht überhaupt Plätze zu bekommen. Die Leute standen am Sonnabend und am Sonntag in Massen vor den Restaurants und man musste warten, bis man einen Platz bekam. Manchmal eine halbe, eine dreiviertel Stunde. So war das leider damals. Es gab zu wenig Gaststätten.

Konnte ein Künstler in der DDR frei arbeiten?
Die Kunst war an sich frei, aber – ich meine der Künstler muss ja verkaufen um davon leben zu können – der Künstler selber, der konnte im Prinzip in seinem Atelier machen, was er wollte. Wenn er jetzt aber Ausstellungen machen wollte, dann musste er sehen, wie

er sich mit seinen Arbeiten in den Kunstbetrieb der DDR einfügte.
Es gab ja die staatlichen Ausstellungseinrichtungen, den staatlichen Kunsthandel – wie er sich bei uns in der DDR genannt hat, wie das Haus der Kunst in Dresden zum Beispiel. Auch in Chemnitz, zu DDR-Zeiten hieß diese Stadt damals Karl-Marx-Stadt, hatten Künstler in der Galerie Schmidt-Ruttloff[8] eine Ausstellungsmöglichkeit. Im Haus der Kunst in Dresden gab es gewisse Leute - sogenannte Macher - die haben die Künstler ausgesucht. Der eine Macher hat großzügig gehandelt und hat auch mal einen Außenseiter genommen und ausgestellt, vielleicht auch weil er den Künstler persönlich gekannt hat. Das war schon machbar. Aber wenn die Leute die Bilder nicht verstanden haben, dann wurden sie nicht gekauft. Der Umgang mit Kunst hat ja auch etwas mit einer bestimmten Bildungsqualität zu tun. Wenn in der Schule im Unterricht zum Beispiel abstrakte Kunst von manchen Kunsterziehern sehr zerredet wird oder als dekadente Kunst bezeichnet wird, dann entsteht beim einfachen Menschen natürlich eine Ablehnung dagegen.
Es gab überall in der DDR Galerien. Ich hatte ja seit 1984 in Burgstädt auch eine Galerie. Sie nannte sich „Die kleine Galerie". Und ich hab dann auch immer mal einem Außenseiter die Möglichkeit gegeben auszustellen. Das ermöglichte der Kulturbund der DDR. Mit seinen „Kleinen Galerien" hat er auch die Möglichkeit eingeräumt, dass Außenseiter ausstellen durften, die zum Beispiel in den Bezirkshauptstädten, wie Leipzig, Dresden, Karl-Marx-Stadt[10] nicht in den großen Kunstausstellungen ausgestellt wurden, weil sie vorher aussortiert worden sind.

Bei dem Auswahlverfahren zu den großen Kunstausstellungen[11] in Dresden gab es eine Kreisauswahlkommission für die Kreisausstellung oder eine Bezirksauswahlkommission für die Bezirksausstellung, die vorher die Auswahlkriterien festgelegt hatte. Dabei waren dann auch immer welche von der Partei, der SED, dabei.

Nun muss ich dazu sagen, diese Parteimenschen waren natürlich auch nicht gerade Leute, die sich intensiv mit Kunst und Kultur auseinandergesetzt haben. Viele von ihnen - nicht alle – aber viele waren auf der Kunstebene unterqualifiziert. Und da ist viel Schaden angerichtet worden. Der Maler Penck, alias Ralf Winkler[12] hat in Dresden in einem Keller ein Atelier gehabt. Seine ersten Bilder hat er an die Kellerwand gemalt. Der hatte da kaum eine Chance in der DDR.

Penck bekam ab 1969 Probleme mit der Staatssicherheit. Seine Bilder wurden beschlagnahmt und die Mitgliedschaft im Verein bildender Künstler abgelehnt.

Wissen Sie wie es zu der Ausreise von Penck gekommen ist?

1965 hatte er eine erste Ausstellung in Westdeutschland, während der er den Galeristen Michael Werner[13] aus Köln kennen gelernt hat und seitdem war er im Westen durch seine Ausstellungen zunächst in der BRD und dann international ein anerkannter, erfolgreicher, sehr guter Künstler. 1980 ist er dann in die BRD ausgereist.

In der DDR wurde er mit seinen Arbeiten nicht anerkannt. Er malte keinen Sozialistischen Realismus

Ja. Das große Ereignis der Kunstszene in der DDR war alle vier Jahre die große Kunstausstellung in Dresden. Da wurde Gegenwartskunst gezeigt. Und natürlich war das Bestreben der jungen Künstler vorhanden, dort auch dabei sein zu können, aber das war halt schwierig. Wenn man schon von der Kreiskommission Dresden abgelehnt wurde, hatte man kaum eine Chance. Von der Kreiskommission in Dresden wurden die Werke dann noch mal aufgestellt und jetzt wurde wieder ausgewählt von einer Bezirkskommission und die hat dann praktisch zur großen Ausstellung, zur zentralen DDR-Ausstellung weiterdelegiert.

Da waren dann auch Parteileute dabei und da hat es dann etliche Querelen gegeben. Da hat es dann Zoff gegeben zwischen den Künstlern und der Kommission, das ist klar. Wenn Nicht-Fachleute in solchen Fachgremien Einfluss nehmen gibt es Auseinandersetzungen. Das ist eigentlich logisch. Da würde ich nicht mal unbedingt die Hauptursache in der Ideologie suchen, sondern darin, dass es eine Diskrepanz gab; dass eben der Intellekt, das Verstehen der Kunst, bei den Juroren nicht vorhanden war.

Die Auswahlkriterien in der Kunst sind oft schwer nachvollziehbar. Das ist immer Interpretation. Was man in der DDR wollte, war, dass das Ideal des Sozialismus dargestellt wird. Dieses heroische Menschenbild, das war ganz typisch für die 50iger Jahre. Das haben dann auch noch einige Maler weiter verfolgt. Ich würde nicht mal unbedingt den Willi Sitte[14] dazu rechnen, aber Willi Neubert[15] war ein Künstler, der zum Beispiel Arbeiter in Werkshallen beim Arbeitsprozess dargestellt hat. Er ist diesem Thema immer treu geblieben. Diese Kunst entsprach natürlich den Vorstellungen der Parteiideologen, die sich bei der Auswahl der Künstler letzten Endes eigentlich immer durchgesetzt haben.

Dagegen war es mit der abstrakten Kunst schwierig. Sie war eingeschränkt zu sehen. Die Popart, wie auch die Amerikaner, galten als dekadent. So was wurde nicht gezeigt. Der Zugang war nicht einfach. Picasso[16] war publiziert, er war ja auch Kommunist! Die einfachen Arbeiter, die unsere großen DDR-Ausstellungen besuchten – und das waren viele - haben natürlich mit der abstrakten Kunst Probleme gehabt. Die gingen sozusagen geschlossen zu solchen Ausstellungen. Man wollte den Arbeitern Horizonte eröffnen. Kulturelle Bildung vermitteln. Und da standen die halt vor dem Bild und haben gesagt: ‚Na, die Schmierereien, das kann ich auch ... oder ... das macht mein Kind besser.' Das hört man noch heute. Und wenn man mal einen Schritt zurück geht, 100 Jahre zurück, wie ist es denn den Impressionisten gegangen: denen ist es genauso gegangen! Und heute stehen die Leute vor diesen Bildern und sagen: ‚Was für schöne Bilder! Damals allerdings, als diese Bilder entstanden sind, sind sie auch als Schmierereien bezeichnet worden. Die guten Künstler sind immer der gesellschaftlichen Entwicklung Generationen voraus. Es gibt derzeit zu viele Künstler, zu viele, die malen ohne das fundierte Wissen im Hintergrund zu haben. Es gibt bei den Künstlern auch Unterschiede. Es gibt gute Künstler und Möchtegern-Künstler, die ihr eigenes beschränktes Talent nicht erkennen wollen. Leider kommen auch schlechte Künstler in den Genuss auszustellen oder Einrichtungen zu bestücken. Das war zur DDR-Zeit auch so. Wenn es mal einen staatlichen Auftrag an einen Künstler gab, dann hat natürlich der Auftraggeber reingeredet, aber das war in der Renaissance auch schon so. Das ist doch Michelangelo ebenso gegangen, als er die Sixtinische Kapelle [17] in Rom ausgemalt hat. Er hatte noch das Glück, dass der damalige Papst ein toleranter Mensch gewesen ist, dass er ihn hat malen lassen, weil er ihn bewundert hatte. Es gibt natürlich Verstrickungen zwischen Auftraggeber und Künstler. Es gibt auch die Möglichkeit sich dem Markt zu beugen, etwas zu produzieren und zu verkaufen, was den Leuten gefällt, damit man davon existieren kann. Das ist natürlich auch kritisch! Die Künstler in der DDR haben doch in einer gewissen Sicherheit gelebt. Die kamen vom Studium und erhielten nach dem Studium - ich weiß nicht mehr wie viel Jahre, so etwas wie ein Grundgehalt. Also eine staatlich Förderung. Sie konnten durchaus frei in ihren Ateliers arbeiten. Das war natürlich eine sehr gute Bedingung.

Karl-Marx-Stadt, heute Chemnitz, hatte ja keine eigene Kunsthochschule. Einige Außenseiter haben sich dann hier angesiedelt und gründeten die Künstlergruppe Clara Mosch. Die Kunstschule in Leipzig oder auch die Dresdner Schule, die prägte natürlich ihre Studenten sehr, genau wie die Kunstszene dieser Stadt.

Der Künstler Penck war zum Beispiel ein Quereinsteiger. Er hatte keine solche akademische Ausbildung als Maler und er hatte es dann schwer offiziell staatlich anerkannt zu werden.

Soweit ich weiß, hat die Kirche ihm dann die Möglichkeit gegeben, bei einer Wanderausstellung von Dresdner Künstlern in der BRD teilzunehmen. Die Ausstellung hatte den Titel Großes Weltbild und fand im heutigen Museum Ludwig in Köln statt. Er stellte mit den DDR-Künstlern Graf, Herrmann und Makolies aus. Hier lernte er den Kölner Galeristen Werner kennen, der ihn weiter förderte. Über diese Linie ist er dann in die Bundesrepublik gereist und ist später dann dort geblieben und wurde sehr erfolgreich.

In Dresden hat es natürlich auch eine Untergrundkunstszene gegeben. Künstler untereinander - da ziehen sich welche an und manche stoßen sich auch ab. Es gab

Partys und Feten. Ich bin auch mal in eine hineingeraten (lacht). Da waren schon illustre Persönlichkeiten dabei. Mein Freund lebt, malt und kämpft heute noch in Dresden. Er ließ sich zu DDR-Zeiten nicht beeinflussen und lässt sich auch von der neuen Zeit nicht prägen oder beeinflussen. Sein Name ist Reinhard Sandner[18]; er lebt und arbeitet in Dresden.

Dann fiel die Mauer. Wie haben Sie das erlebt?
Es hatten immer mehr junge Leute das Bedürfnis die DDR zu verlassen und das war dann schon irgendwie beängstigend. Die meisten versuchten in Richtung CSSR, Ungarn[19] das Weite zu suchen. Vor allen Dingen eben Intellektuelle, die das Studium in der DDR gemacht hatten und dann versuchten sie irgendwie so schnell wie möglich fortzugehen. Wie habe ich es gedeutet? Ich habe gesagt: Das Wohlstandsbedürfnis war in der jüngeren Generation wahrscheinlich schon so groß, dass sie nach noch mehr Wohlstand gesucht haben. Anders konnte ich mir das nicht erklären.
Das gleiche Problem gibt es ja auch heute in den alten Bundesländern. Die Kindergeneration stellt ja noch höhere Ansprüche ans Leben und den Lebensstandard als die Elterngeneration und das war bei uns sicher auch der Fall. Ein wichtiger Punkt dabei war die mangelhafte Reisefreiheit. Die Reisefreiheit gab es in der DDR nicht. Ich denke, wenn die Reisefreiheit großzügiger gehandhabt worden wäre, wären sicher nicht so viele weggegangen, einige bestimmt, aber nicht so viele. Abenteurer gibt es immer, aber sehr viele wären auch sicher wieder zurückgekommen. Manche wären wahrscheinlich in der DDR zufriedener gewesen, wenn sie mal die Möglichkeit gehabt hätten, zum Beispiel nach Indien zu reisen.

Wäre das Reisen in westliche Staaten nicht allein schon wegen der Devisen problematisch gewesen? Die Währung der DDR war eine Binnenwährung, das heißt, im Außenhandel und internationalen Reiseverkehr nicht konvertierbar. Wahrscheinlich wäre das Reisen auch bei Reisefreiheit nur wenigen Privilegierten, die direkten Zugang zu Westdevisen hatten, möglich gewesen

In der Gegenwart können auch nicht alle verreisen, zum Beispiel die Menschen, die langzeitarbeitslos sind. Die können es sich sicher nicht leisten. Da gibt es überall finanzielle Grenzen. Aber allein die Tatsache, dass, wenn man Geld hat, auch verreisen kann wohin man will – darum ging es in der ehemaligen DDR. Die Devisenfrage ist auch ein brennendes Element gewesen, selbstverständlich. Im Ostblock, zum Beispiel in Polen, gab es jedoch Lösungen mit sogenannten Dollarkonten, die sich polnische Bürger einrichten durften. So etwas wäre in der DDR auch machbar gewesen. Aber der Druck der ehemaligen Sowjetunion auf die DDR in politischer Hinsicht ist nicht zu unterschätzen. Die Regierung in Ost-Berlin war stark abhängig von der Sowjetunion[20] – davon bin ich überzeugt. Außerdem verlief mitten in Deutschland die schärfste Grenze der Welt, die Grenze Ost-West, Russland kontra Amerika, Sozialismus kontra Kapitalismus und es herrschte der sogenannte Kalte Krieg [21]. Das darf man nicht vergessen.

Obwohl ich in einer kleineren Stadt lebte, also nicht in Leipzig oder Dresden, wo man die Demonstrationen unmittelbar mitbekommen hätte, habe ich das schon miterlebt. Im August 1989 war ich in den Ferien an der Ostsee. Meine Nachbarin konnte über eine Satellitenschüssel Westfernsehen empfangen. Ich selbst hatte dort so eine Hausantenne, das heißt ich konnte nur DDR-Fernsehen empfangen. Da sagte sie am

Gartenzaun zu mir: Komm heute Abend doch mal rüber, wenn die Nachrichten kommen. Ich möchte dir das zeigen: die hauen alle ab über die Grenze nach Ungarn. Das ist doch Wahnsinn.

Ich bin dann abends rüber zu ihr gegangen und habe mir das in den Nachrichten angesehen. Das sah dann schon sehr bedrohlich aus und ich dachte: Jetzt, jetzt verändert sich was! Das ist ein richtiger Umbruch. Da passiert was Neues.

Es war Mitte August und mir wurde in dem Moment eigentlich so im Innern klar: Es bleibt nicht alles beim Alten oder beim gewohnten Trott, sondern es wird sich enorm was verändern! Was kommt und wie es kommt, konnte ich noch nicht ahnen.

Im September war in Leipzig Messe. Meine Mutter und ich hatten traditionsgemäß immer einen Messebummel zur Leipziger Messe gemacht. An der Nicolai-Kirche habe ich Folgendes miterlebt: Wir kommen aus der Richtung des Opernhauses und gehen durch eine Passage Richtung Nicolai-Kirche. Da sehe ich dort ein Aufgebot von Bereitschaftspolizisten; achtzehn-, neunzehnjährige Kerlchen, die stehen dort so in Reih und Glied, immer zwei Meter Zwischenraum zueinander und haben so eine Schutzkette gebildet. Man konnte aber zwischen ihnen durchgehen. Den einen sah ich mir genauer an. Er war so was von aufgeregt. Der Brustkorb, der hat gepumpt. Diese Aufregung. Die Augen starr, der Schweiß lief. Ich dachte: Um Gottes Willen, was ist denn bloß hier los. Wir hatten ja bis dahin in der DDR noch nichts von Vorkommnissen in Leipzig gehört und zu diesem Zeitpunkt hat das Fernsehen auch noch keine Sendungen von der Nicolai-Kirche gebracht, von den Geschichten in Leipzig. Es stand dort etwas entfernt ein großer VW-Transporter von einem westdeutschen Sender – damals wusste ich das ja noch gar nicht, dass das ein VW-Transporter ist (lacht) und oben drauf auf dem VW-Transporter stand ein Kameramann von einem westdeutschen Sender, ich glaube von ZDF oder ARD, um Filmaufnahmen über die Leipziger Messe zu machen. Warum hätten sonst bei uns die BRD Drehaufnahmeerlaubnis erhalten?! Der stand also dort, der Kameramann, auf dem Transporter oben drauf und der filmt jetzt den Seiteneingang von der Nicolai-Kirche. Aus der Nicolai-Kirche kamen fünf Menschen heraus, wie viele Frauen, wie viele Männer, das weiß ich nicht mehr – ich weiß noch, dass eine Frau dabei war. Einer von ihnen hatte einen Zettel in der Hand, einen handgeschriebenen Zettel und dann sah ich, wie so ein Mann, der eine Lederjacke trug, zu ihnen hinging. Der hat niemanden berührt oder angefasst, auch die Frau nicht. Er hat nichts dergleichen gemacht. Da hat die Frau sich plötzlich auf den Fußboden fallen lassen und hat hysterisch geschrien und die Besuchermenge, die dort rings herum stand und zuschaute, die wurde immer größer. Immer mehr Menschen stellten sich dazu und schauten, was da los war. Alle beobachteten diese Szene, aber keiner hat eingegriffen, keiner hat agiert. Und dann gab es eine Diskussion in der Menge. Man hörte Sätze wie: Was ist denn da los? Was machen denn die? Aha, das ist einer von der Stasi, die haben die fünf Menschen dort im Visier. Meine Mutter sagte dann zu mir: Du, das sieht jetzt hier ganz gefährlich aus. Wir werden uns mal lieber so schnell wie möglich Richtung Bahnhof begeben. Meine Mutter war vorsichtig, sie hat ja den Zweiten Weltkrieg mitgemacht. Ich hab solche Situationen schon erlebt. Das ist nicht gut, sagte sie. Sie hat mich noch belehrt, dass man da

nicht stehen bleiben und zusehen soll bei solchen Sachen. Da soll man lieber schnell weiter gehen.
Auf dem Weg zum Bahnhof, da bemerkte ich dann, dass die Bereitschaftspolizisten den inneren Kern des Zentrums von Leipzig abgegrenzt hatten. Um die Nicolai-Kirche herum ist von Einsatzkräften, Mann an Mann, ein innerer Ring gebildet worden und den äußeren Ring hatten dann Bereitschaftspolizeiwagen abgegrenzt. Dann fingen sie an parkende Fahrzeuge abzutransportieren, damit die Zugangsstraßen frei wurden. Wir sind zum Bahnhof gegangen und wir sind mit dem Zug nach Hause gefahren. Zu Hause haben wir dann den Fernseher eingeschaltet und die Spätnachrichten angesehen und da muss ich sagen, habe ich etwas ganz anderes gesehen, als das, was ich erlebt habe. Es wurde über den Vorfall an der Nicolai-Kirche ausführlich berichtet, dort, also wo ich mit meiner Mutter gewesen bin.
Die Kamera-Einstellungen des Westfernsehens waren so zusammengeschnitten, dass man dachte, es kommt eine unendliche Menge aus der Kirche heraus. Ich hab ja nun gesehen wie viele Menschen rausgekommen sind aus der Nicolai-Kirche. Ich habe den einen Kameramann gesehen, der die Aufnahmen gemacht hat und es war so raffiniert aneinander geschnitten, dass man dachte, Massen strömen aus der Kirche. Es sah aus, als seien es viel mehr als diese fünf Menschen gewesen, die ich gesehen hatte. Die Medien spielen eben auch eine ganz große Rolle. Die suggerierten eine große Demonstration. Aber es war manipuliert. Ich glaube, diese Suggestivwirkung durch die Medien hat mitgewirkt, dass dann am Montag darauf noch mehr Menschen kamen, um zu demonstrieren. Jedenfalls habe ich das dann auch meinen Kollegen erzählt und die

wollten das gar nicht richtig glauben, was ich ihnen berichtete. Sie dachten, ich spinne. Einen Monat später waren dann noch mehr Menschen in der Kirche und so hat sich das dann von Montag zu Montag gesteigert. Dann haben andere Städte auch noch mitgezogen und so ging das weiter. Diese Bürgerrechtler hatten schon jahrelang wahrscheinlich ein bisschen darauf hingearbeitet. Aber alles geheim, so unter dem schützenden Hand der Kirche.

Durch die Anerkennung der DDR durch die Regierung Brandt wurde der Zustand zweier deutsche Staaten anerkannt. Die Frage bleibt, wie viel Einfluss der Kanzlerspion Günter Guillaume hierbei auf Willy Brandt genommen hat

Natürlich hat die DDR ihre Interessen vertreten. Das macht jedes Land. Ich weiß jetzt zu wenig über Guillaume. Als Spion hat er natürlich die Interessen der DDR verfolgt. Die Anerkennung der DDR durch Westdeutschland – das war damals schon ein großer Schritt für die DDR. Mit der Anerkennung war die Sache für uns klar. Damit rückte für uns die Widervereinigung in weite Ferne.

Noch mal zu den Demonstrationen. Dass die Mauer fiel, das war dann eigentlich bloß noch eine Folgeerscheinung von diesen Demonstrationen, die es gegeben hatte. Es war dann nicht mehr so überraschend.

Was überraschend war, war die Situation im August mit den Grenzgängern. Das kam für mich sehr überraschend.

Natürlich werden ja auch Prognosen diskutiert in so einer Situation. Da war doch so eine Aufruhrstimmung in der Bevölkerung und da wurde auch gesagt: Der

DDR-Staat, der hat jetzt ausgedient und der wird sich nicht mehr lange halten können.
Wenn man mal in die Geschichte schaut: Der im Potsdamer Protokoll zum Potsdamer Abkommen[22] festgehaltene Verzicht auf endgültige Regelungen bedeutete tatsächlich, dass sowohl die Teilung, als auch die Wiedervereinigung Deutschlands denkbare Optionen blieben, bis der deutsche Einigungsvertrag[23] und der abschließende Vertrag über die Regelung für Deutschland [24] 1990 einen Schlussstrich unter das Kapitel der Nachkriegspolitik, setzten. Der Mauerfall dann - das war kurios, als dann die Ostberliner alle nach Westberlin gingen, um sich das anzusehen und dann wieder zurückkamen. Ich würde das aber nicht als Wunder ansehen, weil es ja schon die ganze Zeit vorher sehr aufregend gewesen ist.
Damals, kurz vor dem Mauerfall, war bei uns in der Schule folgende Situation: Ich hatte damals eine zehnte Klasse, die mussten zur Abschlussprüfung geführt werden und die haben also (lacht) zu mir im Oktober 1989 noch gesagt: Machen wir morgen eine gemeinsame FDJ- Veranstaltung?! Frau Männig, da fahren wir nach Karl-Marx-Stadt zur Demo[25] (lacht). Als FDJ-Veranstaltung[26] zur Demo gehen ! - Also es war herrlich.
Unser Schuldirektor war politisch sehr geradlinig von A bis Z. Er ging eher in die Richtung, dass er alles überzogen hat. Es gibt ja immer solche und solche. Im November 1989 kamen meine Schüler plötzlich zu mir und sagten: Frau Männig, der Herr Direktor, der kommt gar nicht zum Staatsbürgerkunde-Unterricht, was machen wir denn jetzt? Da sag ich: Da muss ich mal zur Direktion gehen, da muss ich mal fragen. Da sagt die Sekretärin zu mir: Der Direktor ist nicht mehr da, der hat seine Aktentasche genommen, ist in seinen Trabbi[27]

gestiegen und nach Hause gefahren. (lacht). Am nächsten Tag war er krank. Er war dann eine lange Zeit krank. Als wir gegen Ende November das erste Mal über Pisch nach Westen Richtung Hof fuhren, da kam er uns auf der Gegenfahrbahn entgegen. Er hatte wahrscheinlich seine Westverwandtschaft besucht. (lacht). Das sind so herrliche, kuriose Sachen. Wir hatten ja immer in der zehnten Klasse Russisch-Abschluss Prüfungen. In dieser Zeit dann, fielen die Russisch-Prüfungen plötzlich weg. Jeden Tag fragten meine Schüler: Frau Männig, was haben wir denn nun für Prüfungen? Bleibt schön ruhig, ich kann's euch auch nicht sagen. Es wird bestimmt noch ein paar Mal anders werden, aber eins sag ich euch: Macht trotzdem das Beste aus der Prüfung, was es irgendwie zu machen gibt. Ich helfe Euch dabei. Euer Wissen, Euren Schulabschluss kann Euch niemand wegnehmen, das ist was Wichtiges, mag jetzt kommen, was will.
Dann kam der berühmte 9. November 1989 und den Sonnabend drauf hatten wir nur drei Schüler in jeder Klasse sitzen, die anderen Schüler und Schülerinnen waren alle mit den Eltern in den Westen gefahren, um Begrüßungsgeld zu holen (lacht). Wir sind ja nun Sachsen, das ist das Grenzgebiet zu Bayern und da wurde halt der Sonnabend genutzt für die Partie in den Westen. Wir hatten also am Sonnabend keine Schüler mehr. Wurde das nun angerechnet als unentschuldigtes Fehlen? Wir hatten ja damals noch Sonnabend Unterricht. Mitten im November hat dann der Kreisschulrat die Order herausgegeben: der Sonnabendunterricht fällt aus. Es war ja auch zwecklos, es waren keine Schüler mehr da. (lacht). Es war schon aufregend. Ja, das war diese Umbruchszeit. Und dann gab's ja auch schöne Erlebnisse, zum Beispiel, als wir mit der Familie

mit unserem blauen Moskwicz [sowjetische Automarke], - gespritzt war unser Moskwicz übrigens mit westdeutschem Metallic-Lack -, losgefahren sind. Das war eine Nobelkarosse – hatten wir gebraucht gekauft - und die Familie saß drin: Oma, Opa, mein Mann, die Tochter und wir fahren also Richtung Hof. Mein Mann war ganz angespannt hinter dem Lenker, damit er ja nichts falsch macht in der Bundesrepublik – verkehrsmäßig. Und bei Pirk ging's dann erst mal runter von der Autobahn und wir fuhren über Dörfer, deren Namen hatte ich noch nie gehört und so kurz vor Naila[28] da standen auf einmal Jugendliche auf der Straße und winkten und haben uns gestoppt. Und meine Mutter sagt: Um Gottes Willen, was ist da denn jetzt los. Mein Mann hat angehalten. Da kamen die Jugendlichen auf uns zu und sagten: Einen schönen guten Tag! oder war es Grüß Gott!? Wir begrüßen unsere Brüder und Schwestern aus dem Osten. Wir haben ja schon so lange auf Euch gewartet. Und wir haben hier im Ort in der Schule ein Kaffee-Trinken für Sie vorbereitet. Dürfen wir Sie dazu einladen? (Lachen). Die Familie hat sich erst mal groß angeguckt. Machen wir das mit? Ja! Da sind wir halt dorthin. Die Muttis der Schüler hatten Kuchen und Torten gebacken. Es war eine Ganztagsschule. Einige Lehrerinnen hatten Kaffee gekocht und in den großen bundesdeutschen Thermoskannen aufbewahrt (lacht) und die Zimmer der Schule waren umgestaltet. Manche Ostdeutsche erhielten auch Nachtquartier! Da saßen wir nun in der Schulcafeteria und bekamen kostenlos ein Stück Kuchen und dazu noch einen feinen Bohnenkaffee! Der westdeutsche Bohnenkaffee hat ja sowieso immer besser geschmeckt als der DDR-Kaffee (lacht). Das war ein ganz tolles Erlebnis. Das war eine Freude. Als die Schüler hörten, dass ich

Lehrerin bin und dass meine Mutter und mein Vater Lehrer sind, da haben sie extra noch den Schuldirektor angerufen und er veranlasste für uns eine Führung durch das gesamte Haus. Er hat uns alles gezeigt, die ganzen Klassenräume, das hauseigene Schwimmbad, also es war ganz herrlich.

Mein Vater schnitzt so kleine Figuren und er hatte eine geschnitzte Madonna mitgenommen und hat dann als Dankeschön die Madonna geschenkt. Dann sind wir weitergefahren und an dem Tag, gegen Abend waren wir bis Nürnberg vorgedrungen.

Als wir in Nürnberg ankamen, hupte alles um uns herum; mein Mann wunderte sich: Was ist denn? Geht irgendwas nicht? Das Blinkzeichen? Funktioniert was nicht?

Vor allen Dingen junge Leute fuhren an uns vorbei und hingen aus dem geöffneten Fenster raus und haben gewunken. Bis wir merkten: ein Moskwicz und das Kennzeichen der DDR allein im Wessiland ist schuld dran. Wir hatten so ein großes Klebeschild am Auto, noch von unserem Vorgänger. Es war ja ein gebrauchter Moskwicz, das Schild hatten wir ja nicht abgemacht. Aber das DDR-Schild hat dann in Nürnberg Alarm ausgelöst (lacht).

Das ist schon ganz lieb gewesen, so diese Anfangs-euphorie. Was dann nachher passiert ist, dass dann auch manche Blender in den Osten gekommen sind. Da sind dann unschöne Sachen passiert. Aber das kann man wiederum auch nicht verallgemeinern. - Na ja und Nürnberg, das lag eigentlich für mich in der Vorstellung so fern, wirklich extrem fern und als wir an dem Tag dorthin gefahren sind, da hab ich erst mal gemerkt, dass es eigentlich nur einen Katzensprung von uns entfernt war. Von meiner Heimat bis nach Bayern, nach

Nürnberg – das ist gar nicht so weit! Aber so hatten sich schnell die Relationen verändert. Es war zu DDR-Zeiten alles, das heißt die Welt, in unendlicher Weite entfernt.
Es gab in der DDR keinen Wegweiser auf dem der Name einer westdeutschen Stadt stand. Jedenfalls kann ich mich nicht erinnern solch ein Schild gesehen zu haben. Über den Grund kann man nur spekulieren. Ja, da war ja ein Stück. Orientierungslosigkeit für die DDR-Bürger mit eingebaut gewesen.
Aber wir waren bei dem 9. November. Nach dem 9. November haben sich die sächsischen Kunsterzieher progressiv zusammengefunden und haben erstens einen sächsischen BDK gegründet, also den Bund der Kunsterzieher und ich bin auch Mitglied im BDK geworden und haben zweitens die Initiative ergriffen den DDR-Lehrplan, also den Kunsterziehungslehrplan zu erneuern. Andere neue Bundesländer haben politisch den DDR-Lehrplan entfrachtet oder haben den Lehrplan noch halb gelassen und dann noch ein paar Jahre damit unterrichtet. Hier aber war eine Initiative entstanden, um einen Lehrplan zu erstellen mit völlig neuen Denkansätzen. Es wurde ein sehr guter Lehrplan entwickelt, der dem Kunsterzieher - und das braucht er ja als kreativer Mensch -, die Möglichkeit einräumt, auch kreativ seinen Unterricht zu gestalten.
Die westdeutschen Lehrpläne, die wir gelesen haben, die waren ja nicht schlecht. Die sind aber auch alle in gewisser Weise zu schrittweise gewesen oder waren, ähnlich wie unser DDR-Lehrplan aufgebaut. Wir haben versucht eine Variante zu finden, bei der man als Kunstlehrer Kunstgeschichte, Malerei, Grafik, Architektur, Plastik und Künstler verflechten kann. Bei dem aber auch der Kunsterzieher individuell seine Schwerpunkte

setzen kann und da ist durch uns so ein Lehrplannetzwerk entstanden, bei dem das möglich ist. Dieser Lehrplan ist dann auch von einer bundesdeutschen Kommission in Baden-Württemberg geprüft und anerkannt worden und wir unterrichteten bis 2004 nach diesem Modell. Damals als dieser Plan vor die Kommission zur Beurteilung kam, bin ich in den Schwarzwald gefahren und wir mussten unseren sächsischen Lehrplan dort sozusagen vor der Kommission verteidigen.
Es war nicht ganz einfach den durchzubekommen, ja. Aber wie es so schön heißt, gemeinsam, da schafft man das. Also wenn da vier Gleichgesinnte sind und die sich dann in der Schule engagieren, fest engagieren, da gelingt das schon. Dann aber setzte sich 2002 das Ministerium in Sachsen daran für alle Fächer eigene sächsische Lehrpläne zu schaffen. Sie haben - unabhängig von unserem Bund der Kunsterzieher - einen neuen Lehrplan in Auftrag gegeben – ohne uns zu beteiligen. Jetzt wollten sie es schlauer machen. Statt so eine progressive Geschichte mal zu zulassen, wird halt jetzt wieder Schubkastendenken gemacht. Der von uns neu gestaltete Lehrplan war eigentlich eine Bürgerinitiative ohne staatliches Reglement.
Es war dem BDK wichtig, aus dem Wissen des praktischen Unterrichts, etwas entwickelt zu haben, das einen offenen Kunstunterricht ermöglichte, aber wenn das nicht anerkannt wird, dann geht es nicht. Schließlich habe ich mir gesagt, dass letzten Endes nicht der Lehrplan über einen guten Unterricht entscheidet. Es liegt nur am Lehrer, was er daraus macht.

Nach der Wende, es war der letzte Tag vor der Währungsunion, da haben noch einige Schüler meiner ehemaligen zehnten Klasse 1990 bei unserer gemeinsamen Abschlussfeier ganz viel Schulden bei meinem Mann gemacht. Sie sagten: Ich hab kein Geld mehr! Es musste doch alles auf die Bank eingezahlt werden für den Umtausch in die D-Mark. Haben Sie nicht noch mal fünf Mark für mich, ich will noch was trinken. (lacht).

Dann im Juli 1990 wollten wir verreisen – wir wollten unbedingt nach Marokko. Wir hatten aber zu dem Zeitpunkt noch den Status der DDR und mussten also ein Visum beantragen bei der marokkanischen Botschaft.

Das dauerte dann zu lange mit der Bearbeitung und funktionierte also nicht. Wir konnten nicht nach Marokko fahren. Wir hatten das bei einem neugegründeten, städtischen Reisebüro gebucht und eines Tages bekamen wir Hausbesuch vom Chef des Reisebüros. Da Marokko nicht klappte, bot er uns eine Bußreise an. Ziel war die Costa Brava in Spanien. Da haben wir dann gesagt: das machen wir. Wir hatten ja noch die DDR-Pässe, wir hatten noch keine westdeutschen Pässe. Ich komme in das Hotel an der Costa Brava, gehe an die Rezeption, lege dort den Pass hin und Herr Gonzales – ich weiß noch heute wie er heißt – schreit laut: Endlich seid Ihr da! 40 Jahre haben wir auf Euch gewartet ! (lacht)

Werde ich auch nie vergessen. Er hatte in Deutschland in Heidelberg studiert und sein Sohn hatte unterdessen das Hotel übernommen und der Vater half aber im Hotel immer noch mit. Es war dann dort ein schöner Aufenthalt, aber natürlich ganz anders als an der Ostsee. Lauter, heißer, aber interessant.

Mittlerweile ist einige Zeit vergangen – jetzt mit diesem Abstand,

mit dieser dazwischen liegenden Zeit - wie ist es da, wenn Sie zurückschauen?
Nach der Wende gab es schon ungewohnte Situationen. Ich war seit 15 Jahren Lehrerin und im Beruf etabliert. Ich hatte mein Studium lange hinter mir. Ich hatte meine Arbeitsstelle. Unter normalen DDR-Bedingungen wäre das bis zur Rente in dieser Form so weitergegangen – natürlich auch mit Stress. Den hatten wir auch. Das kann ich ja nicht von der Hand weisen. Es sind an die Lehrer auch sehr hohe Anforderungen gestellt worden, vor allen Dingen eben auch politischer Art. In der DDR gab es viele Überprüfungen, die die Fachberater durchführten. Jedes halbe Jahr musste man mit dem Besuch vom Fachberater rechnen oder dass die Direktoren besondere Hospitationsaufträge zu erledigen hatten oder dass beim Elternabend Direktoren oder Inspektoren vom Kreis oder den Bezirken anwesend waren. Und das war schon auch in gewisser Weise stressig. Man musste die richtigen Worte finden. Dann musste man einerseits die Eltern zufrieden stellen, aber auf der anderen Seite auch darauf achten, dass man jetzt der Obrigkeit, entsprechend die richtige Formulierung gebraucht.
Die Eltern haben ja auch gewusst, dass der Lehrer nur ein Mensch ist, aber wenn jetzt so ein hochkarätiger Besuch da war, dann musste ich als Lehrerin erst mal eine politische Einführung machen, ehe es dann auf die eigentlichen Probleme zu sprechen kam. Diese Probleme, das war das, was die Eltern eigentlich interessiert hat, denn politische Schulung hatten sie ja schon genug in den Betrieben, im Radio und im Fernsehen.
Na ja. Der Stress nach der Wende war dann anderer Art. 1992 wurde das Schulsystem, das es in der DDR

gegeben hatte völlig umgeworfen. Es wurde bei uns in Sachsen ganz geschickt gemacht: Die Schulen wurden neu gegliedert in Grundschule, Realschule kombiniert mit Hauptschule und Gymnasium. Es wurde kein Lehrer offiziell entlassen, aber alle Lehrer mussten sich vor der neuen Schulreform erneut bewerben und da hat man dann dagestanden wie so ein Anfänger, wie nach dem Studium oder wie ein Abiturient. Es war, als wird man noch mal zurückversetzt in die Zeit nach dem Abitur – als es mit den Bewerbungen losging. Wir mussten die Abiturzeugnisse raussuchen und Passbilder machen lassen. Dann kam die Phase mit diesen unendlich vielen Fragebögen, die auszufüllen waren. Ich hab sie mir kopiert und aufgehoben. Natürlich wurde die Frage gestellt, ob man irgendwelche Verstrickungen mit der Staatssicherheit hatte und in welchen Parteien und Organisationen man Mitglied war. Es musste alles offen gelegt werden. Diese Bewerbungen sind dann an den Schulrat gegangen. Der Schulrat hat aber nicht allein entschieden, sondern gemeinsam mit Bürgerrechtsgremien. Es hatten sich ja überall Bürgerrechtsgremien gebildet, zusammengesetzt aus zum Beispiel „Runden Tischen“ und Anhörungskommissionen aus SPD, CDU und kirchlichen Würdenträgern.

Die Bürgerrechtsgremien bestanden aus ehemaligen DDR-Bürgern

Dann kamen aber schon zwischen 1990 und 1992 einige westdeutsche Bildungsherrn, so nenne ich sie mal. Wir haben da für das Gymnasium einen ganz netten, älteren Herrn gehabt, der ein Leben lang in Bayern ein Gymnasium geführt hat und er hat das als Lebensauftrag gesehen, dass er den sächsischen Aufbau des Gymnasiums mit fördert. Ich komme jetzt im Augenblick nicht auf seinen Namen. Diese Gremien haben

dann mitentschieden, ob man als Lehrkraft integer genug ist, also politisch tragbar und ob man entsprechendes Ansehen hat. Dementsprechend wurden dann Zuweisungen an die Schulen ausgesprochen. Erst viel später ist mir aufgefallen, dass der eine oder andere Kollege offiziell gar nicht wieder eingestellt worden war. Ich habe zum Beispiel eine Kollegin, die hat in der DDR-Zeit eine sogenannte Pionierleiterausbildung gemacht. Kinder gingen zu den Pionieren[29] und zur FDJ[30] ging man vom 14. bis 18. Lebensjahr. Das war folgendermaßen unterteilt: Von der ersten bis dritten Klasse gehörte man zu den Jungpionieren. Von der vierten bis siebten Klasse wurden sie Thälmannpioniere genannt, also nach Ernst Thälmann, und von der achten bis zwölften Klasse und in der Studienzeit oder Lehre, bis man 25 Jahre war, war man in der FDJ. Für die Kinder- und Jugendorganisation gab es auch Lehrer, die hatten eine pädagogische Ausbildung und hießen Pionierleiter. Diese Pionierleiter mussten an den Schulen die Freizeitgestaltung organisieren, aber natürlich unter diesem politischen Konsens der Pionierorganisation; es war ja alles straff durchorganisiert. Wir hatten also unseren Direktor, wir hatten den Stellvertreter des Direktors, der war für Planbau verantwortlich und wir hatten den dritten Direktor, der war für die Freizeitgestaltung verantwortlich und dazu kam noch der Pionierleiter. Und diese vier Personen hatten uns Lehrerinnen und Lehrer alle etwas zu sagen. Die Kollegin, die die Pionierleiterausbildung hatte, hat dann aber in Wirklichkeit gar nicht als Pionierleiterin gearbeitet, sondern sie hat den Schulgarten geführt.
Schulgarten war ein Unterrichtsfach an allen DDR-Schulen von der ersten bis vierten Klasse. Sie war da sehr qualifiziert und ist Fachberaterin für die

Schulgartenarbeit im ganzen Kreisgebiet geworden. Und aufgrund ihrer Pionierleiterstellung hat man sie halt gar nicht wieder eingestellt, obwohl sie in diesem Bereich gar nicht tätig gewesen ist. Aber sie war auch qualifiziert in Biologie für die höheren Klassen.

Schulgarten ist heute als Fach nur noch teilweise in der Grundschule relevant. Es gab noch eine andere Kollegin, eine Staatsbürgerkundelehrerin. Ich hatte in Dresden an der Pädagogischen Hochschule die Fächer Kunst und Deutsch belegt und andere hatten Staatsbürgerkunde und Russisch als zweites Fach oder Staatsbürgerkunde und Geschichte. Diejenigen, die diese Ausbildung hatten, die hat man auch aussortiert. Die Fächer Staatsbürgerkunde und Geschichte waren in der DDR naturgemäß ideologisch geprägt. Es war die Verflechtung des Geschichtsunterrichts mit dem dazugehörigen Fach Staatsbürgerkunde. Alle Schüler hassten dieses Fach, es war nicht beliebt. Die Geschichtslehrer mussten nach der Wende umdenken und im Selbststudium umlernen.

Wie ich schon sagte, wurden in Sachsen keine Entlassungen durchgeführt, sondern dort wurde das Ganze sozusagen elegant gelöst: Die Lehrkräfte mussten sich alle nochmals bewerben. Man kam sich da schon ein bisschen albern vor, wenn man als 40igjährige Frau auf einmal wieder so eine Bewerbung schreiben musste für einen Beruf, in dem man schon lange gearbeitet hatte und mit beiden Beinen drin gestanden hat. Es hatte auch etwas Erniedrigendes an sich.

Und dann gab es in der Zeit zwischen 1990 und 1992 Anhörungen. Es gab immer wieder einen im Kollegenkreis, der wurde dann zu so einer Anhörung geladen. Da gab es eine Kommission, zusammengesetzt aus Bürgerrechtlern, die dann zu einer Anhörung luden,

um zu klären, ob jemand in die Staatssicherheit verstrickt war oder nicht und welche Rolle jemand politisch in der DDR eingenommen hatte.
Da passieren dann auch mal menschlich nicht besonders schöne Geschichten. Die Tochter einer Kollegin hatte das Glück, dass sie zu DDR-Zeiten ein Auslandstudium in Bulgarien bekommen hatte. Na, was ist denn nun Bulgarien?! Aber für die DDR-Leute war Bulgarien eben das Sonnenland und da haben sie ihr nachgesagt, sie sei protegiert worden. Die Tochter hätte deshalb den Studienplatz im Ausland bekommen, weil es Fürsprecher aus politischen Kreisen gegeben hätte. Es wurde sogar unterstellt, dass sie etwas mit der Stasi zu tun gehabt hätte und so ist die Frau zur Anhörung geladen worden. Das Ergebnis war nicht ganz eindeutig, weil es bei der Gauck-Behörde keine Akte gab und so ist sie erst mal aus dem Schuldienst entlassen worden. Dann hat diese Kommission das Ganze genauer untersucht und hat bei der Gauck-Behörde die Unterlagen angefordert und musste noch mal feststellen, dass es keine Unterlagen über sie gab. Es existiert keine Akte über sie. Sie hat keine Zuträgerdienste für die Staatssicherheit geleistet. Da ist ihre Entlassung aus dem Schuldienst nach einem Jahr wieder revidiert worden und sie durfte wieder unterrichten. Das war 1993. Jetzt waren aber die Stellen 1992 alle schon besetzt. Solche Entscheidungen ziehen manchmal schlimme Schicksale nach sich. Seitdem ist es so, dass sie an keiner festen Schule unterrichtet, sondern sie bekommt jeweils einen Jahresvertrag und muss immer an einer anderen Schule unterrichten. Zudem muss sie mit dem Auto sehr große Entfernungen zurücklegen. Diese Frau ist genauso alt wie ich. Ihr Mann ist mittlerweile arbeitslos geworden, weil der Betrieb, in dem er arbeitete, zusammen-

gebrochen ist. Das Schicksal haben ja viele von uns Lehrerinnen, deren Männer in der DDR in der Industrie gearbeitet haben. Die Industrie ist weggebrochen. Wir haben nun praktisch Männer ohne Einkommen und da ist die Stütze der Familie dann die Frau und in diesen Fällen, die ich kenne, eine Lehrerin. Ich meine, diese Kommission weiß gar nicht, was die ihr angetan hat, nur weil sie einer Vermutung nachgegangen ist und aufgrund dieser Vermutung die Frau entlassen hat.
Wenn ich Beweise habe, dass eine Person etwas Schlechtes getan hat, dann kann man reagieren, aber mit Vermutungen zu arbeiten, das ist heikel. Aber das ist sehr häufig vorgekommen.
Man hat sie ja nicht suspendiert, wie das üblich ist, sondern man hat sie sofort entlassen. Da ist auch viel Leid passiert. Sehr viele Menschen haben sich in dieser Zeit bei uns im Osten das Leben genommen, weil sie das alles nicht verkraftet haben. Es hat nicht nur diese Sonnenseite gegeben, es gab auch die Schattenseite.

Als Kunstlehrerin habe ich mich auch privat mit der Kunst beschäftigt. Ich habe mich aus Interesse mit der Kunst sehr intensiv beschäftigt. Ich hatte noch ein Zusatzstudium an der Hochschule für Bildende Künste in Dresden gemacht und habe an der Abendschule Malerei und Grafik studiert und da will ich mal von mir behaupten, dass ich da schon ein bisschen mehr Wissen gehabt habe als andere. Aber trotz alledem, ich wollte es genau und exakt machen und habe sehr viel Zeit investiert, um nach der Wende dem neuen Lehrplan gerecht zu werden.

Kannten Sie die nach 1945 entstandene amerikanische und europäische moderne Kunst oder mussten Sie sich das alles nach der Wende aneignen?

Das wurde generell in der DDR nicht vermittelt. Da hatte ich durch mein zusätzliches Engagement einen besseren Zugang. Es gibt natürlich auch Menschen, die machen ihre Arbeit halt mechanisch und da fehlt dann meistens so eine Sonder-Eigeninitiative.

Auch durch die Galerie, die ich in Burgstädt habe, hatte ich einen besonderen Zugang zur Kunst. Wir haben ja immer Künstlergespräche geführt, es gab ja immer Diskussionen. Es war ja nicht üblich, dass auf den Vernissagen Standardreden gehalten wurden und dann mit dem Sektglas angestoßen wurde. Bei uns war es wirklich so, dass die Galerie, dass die Ausstellungseröffnung ein geistiges Austauschforum war. Also meine Stasiakte möchte ich gar nicht unbedingt sehen (lacht), weil da auch viel Staatskritik geübt wurde in unseren Räumen, in der Galerie. Es gab auch Wein bei der Eröffnung, wie es so üblich ist und wir hatten unseren Gesprächsleiter - das war ein junger Zahnarzt aus Karl-Marx-Stadt - und er hat dem Künstler Fragen gestellt, aus seinem Leben berichten lassen und dann ist auch oft eine Diskussionsrunde entstanden über Kunst. Wir sind dabei nie an der Politik vorbeigegangen, das war unumgänglich; die Politik hat schon immer auch eine große Rolle gespielt. Heute mache ich so eine Mischform in der Galerie. Künstlergespräche und auch mal eine Vernissage, aber auch die Vernissage verbinde ich gerne damit, dass auch etwas über die Kunst vermittelt wird.

Zu Künstlerpersönlichkeiten wie zum Beispiel Andy Warhol hatten wir zu DDR-Zeiten keinen richtigen Zugang. Diese Pop[31] und Op-Art[32] – da war es schwierig den Zugang zu erhalten. Bis zur Zeit des Bauhauses[33], Paul Klee[34] und so weiter – das war klar. Da gab es genug Informationen. Aber bei zeitgenössischen Künstlern, wie Beuys[35], Immendorf[36], Baselitz[37] zum Beispiel – da gab es kein Material, das erschwerte natürlich den Zugang. Grieshaber[38] war dagegen als KPD-Mann bekannt. Ich sah zu DDR-Zeiten auch Originale von Dali[39]. Die amerikanischen Künstler, wie zum Beispiel Jackson Pollock[40],action painting[41] und die ganzen Popart-Künstler – das musste ich mir dann doch noch nach der Wende mal extra aneignen.

Wie fanden Sie den Zugang zu der Ihnen unbekannten zeitgenössischen Kunst des Westens? Zum Beispiel zu den Arbeiten von Beuys?
Kunst ist immer zeitrelevant. Beuys hat in einer Zeit und einem Raum gelebt, die wir – in der DDR - nicht erlebt haben, die wir nicht nachvollziehen können, was den Zeitgeist betrifft, woraus ja seine Gedanken und Ideen resultieren. Nicht alles gefällt mir, was er gemacht hat. Aber einiges schon – also Kassel mit der Beuys-Aktion, 7000 Eichen[42] - das sind schon Sachen, die gefallen mir sehr gut. Eine Nachwende-Freundin von mir wohnt in der Nähe von Kassel und dadurch kenne ich diese Stadt und habe die Pflanzungen mit den Basaltsteinen gesehen. Das sind sehr interessante Denkansätze. Es ist schon erstaunlich auf wie viel Ideen ein Künstler kommen kann. Die menschliche Kreativität ist unendlich, die ist unerschöpflich. Man denkt immer, es ist doch nun schon alles gemacht und getan worden und dann kommt doch wieder einer auf eine neue Idee.
Um auf die DDR-Kunst zurückzukommen: Was in den Ausstellungen zu DDR-Zeiten präsentiert wurde - das waren meist politisch ausgesuchte Werke. Das waren

auch meistens Auftragswerke, bei denen die eine oder andere SED-Bezirksleitung wegen des Bildes mitredete und da stand der Künstler schon unter politischem Druck.
Er konnte es ablehnen, wenn er den Druck nicht haben wollte. Dann hat er aber auch kein Geld bekommen oder er hat sich gebeugt, weil er das Geld brauchte und hat dann hohe Zugeständnisse dem Auftraggeber gegenüber gemacht. Ich könnte nie einen Künstler deshalb verurteilen. Wir haben zum Beispiel in der DDR – viele lehnen ihn ja ab – eine ganz interessante Künstlerpersönlichkeit: Das ist der Werner Tübke[43], der 2004 gestorben ist. Von ihm gibt es dieses Rundpanorama in Bad Frankenhausen[44]. Er arbeitete figürlich, hatte sich sämtliche Techniken der mittelalterlichen Tafelmalerei angeeignet, einschließlich der Lasurtechniken – mischte aber Chemikalien rein, damit der Trocknungsprozess der Lasurschichten beschleunigt wird, damit er schneller malen konnte, als die Renaissance-Künstler. Sonst hätte das Trocknen der Farbe viel zu viel Zeit gebraucht. Für die europäische Kunst ist dieser Mann eine große Besonderheit. Im Chemnitzer Raum gibt es dann noch den Michael Morgner[49], den ich sehr gut finde. Er ist ein abstrakter Künstler. Er hat weltweit Ausstellungen. Wir hatten vor zwei Jahren in meiner Heimatstadt Burgstädt, eine Ausstellung und da hat Michael Morgner, ein Bild im neu erbauten Kirchengemeindehaus ausgestellt. Dort gibt es einen kleinen Altar, eine Altarwand. Auf diese Altarwand – das ist eine Betonwand, passte das Bild, das Morgner gemacht hatte, genau hin – es war wie dafür erschaffen! Wir haben dann einen Sponsor gesucht und gefunden, der das Bild für die Kirchengemeinde gekauft hätte. Wie hat die

Kirchengemeinde entschieden? Das Gremium, der Kirchenvorstand hat es abgelehnt. Die wollten das abstrakte Bild nicht dort haben. Das war unvorstellbar. Alle Fachleute, Kunstwissenschaftler, alle Künstlerleute waren so begeistert von dem Bild. Die haben gesagt: Das ist so eine Einheit! Das ist das Werk für diesen Raum! Dazu ist dann noch einer dabei, der das bezahlt und die lassen es sich nicht mal schenken, weil da irgend so einer dabei ist, der es nicht versteht, der *nein* sagt! Also es ist heute nahezu so wie zu DDR-Zeiten: feste Denkstrukturen, die vorhanden sind, kann man ganz schwer aufbrechen.
Zurück zur beruflichen Situation: Für mich war es eben auch eine Umstellung im Beruf durch die neuen Strukturen und Inhalte. Teilweise finde ich die Umstellung angenehmer, weil dieser ganze politische Pionierarbeitsstress weggefallen ist. Zu DDR-Zeiten musste ich Pioniernachmittage organisieren und durchführen. Ich musste mit den Eltern der Schüler regelmäßig aktiv Veranstaltungen machen. Diese Pioniernachmittage habe ich nicht einfach so abgehandelt und dann als erledigt gemeldet! Das wurde auch alles kontrolliert. Es gab also Kontrollmechanismen. Die Kinder wurden ausgefragt, wie der Pioniernachmittag war und was sie politisch diskutiert haben. Wenn die Kontrollinstanz die Kinder ausfragte und die Kinder nicht viel erzählen konnten, weil sie sich das beim Pioniernachmittag nicht gemerkt hatten, dann hat man als Lehrer auf der schwarzen Liste gestanden. Also solche Sachen sind endlich weggefallen. Was wir zu DDR-Zeiten als Lehrer veranstaltet haben und heute auch noch machen, das ist mit den Schülern in die Jugendherberge zu fahren und Elternabend machen wir auch. Zu den Elternsprechstunden, die nach der Wende

eingeführt wurden, kommen die Eltern, die interessiert sind und mit denen man dann auch entsprechend arbeiten kann, aber zu DDR-Zeiten musste ich von 30 Kindern, die ich in einer Klasse hatte, alle 30 Elternhäuser einmal im Schuljahr besuchen. Hausbesuche. Da hat man auch Erlebnisse gehabt. (lacht)
Die Milieus, die man da angetroffen hat waren sehr unterschiedlich. Ich hab es immer als unangenehm empfunden Hausbesuche zu machen. Man kommt ja auch sehr in die Privatsphäre der Leute hinein. Ich hatte oft das Pech, dass ich gerade immer dann Hausbesuch gemacht hatte, wenn die Eltern in einer Ehestress - und Streitphase waren oder gerade geschieden wurden. Und ich saß dann manchmal einer weinenden Mutter gegenüber, die ganz verzweifelt war. Also es hat mich sehr belastet.
So weit geht das dann nicht mehr in der Sprechstunde heutzutage, da unterhält man sich dann eher sachlich über Fakten. Manchmal aber gab es dann doch noch in der Elternsprechstunde Ausnahmen, wie zum Beispiel ein Vater, der mir in der Sprechstunde nach der Wende seine Misere mit seinem neuen Betrieb erzählt hat. Er erzählte mir, was nicht richtig funktionieren würde und wollte gar nicht wieder gehen. Wahrscheinlich habe ich zu viel genickt und verständnisvoll geguckt (lacht). Das passiert auch noch heute, dass die Eltern ihre privaten Sorgen erzählen. Eine besondere Umstellung in der Arbeit mit den Kindern, habe ich eigentlich nicht bemerkt. Kinder sind immer Kinder; sie sind wie sie sind.
Die Erscheinungsformen, die verändern sich halt, aber sie sind auch zum Teil ähnlich wie früher: Schon zu DDR-Zeiten ging es los, dass die Schüler sich gegenseitig ihre Adidas-Schuhe gezeigt haben. Wenn man

Westverwandtschaft hatte, dann gab es die Möglichkeit sich diese Markensachen schicken zu lassen. Also dieses Markendenken fing da schon an einzusetzen, ähnlich wie heute. Bei den Intelligenteren, da kann man sagen. Ist das denn nun wirklich das Erstrebenswerte, dass man nach dem Etikett sieht und schaut wer das Produkt produziert hat? Es kommt doch auf die Gesamterscheinung des Menschen an! Da ist die Markenkleidung nicht unbedingt notwendig.

Drogen sind mittlerweile ein großes Thema geworden und hat auf unsere Jugend einen schlimmen Einfluss genommen. Durch die Abschottung der DDR waren wir da eigentlich abgesichert. Wir haben in der DDR ja auch gelebt wie in einer Enklave. Ich will aber nicht sagen, dass nicht mit solchen Rauschmitteln experimentiert wurde. Rauschzustände konnten zum Beispiel auch mit Schmerzmedikamenten und Alkohol hergestellt werden. Solche Tablettenabhängigen gab es auch zu DDR-Zeiten, Alkoholiker hat es auch gegeben und nicht zu wenig. Auch den Fleckenreiniger Nuth zu schnüffeln, war mal in Mode. Aber die Droge als solche, wie zum Beispiel Ecstasy[46], das war natürlich nicht bei uns zu bekommen. Da gab es den Eisernen Vorhang.[47] Für Drogendealer waren unsere Jugendlichen nach der Wende natürlich willkommene Beute. Die haben sich mächtig etabliert in den Großstädten. Wir schätzen, dass auf jedem Schulhof ein Drogendealer war und ist. Auch in den Reihen der Schüler selbst. Wir bekommen das als Lehrer nicht unbedingt mit. Wir erfahren davon nur, wenn ein Lehrerkind mal etwas zu Hause verlauten lässt oder selbst betroffen ist und Drogen nimmt. Das kann nur die Polizei durch verdeckte Ermittler beobachten. Ein Jugendlicher in der Sturm- und Drangzeit, zwischen 14 und 18 Jahren, der probiert sehr oft Grenzen aus. Da kommt es auch immer mal in der Jugendherberge zum Alkoholgenuss. Meistens erwischt es die, die noch nicht viel Erfahrung mit Alkohol haben. Das sind dann die, die Probleme machen, wenn sie den Alkohol das erste Mal in übertriebenem Maße ausprobieren.

Bei Jugendherbergsfahrten mit der 12. Klasse kann das dann schon anstrengend werden. Ich sag dann immer zu den Eltern: Aber nicht dass die Herbergsreise als Trinkerfestspiele ausarten. Gestatten Sie ihrem Sohn oder Ihrer Tochter, dass sie zu Hause mal einen Schluck trinken, damit sie nicht auf die Idee kommen in der Jugendherberge zu übertreiben. Dann sind sie nicht so ganz unpräpariert. Spaß beiseite, den Alkoholgenuss kann man als Lehrer bei solchen Fahrten nicht unbedingt unter Kontrolle halten. Wenn die Schüler sich zur Nachtruhe begeben und dann heimlich den Alkohol auspacken, entzieht sich das der Kontrolle des Lehrers. Ich find es aber schon unfair, dass sie das ausgerechnet machen, wenn sie mit Lehrern unterwegs sind. (lacht) Das können sie doch zu Hause ausprobieren. Aber das wiederholt sich immer wieder. Da können wir die Schüler belehren und machen, was wir wollen. Meine Kollegin, mit der ich die letzte 12. Klasse unterrichtete, hat eine Fahrt mit dieser Klasse nach Paris gemacht. Sie erzählte: Sie haben es uns zuliebe in Maßen gehalten mit dem Alkohol. Wir hatten keine Schnapsleichen oder so etwas in der Art zu verzeichnen. (lacht).

Manche Schüler können mit den Eltern ins Ausland reisen und haben dort interessante Erlebnisse und andere bleiben zu Hause. So gibt es eben starke Unterschiede. Es gibt auch Schüler, die gehen, wenn sie in der zehnten Klasse sind, arbeiten und müssen sich in dem Alter schon selber finanzieren.

Der Druck ist stärker geworden als zu DDR-Zeiten. Dadurch dass die Strukturen verändert wurden, dass also der Klassenverband durch gewählte Kurse in der elften und zwölften Klasse aufgelöst wurde, gibt es nicht mehr diesen sozialen Zusammenhalt, den der Klassenverband bot. Im Klassenverband wusste man eben: Dieser Schüler ist der Klassenprimus, der andere Schüler ist der Klassenschlechteste. Jeder hatte und kannte seinen Platz. Mit dieser Art Klassenverband hat man weniger Probleme, auch auf Jugendherbergsfahrten, weil es eine soziale Struktur gibt. Die Rangordnung unter den Jugendlichen ist geklärt. Wenn das dann so ein Sammelsurium, eine unklare Masse ist, in der elften und zwölften Klasse, dann sind die Schüler bestrebt ihre Rangordnung erst wieder zu finden und herzustellen. Es gibt immer welche, die den Ton angeben und andere, die sich unterordnen. Egal in welcher Gesellschaftsform man sich befindet. Das ist so und wird immer so sein. Es ist die Natur des Menschen sich in Gruppenzugehörigkeiten einzuordnen. Aber die Individualität ist heute stärker heute, als zu DDR-Zeiten. Meiner Ansicht nach hat die Individualisierung Vorteile und Nachteile.
Eigenbrödler werden größere Eigenbrödler als zu DDR-Zeiten. Es gab zu Zeiten der DDR Menschen, die soziale Kontakte ablehnten. Es gibt Kinder, an die man schlecht herankommt, die verschlossen sind. Dadurch dass es eine Gemeinschaft gab, den Klassenverband und alle Schüler in der Freizeit auch noch zusammen waren, wurde das Ganze ein wenig gelockert. Es wurde entspannter. Hemmschwellen sind abgebaut worden. Aber für den Individualisten, der ein sehr kreativer Typ ist, ist diese Gesellschaftsordnung der Bundesrepublik angenehmer, weil er sich da mehr nach seiner Fasson

entfalten und seine Kreativität frei ausleben kann. Jedenfalls habe ich das feststellen können. Das ist ein Vorzug der neuen Zeit. Ein Vorteil ist auch, dass die Welt jetzt einem zu Füßen liegt, dass sie offen ist für eigene Erkundungen.
In den vergangenen Jahren habe auch ich regelmäßig viele Länder bereist. Vielleicht ist das auch irgendwie gut gewesen, dass ich nach der Wende so viel gereist bin, weil ich zur Zeit krankheitsbedingt nicht reisen kann. Wenn ich nach den Ferien wieder in den Schulbetrieb zurückkam, hieß es halt unter den Kollegen: Ach ja, die Frau Männig hat wieder eine weite Reise gemacht, die war in Ägypten oder die war in Indonesien. Dann haben einige mir so einen Blick zu geworfen, den ich nicht deuten konnte, aber jetzt würden sie auch nicht mit meinem Schicksal tauschen wollen. Irgendwie denke ich, im Unterbewusstsein hat es mich vielleicht auch irgendwie zu den vielen Reisen getrieben.

Wie Sie schon vorhin andeuteten: Alles das, was Sie in der Literatur gelesen hatten...
...das konnte ich dann endlich mal sehen. Die Orte, die in der Literatur beschrieben waren. Ja. Ich hab auch nie nur Badeurlaub gemacht, sondern eben immer kombiniert mit Kultur: Rundreisen habe ich gemacht. Aber Ruhe habe ich schon auch gebraucht. Zu den Besichtigungen brauchte ich auch die Erholungsphasen, den Badeurlaub. Trotzdem würde ich sagen, dass der Mensch das Reisen zum Leben nicht unbedingt haben muss. Man braucht es nicht unbedingt. Man kann auch glücklich sein ohne viel zu reisen.
Reisen kann auch Stress bedeuten; Stress in anderer Art als wir ihn im Alltag kennen. Ich würde diese

Erholungszeit in dem Ostseebad, wo ich früher immer hingefahren bin – das würde ich allen anderen Reisen vorziehen. Der Erholungseffekt war sehr angenehm dort.

Waren Sie jetzt noch mal dort an der Ostsee, wo Sie früher zu DDR-Zeiten hingefahren sind?
Nein. 1992 oder 1993 war ich dort zum letzten Mal. *(Stille)*
Die Nachwende-Zeit - da gibt es Höhen und Tiefen. Es sind natürlich auch viele Scharlatane aus dem Westen gekommen, die die Unwissenheit der Ostbürger ausgenutzt haben. Karrieresüchtige Menschen, die Fördermittel in Anspruch genommen haben, um Betriebe zu sanieren und den Betrieb dann aber trotzdem Konkurs gehen ließen. Die haben die Maschinen im Hauptwerk aber noch sichergestellt und verkauft und die ostdeutschen Arbeiter wurden entlassen.

In Binz an der Ostsee hat zur Wendezeit ein Geschäftsmann aus den alten Bundesländern, das große, schöne, alte Strandkurhotel sehr günstig gekauft. Er hat nichts verändert, nicht renoviert und nicht saniert. Für die einfachen Zimmer hat er Preise wie bei einem Drei-Sterne-Hotel im Westen verlangt. Das Personal war unzufrieden. Er bezahle schlecht, meinten sie. Zudem bekam er Fördermittel. Das war 1995. Später hat er das Gebäude – immer noch unsaniert - mit sehr hohem Gewinn verkauft
Der Staat hätte ein bisschen mehr Kontrollmechanismen einbauen müssen, um solche und andere Dinge zu unterbinden. Es ist ja schade, denn es ist ja unser gemeinsames Geld. Es ist das Steuergeld, das die bundesdeutschen Bürger sich erarbeitet hatten und was dann auf solche unschöne Art und Weise zum Fenster

hinausgeschmissen worden ist und nicht die Effekte gebracht hat, die es eigentlich hätte bringen sollen. Wenn man sich zum Beispiel einen Komplex wie die Kureinrichtung in Bad Schmiedeberg[48] ansieht, da lebt ja jetzt diese ganze Region davon. Was gibt es sonst in dieser Region? Es gibt so gut wie keine Industrie hier, die Region lebt von dieser Kureinrichtung. Hier sind die Mittel, die geflossen sind, richtig investiert worden. Aber das ist ein Paradebeispiel und von denen gibt es nicht so viele und das ist schade. Das ist wie ein menschliches Versagen. Das ist nicht die Politik, sondern das ist der Lauf der Welt. Wie sagt man immer so schön: Die Kirche kämpft seit 2000 Jahren dafür, dass die Menschen sich bessern, dass sie gut und hilfreich sind und bescheiden. Seit 2000 Jahren bemüht die Kirche sich darum, zum Beispiel in der Erziehungsarbeit und es gibt immer wieder solche und solche Menschen.

Die sogenannte Wende war eine außerordentlich interessante Zeit und die Nachwendezeit hat das Leben auch mit Erfahrungen gefüllt und bereichert. Wenn das alles so einfach dahin hingeplätschert wäre, was wäre dann schon gewesen?! Ich bin früher zu DDR-Zeiten manchmal von der Schule nach Hause gegangen und habe gedacht, soll's das schon gewesen sein? Also diese Veränderung, das Neue hat auch viel gebracht. Aber dennoch, es gab viele Selbstmorde. Das sind ja nun tragische Schicksale. Leute, die betrogen worden sind, denen Dinge verkauft worden sind, die über ihre finanziellen Verhältnisse gingen und die nicht ein noch aus wussten, die haben sich den Strick genommen. Also ich nehme an, dass man sich eher aus diesen Gründen heraus das Leben nahm, als dass man nicht mehr zurecht kam, weil sich die Regierungsform änderte –

oder? Aber andererseits, dass Menschen nicht mehr zurecht kommen wegen der neuen Regierungsform – dafür gibt es auch Beispiele. Ein sehr guter Bekannter war Dozent an der Bezirksparteischule. Das heißt also ein politisch total orientierter Mensch – und da bricht alles weg - von einem Tag zum anderen. Am 9. November war es die eine Staatsform, die *eine* politische Richtung, der *eine* Glaube und am 10. November war alles total anders. Das kann man nicht nachvollziehen, wenn man sich nicht hineinversetzt. In so einem kurzen Zeitraum ändert sich alles. Kann man dann noch begreifen, dass das, an das man geglaubt hatte, nicht nur wertlos, sondern verachtenswert war? Wie soll man das verkraften und verarbeiten, dass dieser Glaube umgestürzt und für null und nichtig erklärt wird? Meinem Bekannten, der an die Werte glaubte, für die die DDR offiziell stand, dem ist es so gegangen. Er hatte Schwierigkeiten mit der neuen Zeit, den neuen Regeln und den neuen Werten. Er hatte schon immer gerne Cognac getrunken und es entwickelte sich eine Diabetes. Er hätte keinen Alkohol mehr trinken dürfen, aber er hat weiter seinen Cognac getrunken und hat sich damit im Grunde tot getrunken. Er lebt nun schon viele Jahre nicht mehr. Er könnte noch gut leben, wenn er sich damals für das Leben in der neuen Form entschieden hätte. Sein Schicksal hängt mit dem Mauerfall zusammen, mit dem Verlust der politischen Identität und da war der Sprung ins Leere. Dieser Mann ist daran gescheitert. Aber das sind dann halt die Menschen, die in gewisser Weise wahrscheinlich ehrlich daran geglaubt haben, dass der Sozialismus gut ist, dass er gerecht ist, dass er der richtige Weg für die Menschheit ist. Das andere Beispiel ist der Schuldirektor, der immer ein ganz korrekter Vertreter der Parteiinteressen war. Ich hörte, er arbeitet heute bei einem Großindustriellen in Stuttgart und macht dort den Sicherheitsdienst. Er hatte eine Militärlaufbahn gemacht und danach kam er als Staatsbürgerkundelehrer an die Schule in die Direktorenlaufbahn. Für den Industriellen ist der genau der richtige Mann. Der kann schießen, der kann handwerklich gut arbeiten, der hatte eine Gärtnerlehre absolviert. Der ist der geeignete Hausmeister und Bodyguard. Der hat sich nach der Wende im Grunde bei seinem Klassenfeind etabliert, gleich 1991 oder 1992. Er hatte keine Skrupel. Sofort hatte er die Zelte abgebrochen und ist weg, ist nach Stuttgart gegangen.

Da kannte ihn keiner. Er hat ein neues Leben angefangen als unbeschriebenes Blatt. (Lachen) Er wurde eingestellt, weil er exakt und verlässlich ist. Für den Lebenslauf hat der Arbeitgeber sich gar nicht groß interessiert.

Im Osten gibt es diesen herrlichen Begriff Wendehals. Es gibt eben auch die Wendehälse. Es kommt auf den Charakter an. Es gibt Menschen, die zu DDR- Zeiten außerordentlich aktiv gewesen sind und die dann nach der Wende eben auch wieder aktiv waren. Die haben eben gleich eine Umschulung gemacht, haben das selber finanziert. Erst war einer in der DDR in einer guten Position, weil er ein aktiver Mensch war, weil er immer ein bisschen mehr gemacht hat, als andere und hat sich dann eben nach der Wende wieder schnell eine neue Existenz aufgebaut. Es ist schwierig, das zu beurteilen. Das muss man alles sehr differenziert betrachten. Auch die ganze DDR-Geschichte. Das wäre das Schlimmste, wenn man das so einseitig darstellen würde. Der bundesdeutsche Bürger kann das nicht wirklich verstehen. Genauso wie wir die bundesdeutschen

Bürger nicht wirklich verstehen können mit ihrer eigenen speziellen Geschichte, die in der Zeit zwischen Mauerbau und Wiedervereinigung passiert ist. Es gibt Erlebnisse, Erfahrungswerte, das kann der Westdeutsche nicht nachvollziehen. Diese Erfahrungen können beide nicht teilen. Erst in den folgenden Generationen wird das zusammenwachsen.
So viel Bürokratie wie es in Westdeutschland jetzt gibt, hat es in der DDR nicht gegeben. Wir hatten so ein grünes SV-Buch[49]. Mit dem Buch ging man zum Arzt, dort bekam man einen Stempel hinein, die Daten der Krankschreibung wurde zum Beispiel eingetragen – das alles wurde in diesem einen Buch erfasst. Zum Beispiel wurde die Brille oder Impfungen in das SV-Buch eingetragen. Der Arzt hat das dort alles notiert, und alle sonstigen Leistungen wurden dort ebenfalls reingeschrieben wie zum Beispiel der Jahreslohn.

Gab es eine private Krankenversicherung?
Nein. Wir hatten eine kombinierte Kranken- und Rentenversicherung: die SVK, Sozialversicherungskrankenkasse. Jeder zahlte monatlich 60,00 Ostmark ein. Das Geld wurde vom Lohn abgezogen. Und die Summe war für jeden DDR-Bürger gleich. Die wurden gleichermaßen bei der berufstätigen Frau, wie beim berufstätigen Mann abgezogen. Nur Kinder bis 18 Jahre waren befreit. Es gab keine Zweiklassen-Medizin, also dass die einen sind privat versichert sind und die anderen gesetzlich. Das gab es nicht. Es gab keine private Versicherungsmöglichkeit. Es gab aber teilweise einige wenige Ärzte, die privat praktiziert haben und das musste dann mit Bargeld bezahlt werden. Aber man konnte das nicht steuerlich absetzen. Das ging dann wirklich nur zu den persönlichen Lasten.

Und wer ging zu solchen Privatärzten?

Die, die für sich etwas besonders Gutes tun wollten, die gingen zum Beispiel zu einem Gynäkologen nicht in die offizielle Sprechstunde, sondern in die private Sprechstunde. Es gab allerdings nicht viele Ärzte die privat praktiziert haben. Der Normalbürger hat keine private ärztliche Versorgung in Anspruch genommen. Es waren meistens Leute, die sich etwas ganz besonders Gutes leisten wollten, sich auch mal länger mit dem Doktor unterhalten wollten (lacht).

Es gab natürlich Privilegien. Das Elisabeth-Krankenhaus in Dresden hatte einen sehr guten Ruf – das wurde von Nonnen betreut und es hatte einen Sonderstatus. Ich weiß nicht, ob sie staatliche Unterstützung bekamen. Dort haben sich vorrangig gerne Parteifunktionäre einliefern lassen, weil die Klinik sehr gute Ärzte hatte und die Betreuung ganz besonders gut war.

Auch der Normalbürger konnte dorthin. Meine Freundin ist dort gewesen. Die hat ziemlich spät ein Kind bekommen. Da war sie fast 40 Jahre alt. Und sie hat dort die Entbindung machen lassen. Man musste als DDR-Bürger immer organisieren. Ohne das zu organisieren, wäre meine Freundin nicht in das Elisabeth-Krankenhaus in Dresden gekommen. Es gab auch andere Krankenhäuser, die einen ganz besonders guten Ruf hatten. Meine Schwägerin hat in Karl-Marx-Stadt Rabenstein ihre Töchter zur Welt gebracht. Dafür hat sich ihr Mann eingesetzt, dass sie dort entbinden konnte. Ihr Mann musste dann schon Monate vor dem Entbindungstermin dorthin fahren und mit dem Krankenhausleiter sprechen. So wurde seine Frau langfristig vorher angemeldet. Das bewirkte dann, dass sie das Privileg hatte, in diesem Krankenhaus die Entbindung machen zu können.

Wenn man jetzt Normalfrau war, dann hat man den Krankenwagen gerufen, dann wurde man in das ortsübliche Krankenhaus zur Entbindung gefahren. Aber sonst – eine richtige Zwei-Klassen-Medizin, so wie heute, gab es nicht. Die Medizin war natürlich nicht auf dem gleichen Stand wie im Westen. Also es gab bei uns Grenzen der Technik. Aber gute Ärzte gab es auch in der DDR. Es gab einige Dinge, die im Bereich Gesundheitswesen besser organisiert waren, wie zum Beispiel bei dem Krankheitsbild Diabetes. Jemand der Diabetes hatte wurde nur von einem speziell ausgebildeten Diabetes-Arzt betreut. Da gab es ein richtiges Bestellsystem. Die Diabetes-Patienten wurden straff einer Kontrolle unterzogen. Das weiß ich, weil ein Freund meines Mannes Diabetes-Arzt war. Er hatte erst eine Internisten-Ausbildung durchlaufen und hatte sich dann auf Diabetes spezialisiert. Die Patienten, die diese Krankheit hatten, bekamen einen Diabetikerpass und mussten jeden Monat zur Blutkontrolle kommen. Dabei wurde auch das Gewicht kontrolliert, der Essplan besprochen und eingehende Beratung durchgeführt. Und das fällt im Gesundheitssystem der Bundesrepublik weg und ändert sich vielleicht gerade langsam. Zur Zeit ist es noch so, dass jeder praktische Arzt auch einen Diabetes-Patienten behandeln und betreuen kann. Dann ist das nicht so qualifiziert, als wenn das ein Spezialist macht. Der Diabetes-Arzt, von dem ich sprach, hat heute einen sehr großen Zulauf. Viele kommen noch zu ihm in seine Privatpraxis. Zu DDR-Zeiten kam halt wirklich jeder, der Diabetes hatte, automatisch zu einem Facharzt und wurde -speziell auf die Krankheit zugeschnitten - betreut.

Ein anderes Beispiel ist das Impfsystem, das wurde alles über die Schule abgewickelt. Nur wenn gesundheitlich etwas Besonderes vorlag und gegen eine Impfung sprach, wurde die Impfung nicht durchgeführt. Ansonsten sind in der Regel alle Kinder ab einem bestimmten Alter gegen Diphtherie, Wundstarrkrampf, Kinderlähmung und anderes geimpft worden. Man hatte die Unterlagen in der Polyklinik. Die Impfstelle war aber verantwortlich für den Bereich der Impfungen und wenn das Kind ein bestimmtes Alter hatte, dann wurden die Eltern angeschrieben und bekamen einen Termin. Es war natürlich auch möglich, dass der Schularzt sich darum gekümmert hat. Also es wurde flächendeckend besser abgesichert. Es war also ein sehr durchorganisiertes Gesundheitswesen. Jetzt ist es so, dass die Mütter jedes Mal entscheiden können, ob sie das Kind impfen lassen oder nicht. Das ist ein Nachteil, wenn die Mütter nicht bewusst entscheiden. Es gibt auch Eltern, die einfach aus Unkenntnis oder Desinteresse ver-säumen ihre Kinder impfen zu lassen. Das kann dann durchaus unter Umständen zum Nachteil der Kinder sein. In der DDR musste ein Patient keine Angst haben, dass der Arzt dich jetzt behandelt und operiert, weil er Geld verdienen will oder muss. Es gab diese Hintergründe der Selbstbereicherung oder des Kommerzes nicht. Das ist meiner Ansicht nach ein Manko in der jetzigen Gesellschaftsform. Insbesondere der Mediziner muss in erster Linie ein Humanist sein. Alle Menschen sind vor dem Mediziner gleich und sein Handeln darf nicht vorrangig profitorientiert sein. Der Vater einer Mitschülerin von meiner Tochter ist Arzt. Er ist Christ. Der hat wirklich ganz große innere seelische Kämpfe auszustehen. Er leidet unter der Situation im Krankenhaus, das sich jetzt besonders auf Gewinn ausrichten muss und er bezeichnet diese Zwei-Klassen-Medizin als nicht menschenwürdig.

Gerade in einem Staat wie der Bundesrepublik Deutschland, die so viel Wohlstand errungen hat, dort müsste gerade das Gesundheitswesen staatlich mehr subventioniert sein. Natürlich in einem vertretbaren Maß. Es machen viele Privatkliniken auf, die jetzt abschöpfen. Mich stört es auch nicht, wenn jetzt Herr Müller sich von Herrn Chirurg Meier in der Privatklinik behandeln lässt. Da habe ich nichts dagegen. Wenn es aber generell im Gesundheitswesen nur noch um Wirtschaftlichkeit geht, das finde ich verwerflich. Das führt dann auch zu Deformierungen in der Denkweise. Es ist einfach unwürdig. Es gibt auch viele Ost- Ärzte, die ich kenne, die unter diesen Bedingungen leiden. In allen Bereichen ist es nicht einfach.

Der übertriebene Kommerz reicht bis in die Kunst. Da findet man immer seltener Künstler, die Tiefgang haben. Fast alles ist auf Sensation ausgerichtet. Es gibt natürlich auch Ausnahmen. Für mich sind das zum Beispiel die älteren Künstler. Nicht alle, aber einige von ihnen. Durch eine Freundin habe ich damals in der DDR den Maler Ralf Penck kennen gelernt. Ein wilder Mann. Der ist ja oft in Köln gewesen wenn gerade wieder mal die Kunstmesse war. Die Art Cologne.

Ja, ich kenne ihn. Er kam immer in das Cafe, in das mein Mann und ich jeden Samstag Mittag gingen, das Broadwaycafe auf der Ehrenstraße. Da kam er dann ins Cafe geschlurft, stellte seine großen, alten, vollen Plastiktüten neben sich auf den Boden und bestellte sich einen Kaffee. Er sah immer wie ein armer Penner aus. Ein massiger, kleiner Mann. Die Künstler im Cafe wussten natürlich: Das ist der Penck, ein sehr erfolgreicher, berühmter, reicher Künstler. Die anderen Leute hielten ihn bloß für einen Penner. Einmal hat ihn die Polizei in Köln nachts auf

einer Parkbank aufgegabelt. Er hatte seine zwei Plastiktüten dabei. Als die Beamten die Tüten untersuchten, stellten sie fest, dass sie voll mit Geldscheinen waren. Es handelte sich um mehrere Zehntausend DM in bar, die er damals in den Plastiktüten mit sich herumschleppte. Sie verhörten ihn und wollten wissen, woher er das Geld hatte. Er behauptete, es sei seines. Er sei ein berühmter Künstler. Die Beamten wollten ihm nicht glauben, denn er sah in seiner alten Kleidung wie ein Obdachloser aus. Er gab ihnen die Telefonnummer seines Galeristen Michael Werner. Sie riefen ihn an und der bestätigte die Geschichte: „Das ist ein ganz wichtiger, berühmter Künstler! Den können Sie doch nicht verhaften!" Sie fuhren ihn schließlich zu seinem Galeristen nach Hause. (Lachen)
Ja, der Penck.

Frau Männig, sind Sie froh, dass es die DDR nicht mehr gibt? Oder würden Sie sagen, dass Sie sich in der DDR wohl gefühlt haben. Sie können ja jetzt beide Systeme vergleichen
Alles hat seine Vor- und Nachteile. Wenn die Menschlichkeit und Anständigkeit fehlt, ist auch eine Demokratie weniger lebenswert.

Anhang

1 Republikgründung, Die Deutsche Demokratische Republik (DDR) wird als zentralistischer Einheitsstaat aufgebaut, eingebunden in den sowjetischen Machtbereich. Unter Aufsicht der Besatzungsmacht bereitet die Sozialistische Einheitspartei Deutschlands (SED) die Gründung der DDR vor. Im Oktober 1949 ernennt sich der demokratisch nicht legitimierte Deutsche Volksrat zur Provisorischen Volkskammer der DDR, beschließt die Verfassung und wählt eine Regierung. Im Oktober 1950 stehen Einheitslisten zur Wahl, welche die Bürger nur als Ganzes bestätigen oder ablehnen können. Schlüsselpositionen in der Regierung und in den Ministerien werden mit SED-Mitgliedern besetzt. 1952 löst die Regierung die Länder auf und teilt die DDR in zentral verwaltete Bezirke ein. Quelle: Ploetz, Die DDR, Daten, Fakten, Analysen, S.83 Kapitel Analysen, 2004

2 EOS, Erweiterte Oberschule entspricht der Schulform des Gymnasiums in Westdeutschland

3 Partei, gemeint ist die SED, die Sozialistische Einheitspartei Deutschlands, entstand aus ehemaligen SPD und KPD-Mitgliedern. 21.- 22.04.1946 Vereinigungsparteitag von SPD und KPD (I. Parteitag) Vorsitzende der SED 1946-1950 Wilhelm Pieck, Otto Grotewohl.
Quelle: Ploetz, Die DDR, Daten, Fakten, Analysen, S.83 Kapitel Analysen, 2004

4 Kulturbund (KB) der DDR, Gründungskongress in Berlin am 03.07.1945. Unter dem Dach des Kulturbundes fanden sich diverse Interessensgemeinschaften geistig-kulturellen Lebens: u.a. Aquaristik, Bibliophilie, Numismatik, Philatelie, Bonsai, Fotografie, Heimatgeschichte, Malerei und vieles mehr. Alle genehmigten gesellschaftlichen Organisationen waren auch in ihrer Kulturarbeit dazu verpflichtet, die Vorgaben der staatlichen Kulturpolitik zu beachten. Dies wird auf lokaler Ebene oft nach Ermessen der Leiter zur bloßen Formsache. Die Gründung eines Freundeskreises bedurfte der

Genehmigung.
Quelle: Ploetz, Die DDR, Daten, Fakten, Analysen, Kap. Parteien u. Massenorganisationen, S.89

5 Die Entfernung zwischen Burgstädt und Nürnberg beträgt 240 km

6 Freier Deutscher Gewerkschaftsbund, FDGB. Der Einheitsgewerkschaft gehörten fast alle Berufstätigen an. Sie besaß im Jahre 1987 rund 9,5 Millionen Mitglieder. Der FDGB war die größte Massenorganisation der DDR. Trotzdem war sie als Interessensvertretung der Belegschaften weitgehend bedeutungslos. Bei den Prämienzahlungen und der Urlaubsgestaltung, Verteilung der Reisen des FDGB-Feriendienstes entfalteten die Funktionäre des FDGB ihre Aktivitäten hauptsächlich. Eine vierköpfige Familie konnte für 300-500 DDR-Mark ihren Urlaub in einem der Gewerkschaftsheime verbringen, zum Beispiel im Thüringer Wald, Harz, Mecklenburgische Seenplatte oder entlang der Ostküste.
Quelle: Die heile Welt der Diktatur, Stefan Wolle, CH. Links Verlag, Berlin 1998

7 Die Pirckheimer-Gesellschaft wurde 1956 in Ostberlin u.a. von Bruno Kaiser, Direktor der am Marx-Engels-Lenin-(Stalin)-Institut beim Zentralkomitee der SED (Sozialistische Einheitspartei Deutschlands) gegründet. Willibald Pirckheimer war humanistischer Gelehrter und Begründer der Bilbliophilie. Ziel der Gesellschaft war Werke der Graphik und Buchkunst der Öffentlichkeit näher zu bringen und die Entwicklung der graphischen Kunst zu fördern. Sie gehörte dem Kulturbund der DDR an. Quelle: u.a. pirckheimer-gesellschaft.de (01.10.2017)

8 Galerie *Schmidt-Ruttloff*, benannt nach dem Maler Karl Schmidt-Ruttloff , geb: 1. Dezember 1884 in Rottluff bei Chemnitz (Sachsen), gest.: 10.August 1976 in Berlin, deutscher Maler des Expressionismus

10 Chemnitz/Karl-Marx-Stadt Mai 1953 erfolgte auf Beschluss der DDR-Regierung die Umbenennung der Stadt Chemnitz in Karl-Marx-Stadt. Im Vorfeld der Wiedervereinigung beider deutschen Staaten wurde am 23. April 1990 eine Volksabstimmung über den künftigen Namen der Stadt abgehalten. Dabei stimmten 76% der Bürger für den alten Namen Chemnitz. Die offizielle Rückbenennung erfolgte am 1. Juni 1990, also noch vor dem formellen Beitritt der DDR zur Bundesrepublik Deutschland. Quelle: u.a. chemnitz.de/chemnitz/de/die-stadt-chemnitz/geschichte/chronik/zeittafel_ab_1800.html (10.2017)

11 Große Kunstausstellung (in Dresden)
Die Große Kunstausstellung fand seit 1946 im Abstand von vier bis fünf Jahren in Dresden statt. Gezeigt wurden Gemälde, Plastiken, Grafiken, Illustrationen von ausgewählten Künstlern der DDR. Quelle: bildatlas-ddr-kunst.de/

12 A.R. Penck, * 05.10.1939 in Dresden (bürgerl.: Ralf Winkler auch: Mike Hammer) Maler, Grafiker und Bildhauer, bürgerl. Ralf Winker. Von 1953 bis 1954 nimmt er Mal- und Zeichenunterreicht bei Strawalde (Jürgen Böttcher) und ist von 1955 bis 1956 als Zeichner bei der DEWAG in der Lehre. In den folgenden Jahren bewirbt er sich mehrere Maler erfolglos an den Kunstschulen in Dresden und Berlin, setzt aber seine künstlerische Arbeit dennoch fort. In seinen Bildern bedient er sich Strichmännchen und grafischer Bildzeichen. Seit 1968 Pseudonym A.R. Penck nach dem Geologen und Eiszeitforscher Albrecht Penck (1858 - 1945). Der Galerist Michael Werner zeigte im Westen die erste Einzelausstellung in der Galerie Hake, Köln. 1972 Teilnahme an der documenta 5 in Kassel; Ausstellung gemeinsam mit Beuys in der Staatsgalerie für moderne Kunst; ...Verleihung des Will-Grohmann-Preises durch die Akademie der Künste Berlin-West 1980 am 03.August Ausreise in die BRD, Wohnsitz in Loersfeld/Kerpen; erhält in Basel den Rembrandt-Preis der Goethe Stiftung; Freundschaft mit Markus Lüpertz und Per Kirkeby, Besuche bei Beuys... Ab

1988 Professor an der Staatlichen Kunstakademie Düsseldorf, lebte und arbeitete in Berlin, Düsseldorf, New York , heute in Dublin.
Quelle u.a.: artnet.de/ (siehe Penck) (1.10.2017)

13 Michael Werner, Galerist in Köln seit 1969. Seitdem einer der führenden Galeristen im Bereich der Gegenwartskunst. Zeigte Ausstellungen bekannter amerikanischer und europäischer Künstler mit Fokus auf Deutsche Gegenwartskunst Schwerpunkt 80er und 90er Jahre. Künstler der Galerie A.R. Penck, Georg Baselitz, Per Kirkeby, Sigmar Polke, Markus Lüpertz, Jörg Immendorf, Eugène Leroy u.a.

14 Willi Sitte, * 28.02.1921, † 8.06 2013 Maler, Grafiker, Zeichner, zahlreiche Ausstellungen, nach dem Mauerfall auch in den alten Bundesländern. Sitte gilt als einer der umstrittensten Maler der Gegenwart. Der 1921 geborene Künstler, in Kratzau, Böhmen geboren, war von 1974 bis 1988 Vorsitzender des Verbandes der Bildenden Künstler der DDR, lange Zeit Volkskammerabgeordneter und saß bis zur politischen Wende drei Jahre im Zentralkomitee der SED. Für die einen ist er ein kommunistischer Malerfürst, Protagonist des Sozialistischen Realismus - für die anderen ist er der Künstler, dessen Werk in der DDR umstritten war und nicht mit der Parteilinie im Einklang stand. Die westdeutsche Kunstkritik ebnete Sitte bereits in den 70er Jahren den Weg zur Documenta und zum internationalen Kunstmarkt. Nach der Wende geriet er wegen angeblicher Stasiverstrickungen in die Schlagzeilen.
Quelle u.a.: willi-sitte-galerie-merseburg.de (1.10.2017)

15 Willi Neubert, * 9. November 1920 in Brandau, Böhmen † 07.08.2011. Maler. 1945-1950 Stahlwerker. 1950-1952 Kunsthochschule Halle, Lehrer: Kurt Knispel Charles Crodel. 1960-1962 Lehrer Kunsthochschule Halle. Akademie der Künste. 1974 Nationalpreis der DDR. Mensch und Landschaft bilden das Hauptthema in den Bildern des Künstlers. Bekannt ist Willi Neubert für seine großen

figürlichen Kompositionen, wie Aufstand der Hamburger Arbeiter 1923 (1958) und Diskussion in der Brigade (1960). Der sozialistische Mensch als aktiver geistiger Gestalter des Lebens (Der Schachspieler, 1964; Neuererdiskussion, 1969) und arbeitserfüllte Industrielandschaften stehen im Zentrum seiner dynamischen, farbintensiven Kunst; er schuf auch bedeutende symbolisch-dekorative Wandbilder, vorrangig in Emailtechnik im öffentlichen Raum. Zahlreiche Ausstellungen in der DDR, sowie im befreundeten Ausland.
(Quelle u.a.: Lebensbaum, Verlagsgebäude Freiheit in Halle, 1964).

16 Pablo Ruiz Picasso, (* 25. Oktober 1881 in Málaga – † 08. April 1973 in Mougins, Frankreich), spanischer Maler, gilt als einer der größten Künstler des 20. Jahrhunderts.
Zusammen mit Georges Braque begründete er die Stilrichtung des Kubismus. Seine Abscheu vor dem Krieg brachte er 1937 in dem Kolossalbild Guernica zum Ausdruck... 1944 trat er der Kommunistischen Partei bei... Jenseits des Eisernen Vorhangs werden seine Werke trotzdem - mit Ausnahme der im Frühjahr 1949 von ihm entworfenen Friedenstaube - als formalistisch abgelehnt. Als man ihm das vorhielt, meinte er: *Politik ist Politik. Aber von Kunst verstehe ich bedeutend mehr als der Kreml.* Quelle u.a.: Die Zeit, Nr..: 44/2001, VOR 50 JAHREN PICASSO (1.10.2017)

17 Die Sixtinische Kapelle, Rom (italienisch: la cappella sistina) ist die große Kapelle des Apostolischen Palastes im Vatikan...Sie wurde zwischen 1475 und 1483 unter Papst Sixtus IV. erbaut...Die Wandgemälde zeigen Szenen aus dem Leben von Jesus und Moses und wurden von verschiedenen Malern der Renaissance geschaffen.

18 Reinhard Sandner, * 1951 in Bockwitz, arbeitet seit 1980 freiberuflich als Maler/Grafiker. Ausstellungen im In- und Ausland

19 Ungarn, Das von 1969 stammende Abkommen mit Ost-Berlin, wonach man keine DDR-Bürger ins westliche Ausland weiterreisen lassen darf, wird vom Ungarischen Außenminister Horn am 10. September 1989 kurzerhand für unbestimmte Zeit außer Kraft gesetzt und über 14 000 DDR Bürger nutzten innerhalb von 2 Tagen dieses zur Flucht. Zudem flüchten viele DDR-Bürger in die westdeutschen Botschaften in Warschau, Budapest und Prag. Am 24. September 1989 campieren schon 900 DDR-Flüchtlinge im Garten der Prager Botschaft. Das Rote Kreuz übernahm die Verpflegung der Flüchtlinge. In den folgenden Tagen klettern noch Tausende weitere Flüchtlinge über den Zaun in den Botschaftsgarten. Sie alle dürfen später frei ausreisen.Quelle: lehrfilme.eu/wahl/bundestagswahl.htm#mauerfall (10.2017)

20 Sowjetunion und DDR Ein wichtiger Schritt..zur vollen Einbindung der DDR in das militärische und politische System war der Abschluß des Beistandspaktes zwischen der DDR und der UDSSR(Sowjetunion) vom 12. Juni 1964...Dem Beistandspakt von 1964 fehlte jedoch eine militärische Klausel; der Vertrag knüpfte in dieser Hinsicht an Art. 4 des Vertrages über den Warschauer Pakt an, der eine Einschränkung der eigenen Entscheidungsfreiheit statuierte. Erst mit dem zweiten Beistandspakt vom 7.Oktober 1975, der den von 1964 ablöste, fielen auch diese Beschrämkungen fort. Quelle: Ploetz, Die DDR, Daten, Fakten, Analysen, S.104, 2004

21 Der Kalte Krieg war der Systemkonflikt, den die Westmächte unter Führung der USA und der Ostblock unter Führung der Sowjetunion nach 1945 mit allen verfügbaren Mitteln, aber unterhalb der Schwelle eines offenen Krieges, austrugen. Dabei wurden jahrzehntelang auf beiden Seiten ökonomische, politische, propagandistische und militärische Anstrengungen unternommen, bis hin zu Stellvertreterkriegen in anderen Ländern, um den Einfluss des anderen Lagers weltweit einzudämmen bzw. zurückzudrängen. Der Konkurrenzkampf beider Systeme zeigte sich vor allem an ihrem (auch atomarem) Wettrüsten. Der Konkurrenzkampf erstreckte sich aber auch auf die Bereiche Wirtschaft, Kultur, Sport,

Wissenschaft und Technologie. Quelle: u.a.: Ploetz, Die DDR, Daten, Fakten, Analysen, S. 24, S.91, S.248

22 *Potsdamer Abkommen.* 17. Juli bis 2. August 1945 Konferenz der Siegermächte Großbritannien, UdSSR und USA in Potsdam mit Beschlüssen zur politischen und geografischen Neuordnung Deutschlands.

23 *Deutscher Einigungsvertrag*, der am 31.8.1990 zwischen der Bundesrepublik Deutschland und der DDR geschlossenen und am 3.10.1990 in Kraft getretenen Vertrag zur Wiederherstellung der staatlichen Einheit Deutschlands. Er regelt a) den Beitritt der DDR zur Bundesrepublik Deutschland nach Art. 23 GG, b) benennt die fünf neuen Bundesländer (Brandenburg, Mecklenburg-Vorpommern, Sachsen, Sachsen-Anhalt, Thüringen) und das Land Berlin,
c) bestimmt die Änderungen des GG [Grundgesetzes] und regelt die Finanzverfassung der neuen Länder, d) enthält die rechtlich und völkerrechtlich notwendigen Angleichungen, e) regelt den Übergang der öffentlichen Verwaltungen, f) befasst sich mit den Opfern der SED-Herrschaft, g) behandelt die öffentlichen Schulden und das Vermögen und bestimmt die Privatisierung der volkseigenen Betriebe in Ostdeutschland durch die Treuhandanstalt, h) legt die Angleichung der Sozialgesetzgebung fest, i) befasst sich mit der Anerkennung von Berufsabschlüssen sowie mit den Forschungs-, Rundfunk- und Kultureinrichtungen. Zum Einigungsvertrag gehören ein Protokoll und drei Anlagen, die weitere Klärungen enthalten und Ausführungsbestimmungen und Übergangsregelungen niederlegen.
Quelle: Schubert/Klein, Das Politiklexikon, Bonn 2001: Verlag J.H.W. Dietz

24 *Zwei-plus-Vier-Vertrag* oder auch genannt: „Die abschließende Regelung in Bezug auf Deutschland" wurde unterzeichnet von USA, Frankreich, Großbritannien und der Sowjetunion. Die vertragschließenden Parteien BRD und DDR wurden verpflichtet, nach der Wiedervereinigung in

ihrer Außenpolitik die Prinzipien der UN-Charta einzuhalten, die Endgültigkeit der deutschen Grenzen anzuerkennen und auf Atom- und andere Massenvernichtungswaffen zu verzichten und keine Handlungen zu unternehmen, die geeignet sind und in der Absicht vorgenommen werden, das friedliche Zusammenleben der Völker zu stören, insbesondere die Führung eines Angriffskrieges vorzubereiten. (Ein Friedensvertrag wurde nicht geschlossen und Deutschland erhielt nicht die volle Souveränität zurück, so wie andere Staaten sie offiziell besitzen. Wolfgang Schäuble (CDU), der den deutschen Einigungsvertrag 1990 unterzeichnet hatte, sagte beim "European Banking Congress" in Frankfurt am Main 2010' (siehe auch youtube): „Und wir in Deutschland sind seit dem 8. Mai 1945 zu keinem Zeitpunkt mehr voll souverän gewesen." [Die rechtliche Relevanz einer Wiederherstellung der Souveränität oder eines Friedensvertrages wird von Schäuble jedoch ausgeklammert und somit das Regelungsmonopol des Nationalstaates negiert. Die Souveränität der einzelnen Staaten der EU ist 2010 jedoch auch vertraglich generell gegeben.] Quelle u.a.: welt.de/politik/article13757549/Die-oeffentliche-und-die-verborgene-Seite-der-Krise.html

25 Demo, gemeint sind hier die Montags-Friedensdemonstrationen

26 FDJ – Freie Deutsche Jugend, eine Jugendorganisation, die ab 14 Jahre. bis zum ca. 25. Jahr (Studium) endete. Fast jeder Schüler war Mitglied.

27 Trabbi: Trabant, Automarke der DDR

28 Naila, Stadt im oberfränkischen Landkreis Hof

29 Jungpioniere, Pioniere, 1.- 3. Klasse: Pioniere, 4.-7. Klasse Jungpioniere

30 FDJ: von 8.-12. Klasse und Studienzeit, Lehre u.ä. bis ca. 25 Jahre war man in der FDJ

31 Pop Art, Bezeichnung für eine Stilrichtung, die sich in den 50er Jahren des 20. Jh.s unabhängig voneinander in England und den Vereinigten Staaten und später auch in Europa entwickelte. Die Pop Art hob als Antwort auf den abstrakten Expressionismus die Grenzen zwischen Kunst- und Alltagsrealität auf. Als Künstler der Pop Art gelten: Andy Warhol, Roy Lichtenstein, David Hockney, James Rosenquist u.a.
Quelle: Das große Lexikon der Malerei, 1976, Herausgeber: Hermann Bauer

32 Op Art (Abk. für engl. Optical Art, Optische Kunst), eine Mitte der fünfziger Jahre entstandene Richtung der bildenden Kunst, die den Wechsel in der Erscheinungsform von Kunstlicht und Farbe u.a. durch Kombination streng geometrischer, reiner Farbflächen und –bahnen anschaulich macht und durch regelmäßige Bildstrukturen und bewusste Anwendung der Farbgesetze, z.B. der Reihung von Farbkontrasten, für das Auge des Betrachters Flimmereffekte und die Illusion bewegter Farbräume erzeugt.
Quelle: Das große Lexikon der Malerei,1976, Hrsg: H. Bauer

33 Bauhaus, Staatliches. Das Bauhaus wurde 1919 in Weimar von dem Architekten Walter Gropius als Kunsthochschule mit besonderem Schwerpunkt auf den Fachgebieten Architektur und Formgebung gegründet. Das Institut gab durch die Entwicklung neuer architektonischer Vorstellungen, moderner Gestaltungsprinzipien, bahnbrechender künstlerischer Ausbildungsformen und dem wichtigen kunstgeschichtlichen Beitrag der Bauhausmaler entscheidende Anstöße für den Stilwandel im 20. Jh., die weit über Deutschland hinaus bis heute wirksam sind. Quelle: Das große Lexikon der Malerei, 1976, Herausgeber: Hermann Bauer

34 Paul Ernst Klee (* 18. Dezember 1879 in Münchenbuchsee, Schweiz; † 29. Juni 1940 in Muralto) 1911 Paul Klee gehörte zum Freundeskreis des „Blauen Reiters“, [der von Wassily Kandinsky und Franz Marc in München gegründeten

Künstlergruppe des Expressionismus] anfangs wohl nur in loser Verbindung; später zum Bauhaus in Weimar und Dessau...Er war mit Kandinsky wie mit Marc befreundet und hat mit Macke gemeinsam 1914 jene Reise nach Kairuan unternommen. Er erhielt schon auf einer frühen italienischen Reise tiefe Eindrücke von den Meerwundern im Neapeler Aquarium; andere von Baudelaire, von Goya und Munch, von Rousseau und Picasso – aber von keinem, auch nicht von Kandinsky und Marc spürt man einen wirklichen Einfluss auf seine Kunst. Voltaires „Candide“, der ihn schon in seiner Jugend inspiriert hatte, illustrierte er 1911 mit Zeichnungen...Ein wenig Einwirkung von seinem Münchner Lehrmeister Stuck (um 1900) findet sich in den paar Radierungen, die er 1903-1906...schuf.....Aber erst die Bekanntschaft mit Kandinsky und den anderen Künstlern des „Blauen Reiters“ öffnete ihm den Durchbruch zu seinem eigensten Wesen. Klee wurde 1933 von den Nationalsozialisten als entarteter Künstler bezeichnet und seine Werke beschlagnahmt. Einige dieser Bilder wurden 1937 in der Ausstellung „Entartete Kunst“ ausgestellt. Klee verließ Deutschland und ging in die Schweiz. Er beantragte 1939 seine Einbürgerung. Am 29.06.1940 starb Paul Klee in Muralto/Tessin/Schweiz.
Quelle: Geschichte der Modernen Malerei, P.F. Schmidt, S. 217ff.

*35 Joseph Beuys, (** 12.05.1921 in Kleve, † 23.01.1986 in Düsseldorf). Von 1947 bis 1952 studierte Beuys an der Kunstakademie Düsseldorf bei Josef Enseling. Später wurde er ein Schüler von Ewald Mataré. Seit 1964 wurden seine Werke auf jeder documenta ausgestellt. Von 1961 bis 1972 war er Professor an der Kunstakademie Düsseldorf. Während Beuys in frühen Jahren als großartiger Zeichner in Erscheinung trat und z.B. zahlreiche Tierstudien anfertigte, machte er später, in den 60er Jahren, vor allem durch seine Beteiligung an Happenings, als Mitglied der Fluxus-Bewegung oder durch kultisch-liturgische Einzelaktionen von sich reden. Während des 24-Stunden-Happenings am 5. Juni 1965 in der Wuppertaler Galerie Parnass brachte Beuys mit seiner Aktion und in uns - unter uns - landunter durch die Verwendung von Materialien wie Honig, Fett, Filz und Kupfer ein symbolträchtiges Dingvokabular für Energiespeicherung, Spannung und Kreativität künstlerisch zur Anschauung. Weitere Aktionen mit Titeln wie Eurasia, mit Braunkreuz, wie man dem toten Hasen die Bilder erklärt oder Manresa folgten. In seinen späten Jahren widmete er sich im Rahmen seines Konzepts des erweiterten Kunstbegriffs verstärkt der sozialen Plastik, bei der der Prozess des kreativen Denkens und politischen Handelns wichtiger wird als das Herstellen eines Kunstobjekts. Joseph Beuys prägte den Satz: Jeder Mensch ist ein Künstler und Kunst = Kapital (als Kommentar zu Karl Marx) Quelle u.a. : Das große Lexikon der Malerei, 1976, Herausgeber: Hermann Bauer

36 Jörg Immendorff (* 14. Juni 1945 in Bleckede bei Lüneburg; † 28. Mai 2007 in Düsseldorf) Immendorff studierte in den 60er Jahren an der Kunstakademie Düsseldorf (Bühnenbild bei Theo Otto, ab 1964 Kunst bei Joseph Beuys). 1971 - 1981 Kunstlehrer in Düsseldorf. 1970 beginnt Immendorff seine Serie Café Deutschland. Die bunten, überladenen Gemälde schildern politische und historische Personen und werden als semi-autobiografisch betrachtet. Zahlreiche Ausstellungen im In- und Ausland. 1998 wird bei dem Künstler amyotrophe Lateralsklerose diagnostiziert. Jörg Immendorff stirbt in Düsseldorf an den Folgen seiner Erkrankung.
Quelle: www.artnet.de (01.10.2017)

37 Georg Baselitz (* geboren als Hans-Georg Kern am 23. Januar 1938 in Deutschbaselitz,. Maler und Bildhauer. 1956-1957 studierte er an der Kunsthochschule Berlin-Weißensee (bei Walter Womacka und Herbert Behrens-Hangler). Nach zwei Semestern wird Baselitz 1957 wegen "gesellschaftspolitischer Unreife" von der Hochschule verwiesen. Er setzt sein Studium an der Hochschule für bildende Künste in West-Berlin bei dem abstrakten Maler Hann Trier fort und gibt sich den Namen Baselitz. Seine Malerei ist expressiv und figurativ. 1963 hat er eine erste

Ausstellung in der Berliner Galerie Werner. Neben den Gemälden entsteht auch ein umfangreiches Druckgrafisches Werk. Ab 2005 entstehen seine "Remix-Arbeiten“. Georg Baselitz lebt und arbeitet in Derneburg und in Italien.
Quelle: http://www.kettererkunst.de/bio/GeorgBaselitz-1938.php

38 HAP Grieshaber Der Künstler *HAP Grieshaber* (* 15. Februar 1909 in Rot an der Rot; † 12. Mai 1981 in Eningen unter Achalm; eigentlich *Helmut Andreas Paul Grieshaber*) war Maler und Grafiker. Sein bevorzugtes Medium war der großformatige, abstrahierende Holzschnitt. Er war Mitglied der DKP

39 Salvadore Dali, Salvador Felipe Jacinto Dalí i Domènech, Marqués de Púbol (* 11. Mai 1904 in Figueres, Katalonien; † 23. Januar 1989 ebenda), exzentrischer spanischer Künstler, u.a. Maler, Grafiker. Er zählt zu den bekanntesten Vertretern des Surrealismus im 20. Jahrhunderts.
Quelle: Das große Lexikon der Malerei, 1976, Herausgeber: Hermann Bauer

40 Jackson Pollock, geb.: 28.01.1912 in Wyoming, gest.: 11.08.1956 in New York, Maler des Action Painting, einer der herausragenden Künstler am Anfang der modernen amerikanischen Malerei, von dessen Wirken erhebliche Einflüsse auch auf die europäische Kunst ausgingen.
Quelle: Das große Lexikon der Malerei, 1976, Herausgeber: Hermann Bauer

41 Action Painting (engl.: Aktionsmalerei) Kunstrichtung der modernen Malerei innerhalb des abstrakten Expressionismus, entstand ca. 1950 in den USA und wurde vornehmlich durch Jackson Pollock international bekannt.
Quelle: Das große Lexikon der Malerei, 1976, Herausgeber: Hermann Bauer
42 Beuys-Aktion 7000 Eichen. Unter dem Titel „7000 Eichen – Stadtverwaldung statt Stadtverwaltung“ ließ Beuys 1982 zum Start der documenta 7 zuerst die 7000 benötigten

Basaltstelen als ein keilförmiges Dreieck auf dem Friedrichsplatz vor dem Fridericianum in Kassel aufbauen. An dessen Spitze pflanzte er im März 1982 die erste Eiche neben der ihr zugehörigen Basaltstele... Darüber hinaus fungierte die Basaltplastik, laut Beuys, als ein Indikator des Fortschritts. Je mehr Bäume bereits in Kassel gepflanzt wurden, [Für jede 500 DM (ca. 250 Euro)-Spende, wurde ein Eichenbäumchen in der Stadt gepflanzt und ein Basaltblock entfernt, der an den neu gepflanzten Baum gelegt wurde] desto kleiner wurde die Plastik. „Als ich an ein plastisches Gestalten dachte, das nicht nur physisches Material ergreift, sondern auch seelisches Material ergreifen kann, wurde ich zur Idee der sozialen Plastik regelrecht getrieben." (Beuys)
Quelle: Zimmermann, Reinhard: Kunst und Ökologie im Christentum – Die „7000 Eichen" von Joseph Beuys. Wiesbaden 1994

43 Werner Tübke wurde am 30.07.1929 in Schönebeck/ Elbe geboren. Er studierte 1948-50 an der HS für Graphik und Buchkunst in Leipzig und anschließend bis 1953 Kunsterziehung an der EMAU Greifswald. Tübke war 1953-54 wissenschaftlicher Mitarbeiter am Zentralhaus für Volkskunst in Leipzig und anschließend freischaffend tätig. 1956-57 war er wissenschaftlicher Oberassistent und ab 1963 Dozent an der HS für Graphik und Buchkunst in Leipzig. 1972 wurde er Professor und 1973-76 Rektor der Hochschule. Ab 1983 war Tübke Mitglied des AdK und ab 1989 Vizepräsident des VBK. 1976 – 87 Arbeit am Monumentalbild Frühbürgerliche Revolution in Deutschland für das Panorama Museum bei Bad Frankenhausen. Werner Tübke verstarb am 27. Mai 2004 nach langer schwerer Krankheit in Leipzig.
Quelle:panorama-museum.de/de/monumentalbild_neu.html (01.10. 2017)

44 Rundpanorama in Bad Frankenhausen, (Das Bild ist im Panorama Museum in Bad Frankenhausen zu sehen) 1976 hatte der damals bereits international bekannte Leipziger Maler, Grafiker und Akademieprofessor Werner Tübke den Auftrag erhalten, für das Frankenhäuser Panorama-Gebäude

ein in den Dimensionen nahezu einmaliges Bildwerk zu schaffen, das den Epochenumbruch in der Zeit des Bauernkrieges zum Inhalt haben sollte. Nach einer längeren Vorbereitungs- und Einarbeitungsphase entstand dann von 1979 bis 1981 eine 1:10-Entwurfsfassung, die von 1983 bis zum Abschluss 1987 mit nur wenigen Ausnahmen punktgenau auf die originalgroße Leinwand übertragen wurde. Aufgrund der gesellschaftlichen Bindung des Auftrages gab es jedoch schon während der Ausführung auch kritische Stimmen. Dass es dem Künstler dennoch gelungen ist, unbeeindruckt vom Willen der staatlichen Auftraggeber und ohne jede Einschränkung seine eigene, ganz persönliche bildnerische Konzeption umzusetzen, galt lange als unvorstellbar und offenbart doch erst den ganzen zeitüberdauernden Sinn dieser Malerei.
Quelle:panorama-museum.de/de/monumentalbild_neu.html (01.10.2017)

45 Michael Morgner, 1942 in Chemnitz geboren. 1961-1966 Studium an der Hochschule für Graphik und Buchkunst Leipzig. Seit 1966 Freischaffender Künstler.1973 Mitbegründer der Galerie Oben, Karl-Marx-Stadt. 1977 Mitbegründer der Künstlergruppe und Produzentengalerie "Clara Mosch" in Adelsberg bei Chemnitz. Nach dem Mauerfall setzte Morgner nahtlos seine Ausstellungstätigkeit, auch im Westen, fort. Seit 1992 Mitglied der Sächsischen Akademie der Künste und der Freien Akademie Leipzig. 2003 Gastprofessur an der Sommerakademie Salzburg.
Quelle: bildatlas-ddr-kunst.de/person/941

46 Ecstasy, synthetisch hergestellte Droge

47 Eiserner Vorhang, Winston Churchill benutzte diesen Begriff in einer Rede am 5.3.1946 in Fulton, Missouri, als Bild für die Teilung Europas und der Welt im Kalten Krieg. Die politische und weltanschauliche Trennungslinie zog sich, zwischen den Macht- und Einflussbereich der Sowjetunion

und der westlichen Welt, in der Mitte Europas, durch Deutschland (Kapitalismus versus Kommunismus). Sichtbares Zeichen war der Mauerbau 1961, der von der DDR als antifaschistischer Schutzwall bezeichnet wurde, eine von Seiten der Ostmächte mit Stacheldraht, Minenfeldern und Wachtürmen versehene Grenze. Am 9.11.1989 wurde die Berliner Mauer geöffnet. Das war das Ergebnis des friedlichen Engagements und der massiven Demonstrationen der Bürger in der DDR. Damit war symbolisch der Eiserne Vorhang gefallen.
Quelle: Martin Große Hüttmann/Hans-Georg Wehling (Hg.): Das Europalexikon, 2., aktual. Aufl. Bonn: Dietz 2013.

48 Bad Schmiedeberg, Kurort in Sachsen-Anhalt

49 SV-Buch. Jeder, der in der SVK war, bekam ein solches Mitgliedbuch. SVK war die Sozialversicherungskrankenkasse der DDR, eine Einheitskrankenkasse für Rente und Krankheit. Jeder Bürger zahlte monatlich 60 Ostmark ein.
Das monatliche Durschnittsgehalt Ein Friseur verdiente beispielsweise in der DDR ca. 450 Mark zzgl. Trinkgeld. Die monatliche Durchschnittsmiete betrug z.B.für eine 40 qm Altbauwohnung mit Ofenheizung 25,00 (DDR-) Mark, eine 4-Zimmer-Neubauwohnung z.B. kostete warm 120 DDR-Mark. Dagegen waren Anschaffungen wie Waschmaschine, Auto (verbunden mit Wartezeiten) Ein Brötchen fünf Pfennige, Miete für eine Vierraum-Neubauwohnung kostete mit allem Drum und Dran 120 DDR-Mark. Dagegen waren größere Anschaffungen verhältnismäßig teuer: Z.B. ein Farbfernseher Colortron kostete ab 3000 –6000 (DDR-) Mark, ein Waschvollautomat ca. 2000,00 DDR-Mark.
Im Verhältnis zum Einkommen waren diese Anschaffungen sehr teuer und die Mehrheit der Bevölkerung musste lange Geld ansparen, um sich eine solche Anschaffung leisten zu können. (Siehe auch die „comments“ www.40-jahre-ddr.de)

“Ich dachte: Das ist hier nicht deine Endstation. Du willst noch was anderes“

Silvia G., Kundenbetreuerin, Dresden

Das Leben in der DDR war für mich überschaubar. Ich war 1984 verheiratet. Ich hatte sehr jung Kinder bekommen und wir führten ein unkompliziertes Leben. Jeder hatte eine Arbeit und war unkündbar. Wir hatten alle einen sehr sicheren Arbeitsplatz. Auch wenn man mal gefehlt hat oder wenn man mal aus irgendwelchen Gründen nicht zur Arbeit gekommen ist - deswegen wurde man nicht gleich entlassen. Wenn man sich nichts Großes zu Schulden kommen ließ, konnte man bis zum Rentenalter am gleichen Arbeitsplatz verbleiben. Es gab also eine große Sicherheit. Wir führten ein ruhiges Leben, ein ruhigeres Leben als heute.

Wir hatten auch sehr billige Mieten. Eine einfache 3-Zimmerwohnung kostete 29 Mark im Monat. Wir mussten aber unsere Wohnungen damals auch selber sanieren und renovieren. Das heißt man musste eine Wohnung unter Umständen auch erst mal in Stand setzen, um sie beziehen zu können. Wenn man alleinstehend war, bekam man allerdings nicht so leicht eine Wohnung. Für Verheiratete mit Kind war das schon einfacher.

Was das tägliche Leben betrifft: die Auswahl an Lebensmitteln und anderen Dingen des täglichen Bedarfs war ja nicht so groß. Wenn man einkaufen ging, musste man immer mit Wartezeiten rechnen. Es gab Warteschlangen und es gab auch nicht alles zu kaufen. Aber mit dem wenigen, was wir hatten, kamen wir ja aus. Das Überangebot, das wir heute so kennen: 20 Sorten Yoghurt, 20 Sorten Fisch oder Fleisch, die ganzen Südfrüchte – das gab es einfach nicht.

Aber im Großen und Ganzen, wenn ich da heute zurückschaue, muss ich sagen: das Leben war unkomplizierter.

Ich wohnte zunächst in Rosenthal, in der sächsischen Schweiz. Später sind mein Mann und ich in die Stadt gezogen, nach Dresden. Dort hatte er schon zuvor gewohnt und da ging dann das Dilemma mit der Wohnungssuche los. Die einzige Möglichkeit eine Wohnung zu bekommen, war, wenn wir auf eigene Kosten den Wohnraum sanierten. Das hieß: die Dielen heraus zu reißen, Beton rein zu gießen und solche Sachen. Es war sehr viel Arbeit.

Es gab nicht genug Material. Das musste teilweise in Etappen gekauft werden, es sei denn man hatte besonders gute Beziehungen. Wir arbeiteten damals beide. Ich war in der EDV im Fleischkombinat beschäftigt. Wir produzierten Lachsschinken, Zunge und solche delikaten Sachen. Jeder wollte natürlich so etwas Raffiniertes haben und mit diesen Produkten konnte man Tauschgeschäfte machen, also im Gegentausch andere Dinge, die man brauchte, erhalten. So haben wir vieles, was wir benötigten durch Tauschgeschäfte bekommen. Nicht immer, aber meistens klappte das. Wenn man zum Beispiel Rohstoffe brauchte, tauschte man diese gegen die Waren, die man hatte. Brauchte man besondere Pflanzen für den Garten, versuchte man die gegen etwas anderes zu tauschen. Da wurde eben viel organisiert.

Man musste natürlich etwas zum Tauschen haben. Mein Mann und ich hatten durch unser Deputat ein Tauschmittel. Jeder, der für das Kombinat arbeitete bekam ein Deputat. Mein Mann war Fleischer und hat in der Produktion gearbeitet, ich habe im Büro gearbeitet. Jeder Mitarbeiter hatte ein bestimmtes

Budget und man konnte entsprechend dem Budget für den Eigenbedarf bestellen. Man durfte es natürlich nur für sich selbst in Anspruch nehmen, für den eigenen Verbrauch, aber es wurde im Allgemeinen natürlich auch für diese Tauschgeschäfte verwendet.

Zum Beispiel tauschte man einen Kasten Radeberger Bier gegen Lachsschinken mit finanziellem Ausgleich oder gegen eine große Salami, die damals nur sechs oder sieben DDR-Mark gekostet hat, also doch sehr günstig war.

Deshalb gab es im Grunde auch nicht die Not, dass man bestimmte Dinge nicht hatte, denn man hat diese Tauschgeschäfte machen können, wenn man Beziehungen hatte. Für die, die nichts zu tauschen hatten, sah es natürlich anders aus.

Außerdem war bei uns in Dresden die sowjetische Armee stationiert und die Soldaten brachten zum Beispiel Südfrüchte mit und wir machten dann das Tauschgeschäft mit denen und bekamen für unsere Waren Bananen, Weintrauben oder ähnliche Früchte.

Also von dem Augenblick an, in dem ich in Dresden gewohnt habe, gab es diese Nöte, dass mir bestimmte Lebensmittel fehlten, eigentlich nicht mehr. Da konnten auch die Kinder mal ein bisschen mehr essen. Ganz, ganz früher war es so, dass wir nur auf Personalausweis Lebensmittelzuteilungen bekamen. Im Personalausweis war eingetragen wie viele Kinder eine Familie hatte und wer noch in der Familie lebte und nach diesen Angaben gab es dann die Zuteilung. Das war Anfang der 80er Jahre. Gelegentlich musste man vor Lebensmittelläden anstehen. Da gab es dann lange Warteschlangen, zum Beispiel vor Fleischgeschäften. Man musste sich beizeiten anstellen, um überhaupt etwas zu bekommen.

Wenn man Pech hatte, war genau dann, wenn man dran war, nichts mehr da.
Als die Mauer fiel, konnte man das wenig später in Westberlin auch beobachten. Vor den Banken bildeten sich Menschenschlangen, die Leute warteten dort, um sich die 100 Mark Begrüßungsgeld abzuholen. Es gab auch welche, die haben sich gar nicht getraut, in eine Bank zu gehen, um sich das Begrüßungsgeld zu holen.
Solche Warteschlangen, die über 100 Meter lang waren, gab es eben auch teilweise in der DDR, wenn der Fleischer aufmachte. Da standen dann eben vierzig Leute vor mir in der Reihe, weil die sich eben schon eine Stunde vorher mit ihrem Hocker vor den Fleischerladen hingestellt hatten. Das fand ich dann als junger Mensch immer ein bisschen unangenehm. Aber man hat sich daran gewöhnt und da wurde nicht gemurrt.
Mein Mann und ich, wir waren nicht privilegiert, aber wir konnten ganz gut organisieren, das erleichterte uns das Leben. Auch in den Auto-Werkstätten war es so. Wir bekamen die eine oder andere Reparatur unseres Autos zu einem günstigen Preis, wenn wir Gegenleistungen bringen konnten. Also wenn man solche Naturalien, von denen ich sprach, als Gegenleistung dazu geben konnte. Dann habe ich eben eine Salami hingelegt und das war dann in Ordnung. Diese Tauschgeschäfte wurden überall bei jeder Gelegenheit gemacht.
Leute, die sich ein Haus gebaut haben, brauchten Material für den Hausbau. Die mussten etwas aufbieten, das man tauschen konnte gegen Material für den Hausbau oder gegen Arbeiten am Haus. Man musste schauen, ob man Querverbindungen hatte, zum Beispiel zu Elektrikern. Diese Querverbindungen musste man

nutzen. Es war keine Schwarzarbeit in dem Sinne und auf der anderen Seite wiederum doch. Im Grunde genommen war es so, dass einer dem anderen half. Heute würde man das eine Tauschbörse nennen. Aber so organisiert war das damals nicht. Nachbarschaftshilfe käme dem schon näher. Tauschgeschäfte waren notwendig, weil es in den Läden eben nicht alles zu kaufen gab. Manche Kombinate produzierten nur für den Export. Die Waren gingen dann nach Westdeutschland und nicht an die einheimische Bevölkerung. Manchmal ging auch ein kleiner Teil an die Einheimischen, aber die Ware war dann für uns sehr teuer, fast unerschwinglich. Die Arbeitenden in solchen Betrieben erhielten aber Zuteilungen und konnten solche Produkte bekommen. Wenn die mit anderen tauschten, dann konnten die anderen eben auch diese Produkte erhalten. Man musste eben nur etwas zum Tauschen haben!

Wie waren denn die Arbeitsbedingungen zu DDR-Zeiten?
Ende der 70er, Anfang der 80er Jahre hatten wir alle eine 45 Stunden-Woche. Etwas später wurde es reduziert auf eine 42-Stunden-Woche. Es wurde immer von Montag bis einschließlich Sonnabend gearbeitet. In den 60er Jahren gingen die Kinder auch Samstags noch in die Schule. Der Sonnabend war nicht schul- oder arbeitsfrei. Das war ein ganz normaler Werktag, an dem alle arbeiten gehen mussten. Wenn man schulpflichtig war, ging man in die Schule. Es gab 20 Tage Urlaub.
Ich bin im Monat mit 500 bis 600 DDR-Mark nach Hause gegangen. Im Büro hat man nicht allzu viel verdient, mein Mann hatte damals so um die 800 bis 850 Mark. Aber wir hatten ja auch dementsprechend niedrige Preise. Das Kilo Brot kostete nur eine Mark.

Das Brötchen einen Groschen, also 10 Ostpfennig, umgerechnet sind das in etwa vier Cents. Das war sehr wenig. Im Prinzip wog das aber alles wieder auf. Jetzt ist der Warenmarkt natürlich wesentlich größer und breitgefächerter. Im Prinzip war das Warenangebot auch zu DDR-Zeiten groß, aber die Preisrelation war natürlich anders als heute.
Wenn man zum Beispiel ein Radio kaufen wollte, dann war das sehr teuer im Vergleich zu dem, was die meisten verdienten. Ich erinnere mich, dass ich ein Kofferradio gekauft habe, das damals 1350 Mark gekostet hat. Ein einfaches Kofferradio! Das war sehr viel bei einem Monatslohn von 500 Mark netto. Da musste man eine Ewigkeit sparen, allein nur um das Geld für ein Radio zusammenzubekommen. Das war dann etwas, das man als nicht so notwendig hinten angestellt hat. Da war es dann viel wichtiger, einen Kühlschrank zu kaufen oder einen Waschautomat. Die Waschmaschine war dann auch recht einfach konstruiert, es war nur eine einfache Waschmaschine, die keine eingebaute Schleuder hatte. Die hatte man dann extra. Man hatte einfach mehr manuelle Arbeit, man musste mehr tun. Die technischen Sachen hinkten den Dingen aus dem Westengewaltig hinterher. Manche von uns konnten das ja im Westfernsehen sehen, wenn sie heimlich geguckt haben. Wir konnten kein Westfernsehen empfangen, weil Dresden in einer Art Tal liegt. Wir lebten im Tal der Ahnungslosen. So wurde das scherzhaft genannt. Die Menschen in der DDR hatten einen prächtigen Humor.

Wenn man als junger Mensch in einer Gesellschaftsform aufwächst, die ganz bestimmte Bedingungen hat, dann erscheint einem alles als gegeben. Ich habe damals keine Vergleiche gemacht oder machen können. Ich habe nichts vermisst, weil ich nichts anderes kannte. Ich hatte keine Westverwandtschaft und wusste nicht wie man im Westen lebte oder was für ein Warenangebot es dort gab. So war das Leben in der DDR für mich das normalste Leben, das es gab.

Sicherlich, es gab ja dann die Zeit, als die Unzufriedenheit in der Bevölkerung immer größer wurde, da hat man dann schon gesagt: Ich möchte einmal in den Westen fahren, einmal im Leben! Das war ja verboten.

In den 80er Jahren wurde irgendwann die Unzufriedenheit immer größer. Das kam durch die politische Lage. Man merkte, dass unter den Menschen die Stimmung schlechter wurde. Die Abgaben wurden immer höher und höher und man wurde immer unzufriedener, weil gleichzeitig auch die Preise für Waren stiegen und man hat bestimmte Dinge nicht mehr bekommen. Alles verteuerte sich sehr und dadurch konnte man sich überhaupt nichts mehr leisten. Bei uns war der Urlaub ganz bescheiden. Da ging es eben nur an den Schwielochsee in Brandenburg oder an die Ostsee. Heute ist die Ostsee etwas Tolles, aber damals war ja alles sehr einfach und ohne großen Komfort, nicht so wie heute!

Erst als wir nach dem Mauerfall auch reisen durften, konnten wir unseren Horizont erweitern. Zum ersten Mal konnte wir sehen, was es noch so alles auf der Welt gibt. Ich bin viel gereist nach dem Mauerfall. Jetzt habe ich gar nicht mehr das Bedürfnis so viel zu reisen, weil ich gesehen habe, wie die Welt draußen aussieht, die schönen Berge, die schönen, die großen Seen. Es kostet viel Geld zu reisen und das überlegt man sich dann. Auch in Deutschland gibt es schöne Gegenden.

Mitte der 80er Jahre begann alles teurer zu werden und die Unzufriedenheit der Menschen nahm zu. Das hielt an bis Ende der 80er Jahre. Ich erinnere mich, dass ich mit immer mehr Menschen zusammengekommen bin, die unzufrieden waren. Es entstand eine Spannung in der Bevölkerung und die Leute begannen ihren Unmut zu äußern. Natürlich waren alle vorsichtig, mit dem was sie sagten und vor allem, wem sie es sagten. Es wurde ja nichts vor den Chefs oder Abteilungsleitern geäußert, auch nicht vor den Parteifunktionären. Aber im direkten Umfeld hat man darüber gesprochen. Im kleinen Kreis hat man den Unmut über die Situation auf der Arbeit, im Kollektiv herausgelassen und auch im Freundeskreis haben die Leute ihrem Ärger Luft gemacht. Es war nicht zu übersehen. Die Gemüter waren erhitzt, wenn es um Politik ging. Ich habe mir damals gesagt: Ich hab es doch ganz gut. Ich habe meine Arbeit. Meine beiden Kinder gehen zur Schule. Wir leben in Friedenszeiten. Ich brauche mir keine Sorgen machen. Wir haben einen Garten – das war ja damals auch schon viel wert, wenn man in der Stadt einen Garten hatte.
Ich war eher genügsam. Ich wollte eben Ruhe und Frieden haben. Jeder lebt in seiner eigenen Welt. Wenn man sich mal die Menschen ansieht, die krank sind, dann erkennt man auch wieder, dass man froh und glücklich sein kann, allein schon, weil man gesund ist. Ich habe da vielleicht auch eine andere Einstellung, als viele andere Menschen.
Wenn ich heute zurückschaue, stelle ich fest, dass es in der DDR eine gewisse Sicherheit gab, insbesondere was den Arbeitsplatz betrifft. Aber ich möchte den DDR-Staat auch nicht wieder zurück haben.
Seit der Wende habe ich persönlich eine große Entwicklung gemacht, gerade auch durch meine neue

Arbeit. Seit 1992 bin ich für eine westdeutsche Firma tätig und diese Arbeit hat mich sehr voran gebracht. Die DDR-Zeit war für mich - beruflich gesehen - eher eine Zeit der Stagnation. Bei der Arbeit konnte ich mich selbst nicht weiter entfalten, es gab keine Herausforderung. Man hat den eigenen Horizont nicht erweitern können. Es war eben eine stupide, monotone Arbeit. Jeden Tag das Gleiche. Es gab keine Abwechslung. Wir machten elektronische Datenverarbeitung, also Eingabe und Verwaltung von Daten und im Verkaufsbüro Kundengespräche. Heute würde man das Telefonakquise nennen. In meinem Eheleben war es ähnlich. So empfand ich das zumindest. In meinem Leben tauchte die Frage auf: War das jetzt alles? So empfand ich das zumindest. In meinem Freundeskreis gab es dann auch vermehrt Aktivitäten. Die Freunde und Bekannten orientierten sich zumeist am Westen. Als die Stimmung umschlug und viele über Ungarn in den Westen abhauen wollten, kam auch für meinen Mann und mich die Frage auf: Reisen wir aus? Wollen wir in den Westen über Ungarn wie die anderen abhauen? – Ich wäre am liebsten auch auf einen der Züge aufgesprungen, aber wir hatten ja zwei Kinder. Zwei Jahre nach dem Mauerfall, - ich war Mitte 30 -, bekam ich so eine Art Lebenskrise. Mein Mann hatte Probleme damit, dass ich mehr verdiente als er. Ich brachte etwa tausend Mark mehr als er nach Hause. Bei meiner Ehescheidung wurde zugrunde gelegt, dass mich nur noch die Karriere interessieren würde. Ein Mann will ja immer das Sagen haben. (lacht) Er will die Familie ernähren, so wurde es den Männern anerzogen und wenn jetzt eine Frau das umdreht, dann hält sie halt die Fäden in der Hand. Anfang 1995 habe ich die Scheidung eingereicht und 1997 wurden wir geschieden.

Wie haben Sie den Mauerfall erlebt?
Es war faszinierend. Miterlebt in dem Sinne, aktiv miterlebt habe ich den Mauerfall eigentlich nicht. Ich hatte gemerkt, dass in Dresden viele auf die Straße gegangen sind. Wir haben dann irgendwann in unserer Firma gesagt: Wir gehen auch auf die Straße. Wir wollen, dass die Politiker zurücktreten und dass eine neue Regierung an die Macht kommt. Das war schon sehr spät, 1990. Da war eigentlich schon alles passiert. Aber die Demonstrationen standen ja trotzdem noch auf der Tagesordnung. Wir empfanden das als so revolutionär, was da passierte, dass wir zeigen wollten, dass wir diese alte Politik nicht mehr wollten. Wir wollten die alten DDR-Politikerköpfe nicht mehr. Die hatten sich ja direkt nach dem Mauerfall in einer neuen Regierung wiedereingefunden.
Meine Firma wurde Anfang 1992 geschlossen. Viele Mitarbeiter sind arbeitslos geworden. Mein Mann und ich hatten aber Glück, denn wir und einige unserer Kollegen wurden an andere lebensmittelproduzierende Firmen vermittelt.

Am 18. März 1990 fanden die ersten und einzigen "freien Volkskammerwahlen" statt. Sieger war die „Allianz für Deutschland“, die aus der ehemaligen Blockpartei CDU mit Lothar de Maizière als Spitzenkandidat bestand. Er wurde am 12. April 1990 zum Ministerpräsidenten der DDR gewählt
Ja, aber die Luft war raus. Ich wollte von den ganzen DDR-Politikern nichts mehr wissen und ich denke, vielen anderen ging es ebenso. Wir haben den Politikern nicht mehr getraut. Da konnten sie noch so großartig reden. Was sie dann plötzlich alles erzählt haben! Wir sind für die Öffnung der Grenzen; die Bürger sollen frei reisen können und so weiter. Die Bürgerrechtler wollten

ja einen eigenen Staat mit menschlichem Sozialismus. Aber ehrlich gesagt, ich wollte, wie so viele andere keine Experimente mehr. Ich traute dem Ganzen nicht. Es gibt immer Bonzen, die sich hervortun und das Sagen haben. Gut, auch heute ist das so in Deutschland, aber wir können sie wenigstens abwählen. Das konnten wir in der DDR nicht. Für mich sollte Schluss sein mit Sozialismus. Auch wenn das Leben im Kapitalismus für viele nicht einfach ist, ich will keinen Sozialismus zurück haben.

Am 23. August 1990 trat die DDR mit Wirkung zum 3. Oktober 1990 der Bundesrepublik bei, und die Volkskammer löste sich auf

Damit war der Weg frei und ich war froh darüber. Wenn ich die Zeit im Kollektiv rückblickend betrachte, kann ich nur sagen: Alles wurde diktatorisch geführt und die Partei hatte immer Recht. Sie führte den roten Stift, egal ob es sich um Planerfüllung[1] handelte oder ob es darum ging, dass Mitarbeiter den Mund zu weit aufgemacht hatten. Es war ein unfreies Leben. Ich und die meisten meiner Kollegen hatte das schon lange vor dem Mauerfall so empfunden. Natürlich muss man sehen, dass die Werksleitung auch bestimmte Richtlinien zu befolgen hatte, die sie ja auch wiederum von oben erhielt. Ich hatte selber im Grunde nicht viel auszuhalten gehabt. Eigentlich habe ich unter keinen Repressalien gelitten. Aber mein Mann. Er war dem DDR-Staat gegenüber ziemlich feindlich gesinnt. Er hat sich nichts gefallen lassen. Er hat immer seinen Mund aufgemacht und seine Meinung gesagt.

Er ging nie wählen, weil es keine freien, demokratischen Wahl waren. Man konnte nur eine einzige Partei wählen.

Ich selbst bin auch nie wählen gegangen. Diese Pseudowahlen waren eine Farce.
Also, mein Mann hat des öfteren Repressalien erfahren; er konnte sich einfach mit Kritik nicht zurückhalten. Wenn er aus Frust irgendwelche Parteifunktionäre anging; sie verbal attackierte, dann wurde er vorgeladen und musste vor der Parteileitung Stellung beziehen. So etwas wurde auch in seiner Akte als Verwarnung festgehalten.
In der DDR waren in der Umbruchszeit Isolationslager geplant. Es sollten Internierungslager[2] gebaut werden. Sie waren ja teilweise schon im Bau. Diese Internierungslager waren für die Bürger gedacht, die sich gegen den Staat gestellt hatten. Dazu gehörte auch der passive Widerstand, wie nicht wählen zu gehen oder sich anders gegen den Staat aufzulehnen. Diese Leute sollten dort inhaftiert werden. Die Regierung plante härtere Maßnahmen als bisher, die gegen Gegner durchgeführt werden sollten.
Ich dachte damals: dann bin ich auch eine von denen, die da rein gesteckt wird. Obwohl ich in der Öffentlichkeit nie so richtig kritisch aufgetreten bin und nie laut meine Meinung gesagt habe, war ich mir sicher, sie hätten auch mich geholt. Ich bin ja auch zum Beispiel aus Protest, nie wählen gegangen. Das wussten die und das haben die registriert.
Mein Vater hatte auch mehrmals Ärger mit der Partei. Die Parteileute sind zu uns nach Hause gekommen mit der Wahlurne, weil er nicht zur Wahl gegangen ist. Mein Vater war völlig gegen den DDR-Staat. Er hat sich gegen die Wahlen gewehrt, denn jeder wusste, dass die Wahlstatistiken gefälscht wurden. Ich kann mir gut vorstellen, dass diese Internierungslager für solche Leute wie meinen Vater vorgesehen waren.

Erst kurz vor der Wende habe ich von den Internierungslagern gehört. Die Gauckbehörde hatte das Gerücht später dann als wahr bestätigt. Die Staatssicherheit hatte an verschiedenen Standorten Lager zum Zweck der Internierung kritischer Bürger eingerichtet. Es wurde im Nachhinein noch aufgedeckt und wir dachten: Das darf doch nicht wahr sein, was die mit uns noch alles vorhatten! Da gab es natürlich eine große Empörung.

Die Wahlen, die in der DDR durchgeführt wurden, waren ja nicht frei. Sie waren komplett von der Regierung kontrolliert. Die DDR-Regierung wusste, ob jemand gewählt hat oder nicht, weil sie Registrierungslisten führte. Mein Vater, der sich weigerte zu wählen, stand immer im Kreuzfeuer und seltsamerweise hatte die SED bei den Wahlen immer eine überwältigende Mehrheit. Die SED hatte den Führungsanspruch und der wurde bei jeder Wahl bestätigt.

Als die Grenze sich öffnete, war ich zu Hause. Ich habe die Bilder im Fernsehen gesehen und geheult. Ich war überglücklich. Als die Mauer fiel ist mir ein neuer Weg eröffnet worden. Für mein Leben eröffneten sich neue Perspektiven, auf die ich vorher nie zu hoffen gewagt hatte.

Ich bin vorher ja nie unbedingt vehement gegen den Staat gewesen, aber innerlich war ich doch auch unzufrieden. Als die Menschen versuchten über Ungarn auszureisen und erst mal festgesetzt wurden, dann aber doch nach Westdeutschland ausreisen konnten, da habe ich zu meinem Mann gesagt: Los, lass uns auch hier abhauen! In Dresden springen sie auf die Züge, komm, wir machen auch mit weg. – Er meinte: Bist du wahnsinnig und was wird mit den Kindern?! Ich bleibe hier, meine Eltern sind hier. Es geht nicht. Da habe ich gesagt: Dann mache ich alleine hier weg. Diese Idee war einfach da! Ich dachte: Ab in die Freiheit!

Wir sind dann nicht abgehauen, ich bin auch in Dresden geblieben. Aber wir sind etwas später, als die Grenzen offen waren nach Westberlin gefahren. Wir wollten das ja doch einfach mal alles sehen. Als wir dann auf dem Kurfürstendamm standen, da hatte ich dann so etwas wie einen Nervenzusammenbruch. Die Eindrücke waren einfach zu groß und zu stark.

Ich hätte mir nie vorstellen können, dass es im Westen so aussieht. Die ganzen Schaufenster, die ganzen Dinge, die es da gab. Alles das war einfach zu viel.

Ich habe früher immer gedacht, die spinnen alle, wenn Bekannte erzählt haben: Ich war drüben und was denkst denn du, was es da alles gibt. Als ich das dann selbst das erste Mal in meinem Leben gesehen und miterlebt habe, war es für mich unfassbar. Ich hab geheult, geheult, geheult. Und ich hatte auch so etwas wie Wut oder Hass auf die DDR-Bonzen. Und immer wieder die Frage: Warum haben die das uns die ganzen Jahre vorenthalten?! Wir sind alle Deutsche und Deutsche gehören doch zusammen! Warum gab es jahrzehntelang diese Grenze innerhalb Deutschlands? Warum ist dieser politische Weg so verlaufen? Warum musste das alles so sein? Das ist doch alles absurd. Als ich die Bilder vom Mauerfall im Fernsehen sah, das war für mich sensationell. Ich habe vor dem Fernseher geweint vor Glück, vor Freude – alle waren wieder eine große Familie!

Wir haben uns im Mai 2003 den Film ‚Good Bye Lenin' in Dresden im Kino angesehen. Dort wurden einige Ausschnitte von den Demonstrationen gezeigt. Auch dort im Kino hat fast jeder geweint. Man sah überall

Taschentücher vor den Gesichtern. Ich selber auch, ich musste mich zusammenreißen, weil die Bilder mich an die Massendemonstrationen erinnerten und an all das, was da eben auch vorgefallen ist. Ich hab eine Bekannte, die wurde von den Volkspolizisten von einer Demonstration weggeschleppt und nach Bautzen[3] verfrachtet. Weil die Gefängnisse dort schon überfüllt waren, wurde sie und andere in Garagen eingepfercht. Dort haben die Aufseher die jungen Frauen vergewaltigt. Ich hatte meine Bekannte eine Weile nicht gesehen und als ich sie wieder traf, hat sie mir das anvertraut. Und da kommt natürlich Hass hoch, immer wieder Hass. Du willst diesen Staat nie wieder haben! Diese Unterdrückung, Demütigung und Verfolgung derjenigen, die gegen den Staat waren; die eine andere Meinung hatten, als die DDR-Führer.

Obwohl mir selbst nichts angetan worden ist, bin ich wütend. Es war so unwürdig, was anderen da geschehen ist. Das kann ich nicht ignorieren.

Ich habe 2001 meine Stasi-Unterlagen angefordert, zum wiederholten Mal. Unmittelbar nach der Wende habe ich sie zum ersten Mal angefordert und nie eine Rückmeldung erhalten. Dann habe ich sie 2002 wieder angefordert und mir wurde zurückgeschrieben, dass nichts in meiner Akte steht.

Bei meinem jetzigen Freund das gleiche. Zu DDR-Zeiten ist er, genau wie ich, in die Kirche gegangen. Wir waren Christen und ließen uns den Glauben nicht verbieten. Das wurde in der DDR nicht gerne gesehen und es konnte einem zum Nachteil gereichen. Mein Freund hat sich – im Gegensatz zu mir - offiziell gegen den Staat bekannt. Kurioserweise hat auch er keine Akte.

Ich hab mich ja auch in der Schulzeit teilweise nicht an politischen Aktivitäten beteiligt. Ich habe zeitweise keine FDJ-Beiträge gezahlt. Ich bin dann auch nicht in die deutsch-sowjetische Freundschaft[4] eingetreten und bin trotzdem zum Jugendtreffen nach Halle delegiert worden. Da haben die Organisatoren sich über ihre eigene Fehlplanung natürlich gewundert, darüber, dass sie jemanden wie mich geschickt haben. Normalerweise muss man sich eine solche Auszeichnung, zu solchen Treffen zu fahren, als guter Bürger der DDR, verdienen Ich habe zwar die Jugendweihe mitgemacht, aber ansonsten – nichts. Normalerweise war man in der 9. und 10. Klasse bei den Jungpionieren und während der Lehre im kommunistischen Jugendverband, also Mitglied in der Massenorganisation Freie Deutsche Jugend, kurz FDJ[5]. Wenn ich jetzt mal so zurückdenke, dann war mein Glück letztendlich, dass meine Eltern einen großen Bauernhof hatten und da musste ich ja immer mithelfen. Ich war die Älteste und das konnte ich immer gut als Ausrede verwenden, um nicht zu diesen Gruppenveranstaltungen zu müssen. Ich habe mich immer davor gedrückt und konnte die Arbeit auf dem Bauernhof vorschieben. Das war recht günstig für mich. Bei den wenigen Malen, bei denen ich bei diesen Gruppenveranstaltungen dabei war, - ich konnte mich in den zehn Jahren in der Schule diesen Treffen ja nicht ganz entziehen - ging es um politische Bildung. Es wurden Lieder gesungen und es wurden Bücher gelesen. Dazu hatte ich nun mal gar keine Lust. Ich trug auch kein FDJ-Hemd. Ich war kein FDJ-Mitglied und ich habe auch keine FDJ-Beiträge gezahlt. Wenn die Schule und Ausbildungszeit vorbei war und man in einem Betrieb zu arbeiten begann, wurde man Mitglied beim Freien Deutschen Gewerkschaftsbund, kurz FDGB[6], und musste FDBG-Beiträge bezahlen, obwohl man als junger Mensch keine Vorteile davon hatte. Als einfacher Mensch bekam man zum Beispiel nie einen FDGB-Platz. Die FDGB-Ferienplätze gingen immer nur an Privilegierte, sprich an diejenigen, die irgendwo eine kleine Führungsaufgabe hatten. Für Familien gab es die Möglichkeit über den FDGB innerhalb Ostdeutschlands schöne Ferienplätze zu bekommen, zum Beispiel an der Ostsee. Man konnte seine Chancen einen solchen Ferienplatz zu bekommen dadurch vergrößern, dass man sich zum Beispiel gut hielt mit den Verteilern dieser Urlaubsplätze, zum Beispiel mit den Führungskräften, den Brigadeleitern. Ich hatte einmal Glück. Als mein Sohn geboren wurde, da bekamen wir in so einer großen Ferienanlage einen Ferienplatz. Das war damals etwas ganz Besonderes. Aus heutiger Sicht war das gar nichts. Heute denke ich: Ich war ja blöd, ich habe mich gefühlt wie im Paradies und dabei war es eine Massenunterkunft. Dort waren 300 bis 500 Leute untergebracht. Die Bauten waren ja primitiver als es zum Beispiel heutige alte, unrenovierte Kurhäuser sind, wenn es die überhaupt noch gibt. Wenn man solch einen Platz damals nicht bekam, dann musste man selber etwas für die Ferien suchen.

Wir machten mit den Kindern Campingurlaub. Das war für uns die Alternative. Wir fuhren mit dem Trabbi auf einen Camping-Platz. Das war auch ein kleines Erlebnis in freier Natur. So konnte man auf Camping-Plätzen einen preiswerten Urlaub verbringen. Es gab zwar Pensionen, aber viele waren einfach zu teuer. Das normale Fußvolk ist dann oftmals nur mit dem Trabbi losgefahren – und ist dann in Ungarn an den Balaton, also an den Plattensee gefahren.

Mein Mann wollte nicht so gerne ins Ausland fahren. Die DDR-Bürger durften ja nur in die Ostblockländer reisen. Nach Polen, Bulgarien, in die Sowjetunion und solche Länder. Er aber wollte nur in der unmittelbaren Umgebung Urlaub machen oder auch einfach nur im Garten bleiben. Wir haben sehr oft Ferien im Garten gemacht. Für die Kinder war das natürlich schön: Sonne, Baden und Eis essen - sie waren sehr bescheiden. Aber später, als sie größer waren, da haben wir dann auch an den verschiedenen Seen in der DDR Urlaub gemacht. Das war auch romantisch.
Nach der Wende, als die Mauer gefallen war und die Grenzen offen waren, verlief bei uns, in der Familie, noch bis 1994 alles in den gewohnten Bahnen. Ich bin häufig ohne meinen Mann gereist, weil er nie mitfahren wollte. Keine weiten Reisen, nur kleine Fahrten. Als ich zum Beispiel nach Hof in Bayern gefahren bin, wollte er wieder nicht mitfahren. Ich bin eigentlich in Dresden immer mit den Kindern alleine losgezogen und mit meinem Freundeskreis. Aber dann, als wir uns haben scheiden lassen, dann habe ich natürlich auch größere Reisen unternommen. Ich bin dann zunächst mit den Kindern innerhalb Deutschlands gereist und später bin ich dann mit meinem neuen Freund mit dem Flugzeug in die Türkei, nach Teneriffa, nach Italien, nach Slowenien und Kroatien gereist. Es ist schön, überall hinreisen zu können; überall hin zu fahren, wohin man möchte. Das durften wir in der DDR ja nicht. Man benötigt nur das nötige Kleingeld. Zum Glück hatte ich das.

Hatten Sie denn noch Ihre Arbeit?
Meine alte Firma hatte 1992 zugemacht. Ich war kurz vor meinem Arbeitsplatzwechsel krank geworden und

habe mich erst einmal auskurieren müssen. Ich habe die Arbeit also erst mal ruhen lassen, weil ich mir gesagt habe: Meine Gesundheit ist mir wichtiger. Ja und dann hab ich bei der neuen Firma angefangen und diese Tätigkeit mache ich bis heute. Ich hatte Glück, dass ich ziemlich schnell eine neue Arbeit gefunden haben. Seitdem bin ich fast ununterbrochen für diese Firma tätig. Ich arbeite als Kundenberaterin bei einer Krankenkasse. Die Betreuung und Beratung, also die Arbeit mit Menschen, ist mir sehr wichtig. Diese Art von Arbeit – Außendienst, Kundendienstbetreuung im Gesundheitsbereich, die gab es damals in der DDR gar nicht. Außendienst, das war etwas ganz Neues.
Für mich war diese Arbeit sehr viel interessanter, als meine Arbeit in der DDR. Ich hatte ja zu DDR-Zeiten in der EDV gearbeitet und musste ausschließlich Zahlen eingegeben – es war immer das Gleiche. Da habe ich mir dann gesagt, das kann es doch nicht sein. Dann habe ich innerhalb der Firma, das war schon nach dem Mauerfall, von der EDV zum Verkaufsbüro gewechselt. Da dachte ich wieder: Es müsste doch eine Arbeit geben, bei der ich mit Menschen zu tun habe, bei der ich von Angesicht zu Angesicht jemandem gegenüber sitze und etwas verkaufen kann. Warum gibt's das nicht! Ich habe dann natürlich immer die Ohren offen gehalten, weil ich dachte: Das ist hier nicht deine Endstation; du willst noch was anderes, du willst kreativ sein.
Dann erst habe ich nach einer Weile meinen Job bei meiner Traumfirma gefunden, bei der ich jetzt bin. Bei dieser Arbeit muss ich mich um Vieles kümmern. Ich muss bei den Versicherten Informationen einholen, die dann im Innendienst aufgearbeitet werden. Es ist eine sehr vielseitige Arbeit und das Spektrum an Aufgaben

ist auch sehr breit gefächert. Es ist eine schöne Aufgabe, Menschen beratend und helfend zur Seite zu stehen.
Für mich war der Übergang von meiner alten Arbeit in diesen neuen Job fast nahtlos. Die alte Firma machte zu, denn sie war pleite. Nur das Firmengebäude steht noch, aber da wird nichts mehr produziert. Das Gebäude steht unter Denkmalschutz, weil das ein alter Ziegelbau ist. Ich hatte damals Glück, dass ich relativ schnell bei einer neuen Firma anfangen konnte. Viele andere wurden nach der Wende arbeitslos. Die alten Betriebe wurden zu gemacht und es gab keine neuen Jobs mehr für all die Menschen. Ich habe damals immer wieder Kontakt zu Mitarbeitern dieser Firma, für die ich mich interessiert habe, aufgenommen und habe sie einfach angesprochen: Wie sieht es aus, ich könnte mir den Job auch ganz gut vorstellen. Das habe ich schon gemacht, als ich noch meinen alten Arbeitsplatz hatte. Die Kollegin sagte dann auch: Dann bewerben Sie sich einfach mal. Ich hab mich dann sofort beworben und da ich der Firma schon etliche Kontakte empfohlen hatte, sagte die Angestellte zu mir: Wenn Sie hier so loslegen, nimmt unsere Geschäftsleitung Sie bestimmt. Ich hatte auch immer wieder zwischendurch nachgefragt: Was machen meine Bewerbungsunterlagen? Ich will Ihr Unternehmen mit meiner Tatkraft bereichern! Geben Sie mir eine Chance! Die Geschäftsleitung hat mich schließlich eingestellt. Als ich dann die neue Arbeit bekam, musste ich natürlich mein Outfit verändern, sprich Kostüm oder Hosenanzug anziehen und mich entsprechend stylen. Das war ja vorher nicht so gegeben, da man ja beim Telefonverkauf hinter den Kulissen arbeitete und keinen direkten Kunden-kontakt hatte.
Mein Leben veränderte sich. Ich habe Stück für Stück immer mehr dazu gelernt. Die Arbeit macht mir bis

heute Spaß, es ist mein Traumjob und ich bekomme immer wieder sehr viel Motivationen zum weitermachen. Ich hab dann also einen Sprung gemacht von meinem damaligen Gehalt – zu meinem neuen, höheren Gehalt. Da fühlte ich mich natürlich toll. Das war natürlich dann auch ein ganz gutes Auskommen, da konnte man sich ganz andere Dinge leisten.
Für mich war diese neue Aufgabe keine sehr große Umstellung. Dadurch, dass ich in der DDR ja schon Telefonakquise im Verkaufsbüro gemacht hatte, war das für mich nicht ganz so neu. Es öffnete sich einfach ein weiterer Horizont. Ich dachte, endlich habe ich einen persönlichen Kontakt zu den Kunden. Ich sitze ihnen gegenüber und kann direkt mit ihnen sprechen. Die neue Arbeit passte gut zu mir. Kommunikativ war ich ja schon immer und manchmal gab es dann zufällig solche Querverbindungen. Da kannte ich dann schon manche Leute von den früheren telefonischen Kundenkontakten zu DDR-Zeiten. Die kaufmännische Seite fiel mir auch nicht schwer. Ich hatte die ganzen Jahre ja sowieso schon mit Verkäufen zu tun gehabt. Einige Kunden kannte ich noch aus dieser Zeit und wenn die jetzt ihre Bestellungen aufgaben, wusste ich schon von vorneherein, wo ihre Schwerpunkte lagen.
Ich bin in meine neue Arbeit richtig reingewachsen. Es gab immer wieder eine Steigerung. Also insofern habe ich nach der Wende keinen Verlust erlebt.

Damals nach dem Mauerfall haben einige Leute im Verkaufsbüro aufgehört, weil sie in Rente gegangen sind. Andere haben seit der Wende keine Arbeit mehr, weil der Betrieb zu gemacht hat.
Die, die in meiner früheren Firma in der Produktion tätig waren, mussten vom Bildungsstand her nicht so

sehr viel wissen. Man musste wissen, was für Gewürze in die Wurst kamen, wie der Schinken auszusehen hat und solche Sachen. Ich behaupte jetzt mal, dass man da nicht all zu viel wissen musste. Es war ja Arbeit, bei der jeden Tag monoton das Gleiche gemacht werden musste. Und da sind eben viele, viele auf der Strecke geblieben. Sie haben die Arbeit verloren, weil die Betriebe zu gemacht haben und sie sind seitdem tatsächlich arbeitslos.

Haben Sie in Ihrem Bekanntenkreis solche Schicksale miterlebt?
Ja. Es gibt einige in meinem Bekannten- oder Freundeskreis, die arbeitslos geworden sind. Darunter sind auch Leute, die ein abgeschlossenes Studium haben und keine Arbeit finden. Natürlich habe ich selbst auch Angst davor, arbeitslos zu werden. Das kann jederzeit passieren. Wenn man über 45 Jahre alt ist, ist man als Arbeitnehmer heute für die Wirtschaft uninteressant. Aber ich sehe auch zu, was es Neues gibt. Ich schaue mich sicherheitshalber auch immer noch nach anderen Berufswegen um. Zum Beispiel beobachte ich im Moment das Network-Marketing. Da werden Produkte auf anderen Wegen, als über Läden verkauft. Es gibt sehr gute Produkte, die teilweise im Network-Marketing vertrieben werden. Damit könnte man vielleicht auch Geld verdienen. Ich halte mich auf dem Laufenden.
Natürlich ist die Bundesrepublik Deutschland auch nicht der perfekte Staat. Nein der perfekte Staat ist es nicht. Das wissen wir alle. Was mich zum Beispiel sehr beunruhigt, ist, wie hoch die Arbeitslosigkeit schon unter Jugendlichen ist. Viele bekommen keine Lehrstelle. Ich habe ja mit Jugendlichen zu tun. Gerade in der ganzen Saison von Januar bis zum 1.Oktober. Wer da noch keine Lehrstelle hat, bleibt hängen und der

bleibt ein paar Jahre hängen und geht dann irgendwann als Hilfsarbeiter, weil der Staat oder die Firmen einfach nicht in der Lage sind Ausbildungsplätze anzubieten. Das tut schon weh.

Ich habe das große Glück gehabt, dass mein Sohn bei der ersten Bewerbung und auch meine Tochter sofort von dem Arbeitgeber genommen worden sind. Ich bin so froh, dass das geklappt hat. Das waren einfach Glücksmomente. Und das heißt auch zum richtigen Zeitpunkt am richtigen Ort gewesen zu sein. Das ist Glück. Vielleicht hat der liebe Gott ein bisschen nachgeholfen. Ich denke, wenn man solche Sorgen ins Gebet legt, dann gibt es auch Wegweiser. Ich habe ja auch versucht die eigenen Kinder dementsprechend zu erziehen, dass sie ehrlich durchs Leben gehen. Mit diesem Fundament, mit diesem Glaubensleben, denke ich, ist man auch zufriedener im Leben.

Ich will nicht der Aufrührer sein. Ich möchte einfach akzeptiert werden und ich will Frieden, auch für die anderen Menschen und für meine Familie.

1 Planerfüllung Die Wirtschaftspolitik der DDR wurde bestimmt durch Planwirtschaft. Jedes Jahr wurde ein Haushaltsplan entworfen, der die Planerfüllung der einzelnen Volkseigenen Betriebe (VEB) bestimmte und somit die Arbeitsintensität jedes „Werktätigen". Jeder Volkseigener Betrieb musste den zuständigen Ministerien seine Statistik über den Stand der Planerfüllung melden. Die Staatliche Plankommission überwachte die Produktivität der jeweiligen Betriebe. Auch die Bezirks- und Kreisebenen wurden in die Kontrolle eingebunden. Durch den Beschluss der Volkskammer wurde der Volkwirtschaftsplan jeweils auch gesetzlich festgesetzt.
Quelle: bpb.de/geschichte/zeitgeschichte/deutschlandarchiv/160233/neues-oekonomisches-system (10.10.2017)

2 Internierungslager In jeder Diensteinheit [der Staatssicherheit] gab es ein Siegelzimmer, in dem der sogenannte AGLer saß, ein Stabschef. Er verwaltete die Listen, mit den Namen der Bürger, die im Falle innerer Unruhen interniert werden sollten. Die Listen wurden alle ein bis zwei Jahre auf den neuesten Stand gebracht. Alle Personen, die wegen staatsfeindlicher Delikte geheimdienstlich bearbeitet wurden, kamen in die Liste. Der AGLer kannte die Standorte dieser Lager und wusste, wie sie bewacht werden sollten.
(Lienhard Wawrzyn, Das Spitzelsystem der DDR, Wagenbach, 1990, S. 42)

3 Bautzen, heute Gedenkstätte Bautzen, Mielkes Privatknast, Sonderhaftanstalt oder Stasi-Knast – das Gefängnis Bautzen II hatte zu DDR-Zeiten viele Namen – heute befindet sich hier eine Gedenkstätte. Sie erinnert an die Opfer beider Bautzener Haftanstalten, Bautzen I, das so genannte Gelbe Elend und Bautzen II. Die thematischen Schwerpunkte der Gedenkstätte Bautzen sind: - Die Geschichte beider Bautzener Gefängnisse im Nationalsozialismus 1933 bis 1945 - Bautzen I als sowjetisches Speziallager 1945 bis 1956- Das

Stasi-Gefängnis Bautzen II 1956 bis 1989 In dem ehemaligen Gefängnis sind neben vielen Haftschicksalen die historischen und politischen Hintergründe der jeweiligen Verfolgungsperioden zu sehen.[....] Die Gedenkstätte wurde 1993 auf Initiative des Bautzen-Komitees gegründet. Im Bautzen-Komitee haben sich ehemalige politische Häftlinge der Bautzener Gefängnisse zusammengeschlossen. Heute arbeitet die Gedenkstätte unter dem Dach der Stiftung Sächsische Gedenkstätten.
Quelle:bstu.bund.de/DE/Wissen/Aktenfunde/Isolierungslager/isolierungslager_neu.html (10.10.2017)

4 Die Gesellschaft für Deutsch-Sowjetische Freundschaft (DSF) Massenorganisation in der DDR. Ziel war die Vermittlung der Kultur und Gesellschaft der Sowjetunion, des sog. Bruderstaates der DDR

5 FDJ Abk. für Freie Deutsche Jugend, in der DDR die allein zugelassene, staatliche Organisation aller Jugendlichen vom 14. Lebensjahr an.
Quelle: Meyers Jugendlexik., S. 199

6 FDGB Abk. für Freier Deutscher Gewerkschaftsbund, kommunistisch gelenkter Spitzenverband der Gewerkschaften in der DDR; 1990 aufgelöst.
Quelle: Gr. Illustriertes Lexikon, Orbis-Verlag, Sonderausgabe, S. 282 Bd. 1

Nachwort

Zeitzeugen der Geschichte

In Bad Schmiedeberg, 120 km südlich von Berlin, traf ich verschiedene Frauen zu einem Gespräch über ihren Alltag, ihre Lebensbedingungen und ihre Erlebnisse in der DDR. Wer kann besser berichten, wie das Leben in der DDR wirklich war als die Zeitzeugen!

Es interessierte mich, mehr über eine Zeit zu erfahren, die auch mich sehr geprägt hatte, denn meine Familie wurde durch die Mauer auseinandergerissen. Meine unmittelbare Verwandtschaft lebte in der DDR. Mein Vater, meine Schwester und ich lebten in Westdeutschland. Ich habe meine Großeltern, die Schwesternn meines Vaters und meinen Onkel bis zum Mauerfall 1989 nur zweimal in meinem Leben gesehen. Sie haben mir in den Jahren meiner Kindheit und Jugend gefehlt. Der Kontakt beschränkte sich auf nichtssagende Briefe, denn man konnte nicht schreiben, was man wollte. Themen wie Lebensumstände, Umgebung, Arbeit und Politik waren in den Briefen tabu. Die Mitarbeiter des Ministeriums für Staatssicherheit der DDR führten systematisch Postkontrollen durch. Sie überprüften Briefe und Pakete aus und nach Westdeutschland und beschlagnahmten sie gegebenenfalls. Die DDR duldete die Westkontakte ihrer Bürger; gern gesehen waren sie nicht.

Meine Großeltern, die als Vertriebene aus Schlesien 1945 in Dresden, dann in Radebeul gelandet waren, haben das Leben als freie Menschen nach dem Mauerbau 1961 nicht mehr kennen gelernt. Sie sind vor dem Mauerfall gestorben. 1969 starb mein Großvater und 1970 meine Großmutter. Mein Onkel hat sich 1963 unter ungeklärten Umständen das Leben genommen. Es hieß, dass er von der Stasi unter Druck gesetzt worden sei. Nach dem Mauerfall konnte ich die Schwestern meines Vaters näher kennen lernen, aber die vielen Jahre der Trennung waren nicht spurlos an uns vorüber gegangen. Eine gemeinsame Zeit hatte es nicht gegeben. Außer unseren Wurzeln gab es keine gemeinsame Geschichte, (außer die der Trennung). Die DDR, die nach 1945 zunächst für längere Zeit nur eine sowjetisch verwaltete Zone war, war ein Konstrukt, das nach dem Krieg bis 1989 bestanden hat.

Willy Brandt (SPD) wird immer noch verehrt als Mann der „Entspannungspolitik", als Erlöser-Ikone in der Zeit des Kalten Krieges. Er gilt immer noch als Lichtgestalt der SPD, die darauf achtet, dass ihn niemand vom Sockel stößt. Willy Brandt war von 1969 bis 1974 Bundeskanzler der BRD. Der Mann, der ihm zum Verhängnis wurde war Günter Guillaume. Er war seit 1964 unbemerkt als Agent in der Bundesrepublik für die DDR tätig und machte in der SPD als Funktionär Karriere. Er bewarb sich 1969 für die Stelle im Kanzleramt und gehörte schließlich zu den engsten Mitarbeitern von Bundeskanzler Willy Brandt. Guillaume und seiner Frau gelang es sogar mit Brandt eine enge Freundschaft zu schließen. Welchen Einfluß Guillaume auf Brandt's DDR/Ostpolitik ausübte wurde seltsamerweise nie besonders untersucht. Wir erinnern uns: Brandt entschloss sich zur Anerkennung der DDR und zur Anerkennung der Oder-Neiße-Linie. Beide Konstrukte waren 1945 das Ergebnis von Stalins Forderungen gegenüber den anderen Siegermächten. Selbstverständlich war die Vertreibung von mehreren Millionen Menschen ein Akt gegen das Kriegs- und Völkerrecht. Und aus heutiger Sicht war es ebenfalls ein Akt gegen die Menschenrechte. Brandt's neue Ostpolitik, die Anerkennung der DDR und die Anerkennung der Oder-Neiße-Grenze, wurde gebetsmühlenartig in den Medien mit positiven Begriffen belegt und beworben. Die Bürger sollten glauben, dass diese Politik ein notwendiger und guter Schritt zur *Normalisierung bestehender Verhältnisse* in der Zeit des Kalten Krieges wäre und für alle eine

Verbesserung bedeutete. Die ausgeklügelte PR für Brandt's Ostpolitik gelang. Die Anerkennung der DDR und der Oder-Neiße-Grenze wurde schließlich als bedeutender politischer Fortschritt im Bewusstsein der Bürger verankert. Seitdem ist der positive Begriff, der griffige Slogan „Wandel durch Annäherung" u.ä. wie ein schwarzes Loch, das jegliche kritische Überprüfung verschluckt. Ja, es ist geradezu ein Sakrileg dieses Vorgehen und den Beschluß damals wie heute zu hinterfragen.
1972, in der Zeit also, als der DDR-Spion Guillaume enger Vertrauter von Willy Brandt war, wurde der Grundlagenvertrag unterzeichnet, der die Souveränität und die Grenzen der DDR anerkannte. Das bedeutete auch, dass nun auch die anderen Staaten, die bisher Westdeutschland gefolgt waren und die Anerkennung der DDR verweigert hatten, Brandt folgten. Seine Anerkennung dieser Diktatur zog also die weltweite Anerkennung der DDR nach sich. Dies bedeutete für die DDR eine bis dahin unvorstellbare Aufwertung, die ihr bis zu diesem Zeitpunkt verwehrt geblieben war. Eine Diktatur, ein Unrechtsstaat wurde legitimiert und schließlich international anerkannt. Die Gewinner der neuen Ostpolitik war die DDR und der Ostblock. Die Vertragspartner verpflichteten sich zur Anerkennung der innerdeutschen Grenze und nach offiziellem Tenor zur *Abrüstung und zum Gewaltverzicht.*
Der in diesem Zusammenhang in Presse, Funk und Fernsehen immer wieder hervorgehobene Gewaltverzicht, als ein Ergebniss von Brandt's Ostpolitik, erwies sich als gut verkaufte Illusion, denn in der DDR stand Republikflucht weiterhin unter Strafe und kostete immer noch viele Menschen das Leben, denn es galt immer noch der Schießbefehl an der deutsch-deutschen Grenze. Konkret hieß das, dass Menschen, die von der DDR in den Westen zu fliehen versuchten, getötet wurden. Bis Ende der siebziger Jahre wurde sogar an der deutsch-deutschen Grenze ca. ein Drittel des 1378 Kilometer

langen Todesstreifens mit Selbstschussanlagen *aufgerüstet.* Menschen, die aus der DDR flüchteten, wurden an dieser Grenze durch die Handlanger des DDR-Regimes erschossen. Kann man das als Gewalt-verzicht bezeichnen? Die Bevölkerung aber, trunken von der beworbenen „Entspannungpolitik", sahen und sehen nicht so genau hin, auch weil es (bis heute) unpopulär ist, diese Situation kritisch zu beleuchten. Es waren menschenverachtende und menschenrechtswidrige Zustände, die die PR der damaligen Regierung wunderbar verschleierte. Hier von einem „Entspannungsprozess" oder von einer „Normalisierung der bestehenden Verhältnisse" zu sprechen, war und ist schlicht falsch und auch zynisch.

Meine Tante, die in der DDR lebte, sagte uns nach der Wende: „Als wir damals hörten, dass Ihr die DDR anerkannt habt, war unsere Hoffnung auf Wiedervereinigung dahin. Wir dachten: jetzt haben sie uns abgeschrieben. Jetzt kommen wir hier nicht mehr raus."
Man hatte damals mit der Anerkennung der DDR die Mauer in den Köpfen der Westdeutschen fest verankert. Eine Wiedervereinigung rückte in weite Ferne, denn die DDR wurde durch die Anerkennung aufgewertet und ihre Regierung, sogar international, stabilisiert.
Nach intensiven Werbekampagnen für Brandts Ostpolitik, herrschte in Westdeutschland noch bis in die späten 80er Jahre der allgemeine Konsens, dass die Mauer zu Recht existiere und man die Existenz der DDR nicht kritisieren dürfe. Es war absolut unpopulär, die Legitimität der Mauer anzuzweifeln. Es war eine absurde Situation in einem Land, dessen Politiker und Bevölkerung ansonsten bei jeder Gelegenheit für andere die Menschenrechte einforderten. Damals sagte ich bei einem Treffen im EWG in Köln in einem Gespräch zwei Bekannten: „Im Grunde ist die Mauer ein unmenschliches Konstrukt, denn an der Grenze werden Menschen getötet, die nichts anderes

wollen, als die DDR verlassen." Beide traten einen Schritt zurück, schüttelten empört den Kopf und attackierten mich heftig. Ich wusste damals zwar, dass es unpopulär war, so etwas zu sagen, dennoch schockierte mich, dass beide sich nicht mal in die Situation der Menschen „drüben" hinein versetzen konnten oder wollten. Sie plapperten einfach nur die durch die Medien propagierte Sichtweise nach.

Die Reisemöglichkeiten für den Durchschnittsbürger im Westen wurden nicht unbedingt leichter. Viele Beschränkungen blieben bestehen, obwohl es in der Öffentlichkeit anders dargestellt wurde. Am 5. November 1973 (also nach der Anerkennung der DDR durch die Brandt-Regierung) beschloss die DDR-Regierung sogar eine massive Erhöhung des Zwangsumtauschs pro Aufenthaltstag in Höhe von fünf auf zwanzig DM für das Gebiet der DDR (von drei auf zehn DM für die Einreise nach Ost-Berlin). 1980 wurde der Zwangsumtausch noch einmal auf 25 DM (Kinder von 6 bis 14 Jahren 6,50 DM) angehoben, zwischen DDR und Ost-Berlin wurde jetzt nicht mehr unterschieden. Der Zwangsumtausch von DM in DDR-Mark, der bei jeder Einreise in die DDR pro Tag und pro Person fällig wurde, wurde zum Kurs 1:1 berechnet. Das umgetauschte Geld war für den Reisenden so gut wie verloren, denn die DDR-Mark war im internationalen Vergleich schlicht nichts wert. Zudem war die Möglichkeit, für das umgetauschte Geld z.B. Geschenke zu kaufen und auszuführen, durch Ausfuhrverbote bestimmter Waren und Warengruppen stark begrenzt. Durch diesen Devisen-Zwangsumtausch entstanden für den Reisenden also zusätzlich hohe Kosten, die zu den normalen Reisekosten hinzukamen und das konnten sich sehr viele Normalbürger einfach nicht leisten. Lediglich für gutsituierte Bundesbürger stellten die Mehrkosten durch den Zwangsumtausch kein Problem dar. Was mein persönliches Erleben dieser Situation betrifft, weiß ich noch sehr genau, dass durch den Zwangsumtausch pro Tag und pro Person eine sehr viel größere Summe für eine Reise notwendig wurde. Meine Familie, die über ein normales Einkommen verfügte, konnte sich eine Reise mit diesen zusätzlichen hohen Kosten nicht leisten und so mussten wir auf weitere Besuche bei unseren Verwandten in der DDR verzichten.

Welche weiteren Einflüsse von DDR-Geheimdienstmitarbeitern auf die Politik der damaligen BRD gab es noch? Dem Geheimdienst der DDR ist die Einflußnahme bei einigen wichtigen Entscheidungen der Politik der Bundesrepublik Deutschland augenscheinlich gelungen. Abgesehen vom Spion Günter Guillaume, hatte auch im Falle des Mißtrauensvotums gegen Willy Brandt der DDR-Geheimdienst seine Finger im Spiel. Mindestens ein DDR-Geheimdienstmitarbeiter beeinflusste das Mißtrauensvotum vom 27. April 1972 gegen Bundeskanzler Willy Brandt. (Die Opposition nannte die Ostpolitik Brandts damals einen „Ausverkauf deutscher Interessen", da Brandt eine humanitäre Lösung für die Vertriebenen der Ostgebiete ignorierte.) Nach der Wende zeigten Stasi-Dokumente, dass das Mißtrauensvotum gegen Brandt scheiterte, weil Stimmen gekauft worden waren. Die Auswertung geheimer Stasi-Akten ergaben neue Hinweise: Die Rosenholz-Dateien dokumentierten, dass der frühere CSU-Abgeordnete Leo Wagner als Inoffizieller Mitarbeiter der Stasi für die DDR tätig war und *gegen* das Mißtrauensvotum gestimmt hatte. Die Stimme des CDU-Abgeordnetem Julius Steiner, der sich damals der Stimme enthalten hatte, war vom Parlamentarischen Geschäftsführer der SPD-Bundestagsfraktion gekauft worden. – Diese beiden Stimmen sorgten dafür, dass das Mißtrauensvotum gegen Willy Brandt und gegen seine Ostpolitik scheiterte. Also auch hier eine Beeinflussung der westdeutschen Politik durch mindestens einen Mitarbeiter des DDR-Geheimdienstes.

Der 2. Juni 1967 war der Todestag von Benno Ohnesorg. Der Student nahm an der Demonstration in Berlin gegen den Schah von Persien, Mohammed Reza Pahlavi, der auf Staatsbesuch in der Bundesrepublik war, teil. Es soll seine erste Demonstration gewesen sein. Es herrschte eine aufgeheizte Stimmung. Polizei und Demonstranten gerieten aneinander. Studenten waren in eine Seitenstraße in einen Parkhof gerannt, die Polizei hinterher. "...Und plötzlich war ein Schuss zu vernehmen und Benno Ohnesorg ist dann in sich zusammengesackt.“ (Eckard Michels, Schahbesuch 1967) Ohnesorg starb. Das Foto, das ein Reporter in diesem Moment schoss, ging später um die Welt. Dieser Vorfall wurde „zu einem Gründungsmythos der Studentenbewegung und auch der radikalen Linken...“. Die "Bewegung 2. Juni" wurde gegründet und ein Teil von ihnen schloss sich später der Rote-Armee-Fraktion an, die sich ebenfalls auf Benno Ohnesorg berief. Der erschossene Demonstrant war in dieser Nacht zur Symbolfigur geworden: Sein Tod galt vielen im linken Milieu als Beweis dafür, dass der westdeutsche Staat faschistisch sei und bekämpft werden müsse...Der Todesschütze, der Polizist Karl-Heinz Kurras wurde freigesprochen, da ihm keine strafrechtliche Schuld nachzuweisen war.... Erst im Mai 2009 kam zufällig heraus, dass Karl-Heinz Kurras, der den Studenten Ohnesorg erschossen hatte, ein Inoffizieller Mitarbeiter der DDR-Staatssicherheit gewesen war. (Quelle: Deutschlandfunk, „Der Tod von Benno Ohnesorg - Gründungsmythos der Studentenbewegung mit Fragezeichen“). Die Tat des Todesschützen, einem inoffiziellen Mitarbeiter der DDR-Staatssicherheit, galt als Auslöser für Unruhen, die in der Folge die Bundesrepublik erschütterten. Die aus dieser „Bewegung 2. Juni“ entstandene Rote Armee Fraktion

(RAF) überzog die Bundesrepublik mit Terroranschlägen und folgte verbissen ihrem Ziel der Destabilisierung der Bundesrepublik, was ihr bis zu einem gewissen Grad auch gelang. Ziel der RAF war die Vernichtung des Systems. Trotz dieser o.g. bekannten Fakten vermeidet man immer noch die Frage, wie sehr der Geheimdienst der DDR damals Einfluß auf diese Entwicklungen der damaligen bundesrepublikanischen Politik genommen hat.

In Anbetracht der damaligen politischen Umstände, muss man das, was die DDR-Bürger 1989 gegen alle Widerstände vollbracht haben, besonders anerkennen. Die Menschen der DDR haben sich gewaltlos und aus eigener Kraft mutig von einer Diktatur befreit. Die Politiker und die Bevölkerung der BRD haben hierzu damals keinen Impuls und zunächst auch keinerlei Unterstützung gegeben.

Der Mauerfall ist längst Vergangenheit und es tritt allmählich ein, was zu erwarten war: Die Unmenschlichkeit der DDR-Diktatur verblasst und die Schönredner gewinnen wieder an Boden. Schon verändert sich das Bild von der DDR in den Augen der jüngeren Generation und man hört anerkennende Sätze wie: „Von der DDR ist nie ein Krieg ausgegangen!“ Das können sie sagen, weil sie keine Ahnung vom Leben in der DDR haben. Die DDR hat Krieg gegen die eigene Bevölkerung geführt und das in jedem Winkel des Landes und zu jeder Zeit.
Eine ganze Generation ist unter der Kanzlerin Angela Merkel herangewachsen. Sie wurde nicht nur in der DDR sozialisiert, sondern sie war auf dem besten Weg eine vorbildliche politische Karriere in der DDR zu machen, die durch den Mauerfall unterbrochen wurde. Wer sich heute umsieht, muss erkennen, wie sehr sich dieses Land in der Amtszeit von Angela Merkel verändert hat. Diskussionen, Debatten enden derzeit oft in Kriegslagern: Feind

ist, wer anders denkt. Oppositionelle werden seit einigen Jahren in Deutschland pauschal als Rechte, als Nazis bezeichnet mit der Wirkung, dass viele Menschen sich genau überlegen, ob sie überhaupt noch ihre Meinung äußern sollen. In der DDR äußerte niemand seine Meinung, wenn sie nicht der SED-Vorgabe entsprach. „SED und Stasi hatten...feste Feindbilder...und Andersdenkende galten prinzipiell als "feindlich-negativ"..." (Stefan Wolle, Feindbild der Stasi, "Der Gegner ist überall", (bpb.de/geschichte/deutsche-geschichte/stasi/222243/feindbild 2020-09)
In der DDR wurden Oppositionelle meist als Faschisten stigmatisiert und auf diese Weise diskreditiert.
Dies scheint nicht das einzige Tool aus DDR-Zeiten zu sein, das Merkel und entsprechende Politiker ins neue Deutschland „hinüber" gerettet haben.

Wer nur in eine Richtung blickt, aus der er Kräfte vermutet, die einen antidemokratischen, autoritären Staat etablieren wollen, der verpasst womöglich die Gefahr, die aus der anderen Richtung kommt. Nur der offene prüfende Rundumblick garantiert, dass keine Gefahr für demokratisches Leben übersehen wird. Dass der Faschismus, auch unter anderen Vorzeichen, keinen Boden gewinnt, das bedarf des genauen Blicks in die Gegenwart. Was die Manipulation der Bürger betrifft, schadet es nicht, den Klassiker „Psychologie der Massen" von Gustave Le Bon zu lesen, aus dem auch die Führer der modernen Gesellschaft via Politikberater gelernt haben. Jeder Bürger sollte es kennen, um sich gegen Manipulation und Propaganda zu wappnen, denn immer noch glauben die Menschen arglos und zu schnell den Äußerungen und Versprechungen der Politik und der in den Medien getätigten und ständig wiederholten Aussagen.

Die Mauer verläuft nun durch Familien, Freundeskreise, Berufsgruppen. Feindseligkeit, Kontaktabbrüche, Unbehagen, Stillschweigen. Die Gründe sind unterschiedliche, scheinbar nicht vereinbare Meinungen zum jeweiligen Thema. Die junge Merkel-Generation wuchs mit dieser Demokratie-Deformation auf. Sie wissen nicht, das eine Debattenkultur Wesen einer Demokratie ist und viele Erwachsene scheinen es ebenfalls nicht mehr zu wissen. Merkel hatte durch ihre Sozialisation zu Westdeutschland keinerlei positive Beziehung und es ist fraglich, ob sie den Sinn für demokratische Regeln tatsächlich entwickeln konnte. Diesen Rückschluss könnte man bei der Betrachtung der politischen Unkultur, die heute herrscht, durchaus ziehen. Die Sozialisation und Gesinnung haben die meisten DDR-Karrieristen nicht durch den Mauerfall abgestreift. Für sie und ihre Familien war Westdeutschland immer der Klassenfeind. Feindesland! Merkel machte nach dem Mauerfall eine Bilderbuchkarriere in der CDU. Durch die Protektion des damaligen Bundeskanzlers Helmut Kohl erhielt sie den Auftrieb und die Chance dieses Land als Führungskraft zu übernehmen. Kohl hat vielen ehemaligen DDR-Karriersten eine Chance gegeben, die diese genutzt haben, die sie aber aufgrund ihrer Gesinnung und ihres mangelnden Demokratieverständnisses nie hätten erhalten dürfen. Nun sitzen sie in den Stiftungen, Verwaltungen, in den Landesparlamenten, im Bundestag, in Ministerien usw. Von vielen Positionen aus konnten und können sie dieses Land (um-)gestalten.
Der Bürger wirft seine Stimme alle vier Jahre in eine Urne und dort ist sie dann bis zur nächsten Wahl begraben, denn Politiker glauben, da sie ein Mandat von den Bürgern erhalten haben, seien ihre sämtlichen Entscheidungen legitimiert und sie können tun, was sie für richtig erachten. Der Wille der Bürger spielt keine Rolle mehr.
Zur Zeit muss abgewartet werden, welche Entwicklung Geostrategen für Europa und damit natürlich auch für

Deutschland vorgesehen haben. Wahlen werden dies sicher nicht entscheiden.

Ausblick Vernünftiges, humanistisches Denken ist in unserer Gesellschaft nicht die treibende Kraft bei politischen Entscheidungen, auch wenn man es den Bürgern gerne so verkaufen möchte. Der Einfluss der Geschäftemacher auf die Politik muss beendet werden und die längst überfällige Mitbestimmung der Bürger muss endlich etabliert werden. Es ist nicht mehr tragbar, dass politische Entscheidungen, die alle betreffen, ohne die Mitwirkung der Bürger getroffen werden. Durch direkte Demokratie werden die Machtkonstruktionen und Seilschaften bestimmter Politiker zerstört und Entscheidungen können endlich aufgrund von Notwendigkeiten getroffen werden. Auf dem Weg dahin muss sich der Einzelne nun selbstermächtigen, sich seine Meinung bilden - nicht durch Hören-Sagen, sondern durch aktives eigenes Forschen; durch eigene Recherche. Er braucht keine Ikone mehr, die ihm von der Bühne zuruft, woran er glauben soll. Der Mensch muss sich selbst auf den Weg machen und die Zurufe von der Bühne als Anregung begreifen, selbst zu forschen in dem Themenfeld, das ihm ein Anliegen ist. Vor diesem Bürger haben Politiker eine tiefe Angst, denn ihre eigene Macht soll unteilbar sein. Alles, was der Mensch im Außen sehen möchte, muss er in sich selbst entwickeln. Es helfen keine Ideologien mehr, keine politischen Entwürfe und Modelle. Nur durch eine Selbstrevolution in gutem Sinne kann eine bessere Gesellschaft entstehen. Die Zeit der charismatischen Persönlichkeiten ist vorbei. Es ist die Zeit der Selbstermächtigung, mit der für viele eine Selbstrevolution einhergeht. Die Zeit ist längst reif. Es ist ein neues Zeitalter und es ist sicher unaufhaltsam.

Carmen Biste